XINSHIDAI
ZHONGGUO JIUYE
WENTI YANJIU

# 新时代中国就业问题研究

李长安◎著

中国劳动社会保障出版社

**图书在版编目(CIP)数据**

新时代中国就业问题研究/李长安著. -- 北京：中国劳动社会保障出版社，2021

ISBN 978-7-5167-4886-2

Ⅰ.①新… Ⅱ.①李… Ⅲ.①就业-研究-中国 Ⅳ.①D669.2

中国版本图书馆 CIP 数据核字(2021)第 115205 号

**中国劳动社会保障出版社出版发行**

（北京市惠新东街 1 号　邮政编码：100029）

*

北京虎彩文化传播有限公司印刷装订　　新华书店经销

787 毫米×1092 毫米　16 开本　18.75 印张　258 千字

2021 年 7 月第 1 版　　2021 年 7 月第 1 次印刷

**定价：88.00 元**

读者服务部电话：（010）64929211/84209101/64921644

营销中心电话：（010）64962347

出版社网址：http://www.class.com.cn

# 代　序

## 中国经济何以实现40年的高增长、低失业[①]

党的十九大报告指出，中国特色社会主义进入了新时代。新时代植根于我国所取得的历史性成就的社会实践中，是对改革开放以来经济社会发展形势作出的科学判断。改革开放40年来，我国在经济持续高速增长的同时，就业率也保持了基本稳定，这种“高增长、低失业”现象成为中国经济发展模式的显著特征之一。40年来，我国经济年均实际增长9.5%，城镇登记失业率年平均值不到4%，就业形势总体保持稳定。从2009年开始，我国建立了国际通行的调查失业率统计制度，虽然城镇调查失业率比城镇登记失业率要略高，但也保持在5%左右。中国作为一个人口大国，失业率长期保持较低的水平，无疑是世界经济发展史上的一大奇迹。这个奇迹的产生，是多种力量共同发挥作用的结果，具有鲜明的中国特色。

第一，经济长期高速增长是保证高就业率的最大动力。在宏观经济理论中，有许多经典理论讨论了经济增长与就业之间的关系，大多数理论都认为经济增长

① 原文发表在2018年2月26日《光明日报》理论版，文中数据做了相应更新。

与就业之间存在显著正相关关系，即经济增长有助于扩大就业。但在不少国家也出现了“无就业增长”现象，其中既有发达国家，也有发展中国家，这些国家在实现经济增长的同时，就业没有随之增加甚至还出现减少。中国的发展实现了经济增长与就业扩大的双重目标，经济长期快速稳定增长带动产业部门不断扩大，由此产生的就业需求也稳步提升。2006 年我国城镇新增就业人数首次突破 1 000 万人，2013 年超过了 1 300 万人，2017 年达到 1 351 万人，2019 年累计为 1 279 万人。

第二，就业优先战略和积极就业政策取得显著成效。就业是最大的民生，实现充分就业是宏观调控的核心目标之一。在改革开放 40 年的历程中，优先解决和稳定就业已成为各项经济政策的基本立足点和出发点。改革开放之初，由于大批知识青年返回城市和“铁饭碗”就业制度被打破，城镇登记失业率一度超过 5%。但随着鼓励自主创业政策的实施，个体工商户和私营企业大量涌现，使得失业率迅速下降。20 世纪 90 年代末，受东南亚金融危机冲击和国有企业改革的影响，短时期内出现了较大规模的下岗失业人员，中央为此建立了包含失业保险制度在内的保障制度，2002 年进一步实施了积极就业政策。2008 年国际金融危机爆发后，我国及时推出了一系列稳增长、保就业、促民生的政策措施，成功避免了经济骤降、失业猛增现象的发生。党的十八大召开后，我国坚持实施就业优先战略，通过采取更加积极的就业政策来努力实现充分就业的宏观经济目标。近些年来，陆续出台了一系列促进就业创业的政策，更加积极的就业政策体系已基本形成。

第三，技术选择路径、产业结构转型升级与就业扩大三者之间保持了较好的协调性。改革开放以来，我国从模仿创新到自主创新不断实现技术进步，产业发展也从劳动密集型逐步向资本密集型、技术密集型转型升级，在技术进步和产业升级的过程中，劳动力的素质有了很大提高，实现了劳动生产效率和资本产出效率同比例增加的“中性技术进步”，从而有效防止了劳动力与技术的错配，这是避免“无就业增长”在我国出现的主要原因。不仅如此，随着产业结构转型升级速度明显加快，我国的三次产业结构呈现了第一产业比重迅速下降、第二产业稳中有升、第三产业快速增加的发展格局，第三产业占主导的“倒金字塔”就业结构进一步形成。特别是随着新经济新业态的大量涌现，第三产业不仅成为拉动经济增长的新动力，而且创造了更多的新职业和新岗位。

第四，劳动用工制度的渐进式改革避免了大规模失业现象的出现。我国劳动用工制度的改革遵循了“渐进式”改革的路径，从“统包统配”的计划经济体制下的就业制度，逐步过渡到“双向选择”、自主择业为主的市场经济就业制度，市场机制在劳动力资源配置中发挥了决定性作用。我国一直存在着比较典型的二元劳动力市场结构，如国有经济劳动力市场和非国有经济劳动力市场、农村劳动力市场和城镇劳动力市场等。这种劳动力市场结构固然存在着不少弊端，但在调节就业方面却发挥了独特的作用。当国有企业改革力度加大需要裁减冗员的时候，非国有经济的劳动力市场就能够发挥一定的吸纳作用；当城镇劳动力市场出现劳动力需求波动时，农村劳动力市场又能够有效发挥“调节器”和“蓄水池”作用。二元劳动力市场结构有效避免了大规模失业现象的出现，为改革开放的持续推进提供了支持。

第五，重视劳动力市场的结构性改革以实现对劳动力供给的调节。劳动力市场的供给包括数量和质量两个方面。人口政策是影响劳动力供给数量的先行性措施。进入 21 世纪以来，我国人口生育率出现下降，自 2012 年开始，城镇新增劳动力开始出现绝对减少的趋势，劳动力市场的就业压力得到了极大缓解，但也出现了“招工难”以及劳动力成本快速攀升的问题。为此，我国逐渐转向鼓励生育政策。教育培训是提高劳动者就业能力和岗位适应性的关键因素。40 年来，我国的教育事业取得了长足的发展，特别是高等教育的快速扩张在不断提高劳动力素质的同时，也延缓了适龄人口进入劳动力市场的时间。与此同时，劳动力的素质有了迅速提高，城镇新增劳动力的平均受教育年限在 2017 年达到 13.3 年，等同于大学一年级的水平。培训是提高劳动者技能水平的重要途径，经过 40 年的努力，目前我国已经初步构建起政府主导、企业和社会组织为依托的终身职业技能培训体系，技工队伍不断壮大。

第六，就业工作从单纯注重就业数量的扩张向重视提高就业质量转变。在改革开放初期，就业工作的重点是不断扩大就业规模，努力为劳动者创造更多就业岗位。随着经济发展和人们对更高质量生活需求的增加，推动实现更高质量就业已成为当前及未来就业工作的重心。通过不断完善劳动法律法规体系和加大执法力度，重点治理工资拖欠、工时过长、就业歧视等问题，劳动者的合法权益得到有效保障，就业岗位的稳定性不断提高。为劳动者提供更加稳定的就业岗位，能够有效防止就业的波动性，对减少失业具有积极意义。

随着我国进入经济发展新时代，劳动力市场的发展面临着新的形势和约束条件。如何在继续保持经济稳定发展的同时，又能够实现充分就业，依然是未来宏观调控的首要目标。当然，这并不是说中国就不存在着就业难的问题。恰恰相反，当前大学毕业生、进城农民工和下岗职工的就业和再就业，依然是劳动力市场长期面临的问题。近几年，随着供给侧结构性改革的深入进行，以及智能制造技术的推广应用，我国结构性就业矛盾较为突出，必须把稳就业摆在突出位置，实施就业优先战略。与此同时，要对已有保持就业稳定的政策措施进行总结梳理，根据新的形势和任务进行改革和调整。如此，经济稳定发展与低失业率共存的趋势就能继续保持下去。

# 目　录

# 第一章

# 经济新常态下 我国的就业形势及政策选择[①]

就业是民生之本。在经济新常态下，随着经济增长速度的逐步下行，就业压力也随之加大，而稳增长、保就业就成为宏观经济政策的主要目标。当前我国的就业形势总体向好，但也面临着诸多的问题和挑战。解决就业问题根本还是要靠发展，要坚持实施就业优先战略和更加积极的就业政策，着力解决结构性就业矛盾，进一步优化就业创业环境，以创新引领创业，以创业带动就业，努力实现比较充分和更高质量的就业。因此，认清经济新常态下就业的基本形势，准确把握就业面临的挑战与机遇，加快构建适应经济新常态的就业战略，对顺利实现稳增长、保就业和全面建成小康社会的战略目标，具有十分重要的理论和现实意义。

## 一、经济新常态下就业形势总体保持基本稳定

“经济新常态”这个概念是在 2013 年 12 月召开的中央经济工作会议上首次

① 原文发表在 2016 年第 6 期《北京工商大学学报（社会科学版）》，文中数据做了相应更新。

提出的，包含了四个典型特征：我国经济正在从高速增长转向中高速增长；经济发展方式正从规模速度型粗放增长转向质量效率型集约增长；经济结构正从增量扩能为主转向调整存量、做优增量并存的深度调整；经济发展动力正从传统增长点转向新的增长点。从经济增速的角度来看，我国经济从 2011 年开始就已经开始进入新常态阶段，当年的经济增速从 2010 年的两位数（10.6%）下降到当年 10%以内（9.5%），并且出现了逐年下滑的态势。至 2019 年，经济增速就已经回落到 6%左右。不过，在经济增速不断下滑的同时，我国的就业形势总体来说保持了基本稳定，无论是城镇登记失业率还是调查失业率，都呈现出较为平稳的状态。

按照奥肯定律（Okun's Law）的描述，经济增长与就业之间存在着紧密的关联。例如，在美国，如果实际 GDP 增长率比潜在增长率低 3%，将会使失业率上升 1 个百分点。① 对中国的一些研究发现，经济增长与失业率之间因为经济条件与美国等发达市场经济国家存在着比较明显的差别，因而两者之间并不存在着紧密的关系。② 在本轮经济下行过程中，也确实表现出经济增速下降，但失业率并未随之上升的这种现象。

从图 1-1 我们可以看出，尽管经济增速在不断下滑，但城镇登记失业率几乎没有发生变化，而且每年的新增就业人数依然保持在较高水平，其中大部分时间都维持在 1 300 万人左右。即使以国际通行的调查失业率指标来看，我国的调查失业率也基本稳定在 4%左右。该指标虽然比调查失业率要略高，但和发达国家平均近 7%的失业率相比则明显要低，与声称已实现“充分就业”的美国不相上下。

从经济增长的就业弹性来看，2011 年，国民经济每增长 1 个百分点，带动全国新增就业人数为 128.5 万人。此后，经济增长的就业弹性逐年提高，2012 年为

① OKUN A M. Potential GDP：Its Measurement and Significance ［R］. In Proceedings of the Business and Statistics Section，American Statistical Association，1962：98-103.

② 蔡昉. 为什么“奥肯定律”在中国失灵——再论经济增长与就业的关系［J］. 宏观经济研究，2007（1）.

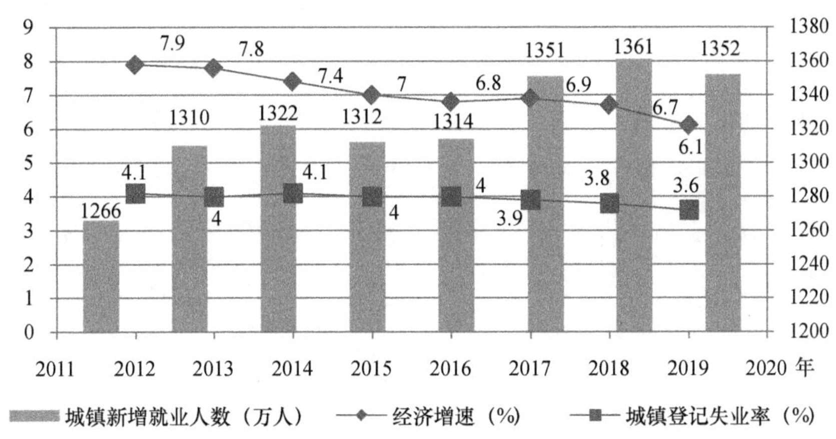


图 1-1　2012—2019 年经济增长与就业的关系

资料来源：历年《中国统计年鉴》。

164.4 万人，到 2019 年已经提高到 200 万人以上。经济增长带动就业能力的不断提高，是我国就业形势在经济增长下行时期保持基本稳定的重要原因。

再从劳动力市场的供求状况来看，我国劳动力市场基本保持了供需均衡的态势。中国人力资源市场信息监测中心对 2012—2019 年 100 个左右城市的公共就业服务机构市场供求信息进行的统计分析显示，在此期间我国劳动力市场的需求始终略大于供给，这表现在岗位空缺与求职人数比率一直大于 1，即每个求职者都存在着 1 个以上的岗位可供选择。但从 2014 年第四季度开始，岗位空缺与求职人数比率出现了比较明显的下降，这也反映了劳动力市场出现了企业用工需求增速小于供给增速、劳动力市场中劳动者可供选择的岗位有所减少的现实。

## 二、经济新常态下就业保持稳定的基本经验

### （一）就业优先战略取得成效

党的十八大以来，我国坚持实施就业优先战略，采取更加积极就业政策的宏

观调控手段，努力实现充分就业的战略目标。目前，我国积极的就业政策体系基本形成。为此，政府出台了一系列促进就业创业政策，加大了鼓励扶持的力度，完善了相关的配套措施，涵盖了财政政策、货币政策、产业政策、人力资源政策等多个方面。以创业扶持政策为例，目前我国的创业扶持政策体系日臻完善，从涵盖的人群看，包括了失业人员、高校毕业生、农村转移劳动力、复员转业军人、留学归国人员以及部分在岗人员（如高校教师）等；从出台政策层级看，包括了中央、省市、各区县、街道社区；从出台政策主体看，有政府部门、高校、社会团体（青、工、妇、残）等；从扶持政策的内容看，包括了财政、金融、税收、场地、培训指导等多方面的内容。鉴于企业负担较重、劳动力成本上升等问题，政府还专门出台了降成本、保就业的相关政策，包括阶段性降低企业社会保险缴费费率和住房公积金缴存比例，据财政部门测算，仅采取该项措施每年可减轻企业负担超过 1 000 亿元。

### （二）结构升级优化成为缓解就业压力的主要动力

在经济新常态时期，我国的就业结构有了进一步的升级和优化。从 2011 年至 2019 年，第三产业增加值占 GDP 比重由 44. 3%上升到 53. 9%，第三产业对我国经济增长的贡献率已经达到 59. 4%。在我国全部固定资产投资（不含农户）中，第三产业所占比重也有明显提高，在 2011—2019 年间，第一产业的比重由 2011 年的 2. 2%提高到 2019 年的 2. 3%，第二产业的比重则从 43. 8%下降到 29. 6%，而第三产业的比重从 53. 9%提高到 68. 1%。与此同时，第三产业在解决就业问题上的作用也日益显著。2011 年，就业三次产业的构成是 34. 8∶29. 5∶35. 7，到 2019 年演化为 25. 1∶27. 5∶47. 4，其中第一产业下降了 9. 7 个百分点，第二产业下降 10. 2 个百分点，而第三产业则上升了 11. 7 个百分点。这意味着第三产业不仅成为吸纳农村转移劳动力的主要流向地，也成为承接第二产业转移人员就业的重要阵地。第三产业的快速发展，成为经济下行阶段保持就业基本稳定的主要力量。

### （三）新经济新业态为劳动者创造了大量新岗位

近些年来，我国的新经济新业态不断涌现，在新经济新业态中就业的劳动者越来越多。此外，新经济新业态还引发了越来越多的劳动者集中到就业灵活部门就业，就业灵活性也有所增加。目前，中国的新经济新业态取得了快速增长，高端制造业、电子商务等一些转型升级的产业呈现出快速发展的势头。国家统计局数据显示，2019 年全年我国的网络消费增速达到 16.9%，比 GDP 增速和整体消费增速都要快。与此同时，在新经济新业态中就业的人员日益增多，据测算，仅阿里巴巴创造的就业机会就超过 1 000 万个。网络经济的快速发展，还诱发了快递业的高速增长，快递业也由此成为吸纳就业的又一重要场所。目前，我国的快递业年均新增就业岗位约 20 万个，2019 年就业总人数超过 300 万人。

### （四）“大众创业、万众创新”活动成果显著

经济新常态阶段，更加积极的就业政策的一个显著特征就是将就业创业结合在一起，大力推行“大众创业、万众创新”活动，并取得了显著的成效。在 2012—2019 年期间，全国新登记企业数量的增长速度均在 10%以上，特别是在 2014 年，新登记企业的增幅达到 45.88%，而且平均每天新登记企业的数量首次突破了 1 万户。2019 年，新登记市场主体 2 377 万户，日均新登记企业 2 万户，活跃度 70%左右，年末市场主体总数达 1.2 亿户。与此同时，创业带动就业的效应也开始显现，国家工商总局“个体私营经济与就业关系研究”课题组的研究表明，2014 年个体工商户平均就业吸纳能力是 2.6 人，私营企业平均就业吸纳能力则达到 12.6 人，全国共有 2.73 亿人在私营个体经济中就业。① 大量创业创新企业的涌现，标志着我国开始进入改革开放以来的第四次创业高潮。

① 中国个体私营经济与就业关系研究课题组. 中国个体私营经济与就业关系研究报告[M]. 北京：中国工商出版社，2016.

## 三、经济新常态下就业面临的新挑战

### （一）结构性就业难问题突出

总体就业形势的稳定并不意味着就业的结构性难题就此消失，与此相反的是，在经济新常态下，结构性就业困难已经成为我国当前就业领域中最为突出的矛盾。劳动力市场需求是经济发展的引致需求，一般来说，有什么样的产业结构，就会有什么样的就业结构。从根源上来说，产生结构性就业难问题主要是因为劳动力供求结构失衡所引发的，即劳动力市场的结构调整与产业结构的变化不相匹配。而投资结构是影响产业结构、就业结构的关键因素。一般来讲，资本向哪些行业倾斜与集中，哪些行业的增速就会较快，并推动产业结构及产业布局的相应变化。因此从逻辑上来说，投资结构直接影响的是产业结构，而间接影响的则是就业结构。我国结构性就业难较为典型的表现就是大学生“就业难”与农民工“招工难”“两难”现象的并存。目前，制造业、建筑业、房地产业等劳动密集型行业吸纳了50%以上的投资，在这些行业中的就业人数比例也同步出现了明显的增长。但在就业人数快速增长的同时，其就业人员的平均受教育程度并没有发生太大的变化，而且平均受教育年限目前仍未达到高中以上，其中房地产业从业人员的平均受教育年限甚至还出现了下降。由此可见，这些获得大量投资的产业在吸纳大学生的就业能力方面相对有限。这也从另一个侧面说明，我国的经济发展方式依然停留在依靠大量劳动力、资本投入等要素驱动的阶段，尚未转到依靠人力资本素质提高、依靠内涵式发展的道路上来。并且由于廉价劳动力长期处于“无限供给”的状态，使得经济发展在一定程度上产生了“廉价劳动力依赖症”。这样对就业市场产生的结果就是：一方面，在投资驱动型经济发展模式下，引发了对以进城农民工为代表的低端劳动力的巨大需求，在农村可转移劳动力逐渐减少、劳动力市场面临“刘易斯拐点”的情况下，出现了农民工“招工难”

的现象；另一方面，经济发展依然停留在粗放型发展阶段，经济的快速增长并未引起对大学生为代表的较高素质劳动力需求的同步增长，再加上大学扩招的速度仍未减缓，这样大学生的“就业难”现象就不可避免。劳动力市场中的“两难”现象存在，加剧了结构性就业问题的困难性和复杂性。

### （二）供给侧改革引发大量转岗就业问题

去产能、去库存是当前我国产业结构调整与升级过程中必须面对的一个重大问题，也是当前供给侧改革的主要内容。产能过剩一般是指产业潜在生产能力超过了市场实际需求所形成的供大于求的状况。国际上一般用设备利用率作为产能是否过剩的评价指标，正常值应该在79%~83%，如果该指标低于79%，则说明有可能存在着产能过剩的现象。国务院在2013年发布的《关于化解产能严重过剩矛盾的指导意见》中透露，到2012年年底，我国电解铝、钢铁、水泥、平板玻璃、船舶产能利用率分别仅为71.9%、72%、73.7%、73.1%和75%。此后几年，产能过剩问题并未得到实质性化解。在这种情况下，推进供给侧改革、努力化解产能过剩就成为宏观调控的一项重要任务。

### （三）科技进步对就业的冲击

“十三五”以来，我国创新驱动战略取得了很大的成绩，科技进步对国民经济增长的贡献率不断提升。根据《“十三五”国家科技创新规划》的安排，到2020年，科技进步贡献率将进一步提高到60%。自2011年以来，我国的专利申请数量一直位列世界第一。2019年，我国共受理境内外专利申请达到438.05万件，其中授予发明专利权259.2万件，已经大大超过排名第二的美国。同年，全社会研究与试验发展经费支出达21 737亿元，国家综合创新能力跻身世界前列。与此同时，在2015年5月，国务院印发了《中国制造2025》，提出了中国版的“工业4.0”计划，其核心内容就是通过实施创新驱动战略，实现中国从“制造大国”向“智造大国”和“制造强国”的转变。科技进步成了提高劳动生产率的最大动力，全员劳动生产率代表了每个劳动者在一年中平均生产商品和服务的市场价值，是反映国民经济发展中技术进步、管理水平提升和劳动者技能提高的重要指标。在2015—2019年期间，我国的全员劳动生产率有了较大的提高，从89 055元上升到115 009元，并且基本上保持了与GDP同步增长的态势，如图1-2所示。

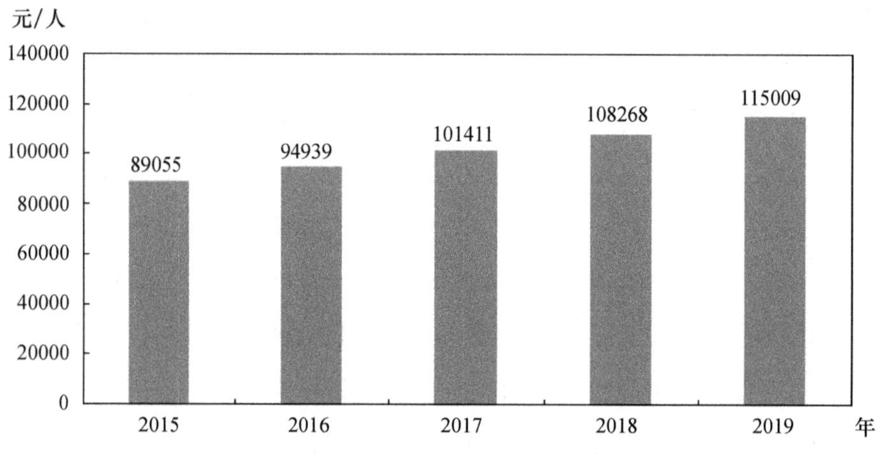


图1-2 2015—2019年全员劳动生产率情况

资料来源：国家统计局2019年《国民经济与社会发展统计公报》。

中国的创新驱动发展战略以及科学技术对国民经济发展贡献率的不断提高，对劳动力市场提出了新的挑战。在理论上，对于科技进步对就业究竟会产生何种影响，一直是一个争论不休的问题。但一般认为，科技进步短期内将会导致劳动力市场中“技术性失业”的增加，长期的影响则有可能偏于正面。但对于低素质劳动人口而言，科技进步对他们的就业替代作用尤为明显。以机器人为例，目前中国已经成为全球工业机器人的最大采购商，其中2013年共买入3.7万台工业机器人，占到全球销售量的五分之一，取代日本成为世界最大机器人买家。至2019年，中国采购的机器人已经超过了6万台。按照工信部2013年发布的《关于推进工业机器人产业发展的指导意见》的目标，到2020年，中国自主品牌的工业机器人年产量将达到10万台。在目前技术水平下，一个机器人能够替代大约10名左右的工人。由此推算，由于机器人的大规模使用，在短期内将会引发数以百万计的工作岗位损失。

## （四）劳动力成本上升抑制用工需求

近20年来，我国的劳动力成本出现了快速上升的势头。根据张继良、赵崇生的测算，在2008—2013年期间，我国制造业城镇劳动力成本年平均增长率达到11.8%，不仅明显快于美、日、欧等发达经济体，而且也显著快于南非、巴西等同等发展程度的国家。① 蔡昉、都阳指出，尽管中国单位劳动力成本的绝对水平只有0.238，仅相当于美国的38.7%、韩国的36.7%和德国的29.7%，但近几年来出现了比较明显的快速上涨，因而这种劳动力的比较优势受到了削弱。② 英国牛津经济研究院（Oxford Economics）的一项研究表明，如果考虑到中国工资的快速增长以及较低的劳动生产率，再加上人民币升值的影响，那么2015年中国制造业的劳动力成本实际上只比美国低4%，两国已经相差无几。③ 波士顿咨询公司（BCG）的研究结论与牛津经济研究院的结论几乎一致，他们构造了一个全球制造业成本竞争力指数，如果以美国为基准（100分）的话，那么中国制造业对美国的成本优势已经由2004年的14%下降到2014年的4%，也就是说在美国进行制造业生产的话大约只比在中国进行生产贵4%。而且按照目前的发展趋势，中国对美国的制造业成本差距在2020年左右将进一步缩小。除了工资上涨较快外，社会保障费率较高也成为加重中国企业负担的另一个诱因。劳动力成本的快速上升，最直接的后果就是增加企业负担，这势必对企业的用工需求产生抑制。

① 张继良，赵崇生．我国工业转型升级、绩效、问题与对策［J］．调研世界，2015（12）．

② 蔡昉，都阳．积极应对我国制造业单位劳动力成本过快上升问题［J］．前线，2016（5）．

③ 牛津研究报告：中国劳动力成本仅比美国低4%，环球财经，http://finance.huanqiu.com/roll/2016-03/8727987.html.

导致我国劳动力成本上升的一个重要诱因，就是劳动力“刘易斯拐点”来临所引发的人口红利消退。人口红利指的是一国劳动年龄人口在总人口中所占比重比较大，能够为经济持续发展创造有利的人口条件，国民经济呈现出高储蓄、高投资和高增长的“三高”态势。但是，随着我国经济的快速增长，人们的生育观念发生了很大变化，再加上长期实行严格计划生育政策的抑制作用，使得人口增长率快速下降，劳动年龄人口总量减少和所占比重有所降低，这也就意味着维持了多年的人口红利正在逐渐衰减。统计数据显示，在2011—2019年期间，我国的劳动年龄人口绝对量每年都在减少，9年间一共减少了4 432万人；占全部人口的比重也节节下降，9年间下降了近6个百分点（见图1-3）。在经济规模依然在不断膨胀的情况下，劳动力供给的减少就容易引发工资率的上涨，这又反过来成为企业转变用工行为的一个重要因素。

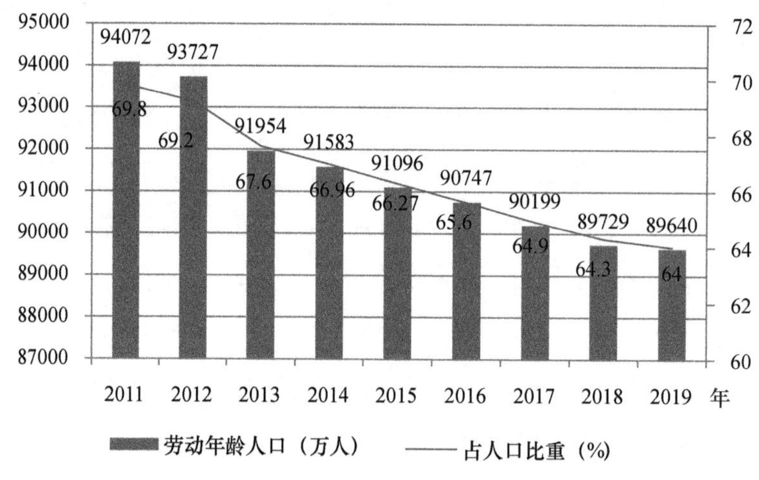


图1-3　2011—2019年15~59岁劳动人口状况

资料来源：历年《中国统计年鉴》。

## （五）就业质量不高问题比较突出

就业质量是反映劳动者就业状态好坏的一个综合性评价指标。根据李长安的研究，评价就业质量至少应该包含六个方面的维度：就业环境、就业状况、就业能力、劳动者报酬、劳动关系、社会保护等。① 在我国，在就业规模扩大的同时，就业质量能否同步提高，不仅会影响劳动力市场的稳定性，也是构建和谐劳动关系的重要内容。随着经济下行压力的增大，我国劳动者的就业质量虽有所提高，但也存在着诸多的问题。这突出表现在以下几个方面。一是劳动合同签订率低且不规范。根据国家统计局发布的《2019 年农民工监测调查报告》，2019 年与雇主或单位签订了劳动合同的农民工比重仅为 36.2%，比 2018 年还下降了 1.8 个百分点。二是劳动时间普遍较长。外出农民工中平均日从业时间超过 8 小时的人数占总数的 39.1%，周从业时间超过 44 小时的人数占 85%，月从业时间平均达到 25.2 天。赖德胜等的研究也发现，我国超过 90%的行业平均每周劳动时间超过了 40 小时，有一半多的行业劳动者每周需要加班 4 小时以上。② 三是劳动工资水平不高。受经济下行的影响，不少企业停止了加薪，甚至出现了工资绝对水平下降的情况。此外，农民工欠薪现象有所抬头，其中 2018 年建筑业被拖欠工资的农民工比重为 1.75%，是各行业平均水平的 2.6 倍。四是社会保障覆盖面不全，保障水平普遍不高。目前，我国农民工的平均参保率依然处于较低的水平，退保现象严重，而且与城镇职工之间存在着较大差距。五是职业病发病率偏高。据卫生部门的统计，改革开放 40 多年来，我国累计报告职业病有近百万例，而且新发病例数仍呈逐年攀升的趋势。六是劳动关系有所恶化，劳资冲突有所加剧。目前，我国已经进入劳资冲突的高发区，2019 年我国各级法院当期劳动争议案件受理数达到了 107 万余件。此外，非正当途径发生的劳动纠纷群体性事件也增长迅速，已经成为影响社会稳定的主要因素之一。

① 李长安．实施就业优先战略的核心是提高就业质量［J］．北京社会科学，2013（1）．

② 赖德胜，孟大虎，李长安．2014 中国劳动力市场报告［M］．北京：北京师范大学出版社，2014．

## 四、构建“双循环”新发展格局应对未来就业挑战

### （一）构建“双循环”新发展格局是应对未来就业挑战的现实选择

2020 年 5 月 14 日，中共中央政治局常委会召开会议，首次提出“构建国内国际双循环相互促进的新发展格局”。这是中央根据国内国际形势发展的新变化、全球产业链供应链重构的新趋势、我国经济社会发展面临的新挑战及时提出的重大战略部署，为我国统筹国内国际两个大局、在危机中育新机、于变局中开新局指明了方向，是今后一个时期做好国内经济社会发展工作的重要遵循。

受新冠肺炎疫情和国际贸易保护主义抬头的影响，我国经济社会发展的国际国内环境都发生了很大的变化。新冠肺炎疫情在全球的大流行，不仅使得国内的供给和需求遭受了严重冲击，还使得全球供应链出现了暂时性的中断和重新调整的趋势。特别是国际贸易保护主义不仅没有因为疫情而低头，反而在个别国家的挑动下变本加厉。而“双循环”新发展格局的理念，就是在此复杂的背景下提出来的。要推动形成以国内大循环为主体、国内国际双循环相互促进的新发展格局。这个新发展格局是根据我国发展阶段、环境、条件变化提出来的，是重塑我国国际合作和竞争新优势的战略抉择。

目前，我国对外贸易从业市场主体超过 640 万户，外贸外资带动就业约 1.8 亿人，其中有 8 000 多万是农民工。这些外贸企业分布于各行各业，其中批发与零售业占比最多，超过总量的 50%；制造业次之，大约占总量的 18%。从中可以看出，在目前我国的外贸企业中，仍然以劳动力密集型产品为主，吸纳了大量的蓝领工人，也创造了大量的就业岗位。对外贸易形势的不确定性增加，给外贸企业稳就业带来了一定困难。而外贸或者外需的下降，将从宏观和微观两个方面对我国的就业产生影响。从宏观层面来看，作为拉动经济增长的“三驾马车”之一，外贸下降会拉低经济增长率，进而削弱经济增长带动就业的能力；从微观层

面来看，由于国内外贸企业的经营困难增加，许多企业用工需求下降。带动大量就业的外贸企业用工人数一旦下降，将会对我国稳就业工作产生较大影响。由此可见，稳外贸、稳外资也就是稳就业、保就业。

推动国内大循环的顺畅运行，必须紧紧围绕着扩大内需来做文章。很显然，需要抓住提高广大人民生活水平这个“牛鼻子”。居民需求是构成社会总需求的重要内容。而在影响居民需求的诸多要素中，居民的收入分配状况则是其中的核心要素。也就是说，居民收入分配的状况如何，将直接影响到居民消费的能力和意愿，进而对社会总需求产生抑制或者扩张作用。毫无疑问，改革开放以来，我国居民的收入水平有了很大的提高。根据国家统计局的初步核算，2019 年我国人均 GDP 突破了 1 万美元大关，达到 10 276 美元。和 1980 年约 300 美元相比，人均 GDP 增长超过 30 倍。与此同时，我国的消费规模也有了快速扩张，消费质量有了明显提高。目前，我国消费对经济的贡献率已经接近 60%，成为拉动经济发展的最大动力。

但是，必须清醒地认识到，在我国的居民收入分配领域，依然存在着诸多的问题和矛盾，并日渐成为阻碍消费扩大和国内大循环顺畅运行的主要障碍。这集中表现在以下两个方面。一方面，我国居民收入总体来看依然处于较低水平。虽然与高收入国家的差距在缩小，但中国仍处在中等收入国家的行列。事实上，中国目前的人均 GDP 还不到世界平均水平，仅相当于后者的 90%左右。虽然脱贫攻坚已经取得巨大成效，但贫困人口总量依然较多、脆弱群体数量庞大的问题较为突出。收入水平不高制约了消费能力和消费质量，从消费结构看，2019 年我国居民消费恩格尔系数为 28. 2%，仍高于发达国家的水平。另一方面，较大的收入分配差距成为制约居民消费进一步扩大的又一个重要因素。从总体趋势来看，以基尼系数来衡量，我国的收入分配差距（基尼系数）从 20 世纪 80 年代的 0. 3 以下，扩大到 90 年代的 0. 3~0. 4，进入 21 世纪后，基尼系数一直在 0. 4 以上徘徊。近十年来，我国的基尼系数略有下降，但仍处于较高的水平。城乡差距是形成我国收入分配差距的主要原因之一，虽然近些年来城乡差距有了一定程度的缩小，但两者的实际差距仍在3倍左右，城乡收入以及消费“鸿沟”远未消除。此外，在宏观分配中，与政府收入和企业收入相比，居民收入占比相对偏低的现象长期存在，在不少的年份中甚至还出现不升反降的现象。由此可见，要畅通国内大循环，提高居民收入水平、改善收入分配状况是重中之重。

### （二）增强稳增长与保就业的政策衔接，将就业稳定作为经济增长区间的下限

稳增长、保就业是当前我国宏观经济调控的主要任务。尽管在政府官员的绩效评价体系中逐渐放弃了“唯GDP”论的考核方式，但并不意味着稳定经济增长就不重要。事实上，从长期来看，经济增长依然是保持就业稳定的最基本途径。在当前阶段，必须将就业目标设为经济增长波动区间的下限，明确稳增长就是为了保就业的战略意义，防止稳增长政策与保就业政策脱节。具体来说，在财政政策方面，实行更加有利于扩大就业的财政支持和保障政策。继续实行结构性减税政策，减轻企业的各项税费负担，努力增强企业的活力。营改增税制改革的最大受益者是第三产业，很显然，该措施在促进第三产业发展，使第三产业成为缓解就业压力的最大阵地方面发挥了重要的作用。在货币政策方面，着力增强对扩大就业具有显著效应的相关产业的支持力度。应该充分认识到，在我国经济发展的现阶段，劳动密集型产业仍然具有重大的战略意义，也是实体经济的主要组成部分，金融机构应千方百计地为其解决各种融资问题。对小微型企业、自主创业企业等，应采取更加积极主动的优惠扶持政策，激发他们的生产活力，支持符合条件的商业银行发行专项用于小型微型企业贷款的金融债。在产业政策方面，大力发展吸纳就业能力强的产业和企业，在去产能、去库存的过程中，注重开发新的就业机会。高度重视非公经济的发展，充分发挥非公经济就业主渠道的重要作用，通过打破市场壁垒、完善市场竞争环境、畅通融资渠道、减轻企业负担等多种措施，遏制民间资本投资下降的势头，激发民间资本的主动性和积极性。

### （三）强化就业优先政策，增强更加积极就业政策的创新性和有效性

坚持就业优先战略，强化就业优先政策，就是要把就业稳定和扩大就业放到经济社会发展的优先地位。这就要求在出台各项宏观经济政策之前，必须对调控政策的就业效应进行科学评估，建立宏观经济政策对就业影响的评价机制，并将其纳入宏观经济政策的优先目标之中。继续实施更加积极的就业政策，就业政策要主动适应经济新常态，注重政策的创新性和有效性。就业政策的创新性指的是面对经济新常态下就业形势的特殊性和复杂性，要突破传统的思维和方法，紧紧抓住稳增长、保就业这个核心，围绕就业领域的主要矛盾，出台具有针对性、差异化的就业政策。在大力推进“大众创业、万众创新”的过程中，高度重视创业质量，提高创业带动就业的效应。目前，我国虽然有创业企业大量涌现，但创业质量不高的问题突出，生存型创业数量大大超过发展型创业，而且创业的成功率及生存年限普遍较低。根据公益组织中国青年创业国际计划（YBC）的调查统计，我国青年的首次创业成功率还不足10%。此外，从目前的情况来看，我国各级政府出台的就业政策数量众多，内容丰富，但政府部门在如何提高劳动者的知情度，如何用好相关政策，使政策的有效性充分发挥出来，真正惠及劳动者方面，仍有许多工作要做。但在实践中，各种优惠政策仍不为许多创业者所了解。其中的主要原因是由于创业扶持政策常常由各级政府职能部门分别制定，缺乏政策的介绍、梳理和汇编，加上信息沟通不畅，导致创业者普遍不会或不懂利用创业扶持优惠政策。同时，一些创业政策又抬高扶持政策申请门槛，致使许多创业者很难享受到政策带来的优惠，导致政策作用未充分发挥，政策目的未能实现。不仅如此，各种各样的奖励补贴政策太多太滥，还容易被少数不法分子钻空子，利用政策漏洞骗补骗贷，抑或徇私舞弊，以权谋私。因此，下一步应把如何提高创业质量作为“双创”政策的首要任务。与此同时，必须狠抓就业支持政策的落实，让劳动者充分知晓并合理利用相关的鼓励和优惠政策，并将这些政策真正落实到位。

### （四）加快推进劳动力市场供给侧改革，增强劳动者的就业适应性

加快推进供给侧改革是主动适应经济新常态的重要内容。在经济新常态下，经济增长已经由传统的依靠大规模的劳动、资本等要素驱动转变为创新驱动。随着经济发展方式的转变和经济结构的转型升级，劳动力市场的供给侧改革也势在必行。这主要包括以下三方面的内容。一是进一步提升劳动力的素质，以质量提高替代数量减少，应对人口红利衰减带来的冲击。平均素质不高、缺乏一技之长依然是我国劳动力队伍的一大软肋，当前的“用工荒”在很大程度上实际上是“技工荒”。根据全国总工会的估计，目前我国技工的缺口大约在 2 200 万至 3 300 万人，而且随着经济发展，技工缺口还将不断扩大。因此，必须大力发展职业教育，加快教育体制改革的步伐，将一部分符合条件的普通高校转变成高等职业院校，同时鼓励和支持企业内部的技能培训，扩大技术员工的供给量，满足建设创新型国家的需求。二是加大劳动力市场的灵活性，建立用人单位与劳动者之间平等谈判的劳动关系制度，既要消除传统上资本强势、劳动者弱势的现象，也要改变现行用工制度中不利于用工单位的相关规定和约束；建立科学合理的工资增长机制，加强职工工资增长与劳动生产率提高和企业利润增长的协调性。三是完善就业保障制度，充分发挥失业保险制度预防失业促进就业的激励功能。目前我国的失业保险金只停留在保障失业者基本生活需要的功能方面，其预防失业与促进就业的功能远未发挥出来。可以考虑将失业保险金的发放与失业者的就业努力挂钩，建立健全对失业者的跟踪调查制度，如果发现失业者没有履行积极寻找工作的义务，那么就应该受到暂时或永久性取消其失业保险金的惩罚。

### （五）高度重视弱势群体的就业，提高就业扶持政策的精准度

经济新常态下经济增速下降和产业结构调整与升级，贫困家庭、女性、残疾人等弱势群体都有可能成为劳动力市场中更大的受害者。这不仅要求国家不断完善就业失业保障机制，还需要采取更加积极的扶持帮助政策，实施精准就业扶

持，使这些弱势群体在就业市场中具有更多的就业机会。对于贫困家庭而言，要充分发挥就业在扶贫攻坚战略中的重要地位。失业是导致贫困的重要诱因，就业性收入是绝大多数劳动者的主要收入来源，因此失业极容易导致贫困现象的发生。文雯利用CHIPS数据的研究发现，高失业率家庭往往是贫困脆弱的家庭，在我国城镇低保家庭中，2002年有19.88%属于高失业家庭，2007年这个比例略有下降，但仍高达17.44%。① 进城务工农民工群体的工作不稳定，因而成为容易陷入贫困状态的重要群体。王美艳针对农民工的研究发现，由于劳动收入占农民工收入的95%以上，因而当农民工失去工作时就很容易陷入贫困，可见就业状况对农民工的贫困有着比较显著的影响。② 为此，2016年8月，人力资源社会保障部专门出台了《关于在打赢脱贫攻坚战中做好人力资源社会保障扶贫工作的意见》（人社部发〔2016〕71号），提出了分类提供精准就业服务、拓宽贫困劳动力就业渠道、加强贫困劳动力职业培训、提升贫困地区劳动就业和社会保障公共服务能力等多项措施，帮助贫困劳动者就业脱贫。女性就业一直是劳动力市场中较为突出的问题，在经济新常态下，由于我国女性的劳动参与率远高于世界平均水平，使得女性就业面临着更大的挑战，女性的失业率一直高于男性。这其中，女大学生就业难不仅是女性就业困境的一个突出现象，而且正在演变成大学生就业难中的一个焦点问题。从2009年开始，我国在校女大学生数量开始超过男生，但应届女大学生的就业率却明显低于男生。不仅如此，女大学生就业后无论是起薪还是毕业半年后的工资涨幅也不及男生。解决女性在劳动力市场中的弱势地位问题，除了要转变传统歧视女性的观念外，政府还应制定专门的针对女性就业创业的扶持性政策，在加强就业保障的财政金融等政策中，可以考虑融入社会性别视角，鼓励创新针对女性创业者的金融产品和金融服务，切实为促进女性就业创

① 文雯. 城市低保与家庭减贫——基于CHIPS数据的实证分析［J］. 人口与经济，2015（2）.

② 王美艳. 农民工的贫困状况与影响因素——兼与城市居民比较［J］. 宏观经济研究，2014（9）.

业创造条件。目前我国有残疾人超过 8 500 万人，处于劳动年龄段的残疾人有近 3 200 万人，但实现城乡就业的残疾人总数只有 2 100 万人左右，残疾人的就业率不到 70%，有超过三分之一的有工作能力的残疾人尚未实现就业。推动残疾人就业工作，必须加强针对残疾人的普通教育与职业培训，逐步实现残疾人就业由岗位提供向能力提升，构建完善的就业服务体系，促进就业政策从分割到融合，推动残疾人就业从被动型就业到创业型就业的转变，加快残疾人就业观念的转变等。同时重视贫困残疾人的扶贫开发，实现精准扶贫，构建和完善防止因残致贫的社会保护网络。

### （六）将提高就业质量作为就业工作的核心，推动实现更高质量就业

就业质量不高是经济新常态下就业领域中的一个突出矛盾。在很大程度上，我国的就业矛盾就是就业质量不高引发的各种摩擦和冲突。对于劳动者而言，在许多情况下不是找不到工作，而是找不到“好”的、“体面”的工作。努力提高劳动者就业质量，需要加强两方面工作。一方面，要加强劳动力市场的法治建设，实现“依法治企”“依法治市”，用更完善的劳动法律法规维护劳动者的工资福利、社会保障、劳动保护等各项合法权益。从抓劳动合同入手，大力提高劳动者特别是流动人口的劳动合同签订率，对拒不签订劳动合同或劳动合同不合规的企业，必须加大惩罚力度。对拖欠劳动者工资、不缴纳或不足额缴纳社会保险费等劳动领域的突出矛盾，要采取综合性的措施予以治理，如建立工资保障基金、银行卡直接发放工资、建立企业和包工头信用评价机制等。尽快推出专门的《反就业歧视法》，考虑设立国家公平就业委员会，防范和消除劳动力市场中普遍存在的就业歧视现象。大力推进户籍制度改革、尽快弥合劳动力市场的分割，创造公平就业的制度性环境。另一方面，要加强企业管理，转变用工观念，树立劳动者在生产经营过程中的中心地位。按照效率工资理论，劳动者的工资水平与其劳动效率之间存在着紧密的相关性。企业压低劳动者工资的做法虽然有可能短期会提高企业的利润水平，但从长远来说则会损害企业的可持续发展能力，并且很

容易提高员工的流失率，削弱员工的忠诚度。因此，在企业劳动生产率和利润增长的基础上努力提高劳动者的待遇水平，是一件利己利人的“双赢”行为。此外，对劳动者来说，也必须重塑“劳动光荣”的理念，努力提高自身的知识技能水平，主动适应经济新常态下就业岗位的变化与升级。就业质量包含了劳动者对就业状况的主观评价，因而劳动者的就业心态就显得非常重要。要坚决摒弃那种浮躁、好高骛远的就业心态，重视培养踏实肯干、坚守持久的“工匠精神”。总之，只有政府、企业与劳动者相互配合，互相联动，推动实现劳动者更高质量就业、基本实现全社会充分就业的战略目标才能顺利达成。

# 第二章

# 就业结构变动的趋势及其影响研究[①]

## 一、我国就业结构变动的主要特征

就业结构包括了就业的产业结构、地区结构、城乡结构、性别年龄结构、人力资本结构、所有制结构等方面的内容。

### （一）就业的产业结构变动

在产业结构方面，第一产业对就业的拉动作用保持稳定，第二产业吸纳劳动力的能力下滑，第三产业成为解决就业问题的主力军。

为更好地反映我国三次产业的发展情况，满足国民经济核算、服务业统计及其他统计调查对三次产业划分的需求，2003 年，国家统计局印发了《国家统计局关于印发〈三次产业划分规定〉的通知》（国统字〔2003〕14 号），对三次产

① 本章为赖德胜教授主持的国家社科基金重大项目“中国经济下行阶段就业结构调整与防范失业战略研究”（项目号：16ZDA026）子课题的阶段性成果。

业进行了明确划分。第一产业是指农、林、牧、渔业（不含农、林、牧、渔服务业）；第二产业是指采矿业（不含开采辅助活动），制造业（不含金属制品、机械和设备修理业），电力、热力、燃气及水生产和供应业，建筑业；第三产业即服务业，是指除第一产业、第二产业以外的其他行业。本文依据该标准来划分三次产业，并对其进行研究。

2008 年，我国三次产业中，第一产业就业人员为 29 923. 3 万人，第一产业就业人员占总就业人员的比重为 39. 60%；第二产业就业人员为 20 553. 4 万人，占比 27. 20%；第三产业就业人员为 25 087. 2 万人，占比 33. 20%。2019 年，第一产业就业人员为 19 445. 0 万人，占比 25. 10%；第二产业就业人员为 21 305. 0 万人，占比 27. 50%；第三产业就业人员为 36 721. 0 万人，占比 47. 40%（见表 2-1）。

**表 2-1　　　　三次产业就业人员占总就业人员总数的比重**

| 年份 | 就业人员（万人） | 第一产业就业人员（万人） | 第一产业就业人员占总就业人员的比重（%） | 第二产业就业人员（万人） | 第二产业就业人员占总就业人员的比重（%） | 第三产业就业人员（万人） | 第三产业就业人员占总就业人员的比重（%） |
|---|---|---|---|---|---|---|---|
| 2008 | 75 564. 0 | 29 923. 3 | 39. 60 | 20 553. 4 | 27. 20 | 25 087. 2 | 33. 20 |
| 2009 | 75 828. 0 | 28 890. 5 | 38. 10 | 21 080. 2 | 27. 80 | 25 857. 3 | 34. 10 |
| 2010 | 76 105. 0 | 27 930. 5 | 36. 70 | 21 842. 1 | 28. 70 | 26 332. 3 | 34. 60 |
| 2011 | 76 420. 0 | 26 594. 0 | 34. 80 | 22 544. 0 | 29. 50 | 27 282. 0 | 35. 70 |
| 2012 | 76 704. 0 | 25 773. 0 | 33. 60 | 23 241. 0 | 30. 30 | 27 690. 0 | 36. 10 |
| 2013 | 76 977. 0 | 24 171. 0 | 31. 40 | 23 170. 0 | 30. 10 | 29 636. 0 | 38. 50 |
| 2014 | 77 253. 0 | 22 790. 0 | 29. 50 | 23 099. 0 | 29. 90 | 31 364. 0 | 40. 60 |
| 2015 | 77 451. 0 | 21 919. 0 | 28. 30 | 22 693. 0 | 29. 30 | 32 839. 0 | 42. 40 |
| 2016 | 77 603. 0 | 21 496. 0 | 27. 70 | 22 350. 0 | 28. 80 | 33 757. 0 | 43. 50 |
| 2017 | 77 640. 0 | 20 944. 0 | 27. 00 | 21 824. 0 | 28. 10 | 34 872. 0 | 44. 90 |
| 2018 | 77 586. 0 | 20 258. 0 | 26. 10 | 21 390. 0 | 27. 60 | 35 938. 0 | 46. 30 |
| 2019 | 77 471. 0 | 19 445. 0 | 25. 10 | 21 305. 0 | 27. 50 | 36 721. 0 | 47. 40 |

数据来源：国家统计局。

从表 2-1 中可以看出，首先，第一产业对劳动力的吸纳能力逐渐下降。2008 年，第一产业是吸纳劳动力的绝对主力，占比近 40%。然而随着工业化、城镇化的快速发展，农村劳动力人口大规模地流向城市，第一产业劳动力随之逐渐向第二、三产业转移，第一产业就业人员占总就业人员的比重在 2011 年被第三产业超越，随后在 2014 年被第二产业超越。在 2008—2019 年的 12 年时间里，我国第一产业就业人员占总就业人员的比重下降了 14.5 个百分点。由此可见，第一产业对就业的拉动作用逐渐下降。

其次，可将第二产业对就业的影响划分为两个阶段进行分析。第一个阶段是 2008 年至 2012 年。2008 年爆发了全球范围内的金融危机，发达国家的经济遭到重创，我国作为世界上最大的发展中国家不可避免地也受到了波及。为了应对全球金融危机，实现充分开拓国内市场、扩大内需、促进经济平稳较快增长的目标，我国政府实施了一系列刺激经济发展的政策，其中包括“四万亿投资计划”，该投资计划间接地繁荣了第二产业等相关产业，如建筑行业、水泥、钢筋产业等。这不仅在一定程度上使我国经济得到复苏，而且提升了第二产业对于就业的拉动能力。2008 年，我国第二产业就业人数为 20 553.4 万人，占总就业人数的比重为 27.20%；2012 年，我国第二产业就业人数为 23 241.0 万人，占总就业人数的比重为 30.30%。截至 2012 年，第二产业就业人数占总就业人数的比重上升了 3.1 个百分点。第二个阶段是 2012 年至 2019 年。由于前期的过度投资，以煤炭、钢铁、水泥为代表的传统行业出现了严重的产能过剩问题，国内需求增速也逐渐放缓，传统行业供需矛盾突出。同时，主要发达国家尚未从金融危机中走出来，国际市场需求持续低迷。国际国内市场需求的双双下滑使得第二产业对劳动力的吸纳能力逐渐降低。2012 年，我国第二产业就业人员为 23 241.0 万人，占总就业人员的 30.30%。在接下来的几年里，其就业人员占总就业人员的比重不断下降。特别是 2015 年年底，我国提出要进行结构性改革，重点推进“三去一降一补”，“去产能”被列为五大结构性任务之首。这直接导致了第二产业对劳动力的需求进一步下降。2019 年，我国第二产业就业人员为 21 305.0 万人，占总就业人员的 27.50%，与第一产业下降幅度的（5.9 个百分点）相比，第二产业在 2012—2019 年期间下降幅度较小，仅下降了 2.8 个百分点。总体来看，我国第二产业从第一阶段到第二阶段的转变也反映了我国产业优化升级的趋势。

最后，第三产业成为劳动力的“蓄水池”。随着我国经济发展方式的转变与产业结构的优化升级，产生了许多新经济新业态。新经济新业态引发了越来越多的劳动者集中到就业灵活部门（大多指第三产业部门）就业，就业灵活性有所增加。新经济是指在经济全球化背景下，信息技术革命以及由此带动的以高新科技产业为龙头的经济。目前，中国的新技术、新业态、新经济在快速增长，高端制造业、电子商务等一些转型升级的产业也在快速发展。新产业增长快的企业、行业、地区保持着良好的势头。与此同时，在新经济新业态中就业的人员日益增多。国家统计局数据显示，2019 年，全国实物商品网上零售额为 85 239 亿元，同比增长 19.5%；全年完成快递业务量超过 630 亿件，增长 24.0%；移动互联网接入流量增长 71.6%。仅阿里巴巴零售商业生态创造的就业机会就超过 1 500 万个。由此带来了第一、第二产业就业人员向第三产业就业的转移。统计数据显示，2008 年，我国第三产业就业人员为 25 087.2 万人，占比 33.20%。2019 年，第三产业就业人员为 36 721.0 万人，占比 47.40%，12 年时间内，我国第三产业就业人员占比上升了 14.2 个百分点，就业人员增长了 1.1 亿多人，并且第三产业就业人员占比在 2011 年超过第一产业，成为我国三次产业中吸纳劳动力最多的产业，第三产业成为劳动力最大的“蓄水池”。

总体来说，我国三次产业就业人数占比经历了从“一、三、二”向“三、二、一”转变的过程。在现阶段，为了稳定就业，应大力发展第三产业，但是第三产业不能够脱离第一和第二产业的发展，第三产业也不能脱离我国发展阶段这个基本国情，因此第三产业的比重并非是越高越好，三次产业结构究竟应该处于什么样的比例，是一个尚需研究的问题。

## （二）就业的地区结构变动

党的十九大报告中指出，当前我国社会主要矛盾已经转化为人民日益增长的美好生活需要和不平衡不充分的发展之间的矛盾。而这种矛盾主要表现为地区间发展不平衡以及城乡间发展不平衡。地区之间经济发展的不平衡直接导致了地区间就业机会不均，加大了就业的空间矛盾。

总体来看，东部地区吸纳就业的能力比中西部强。东部地区在发展中存在着“天然优势”，经济基础较好，临海、交通便利，有着大量的对外贸易机会。同时，改革开放以来我国实行非均衡发展战略，优先开放东部地区，优先发展东部地区，给予了东部地区大量的政策支持。东部地区优越的地理位置以及国家政策的倾斜使得我国东部地区总体上比西部地区发达，经济的高度发达又使得东部地区能够提供大量的就业机会，这吸引了一大批中西部富余劳动力涌向东部城市。此外，东部地区充分发挥三大城市群对就业的辐射带动作用，已经形成了以大型城市群为中心的劳动力“就业中心”区域，如京津冀城市群、长三角城市群、粤港澳大湾区城市群。中国发展研究基金会在 2019 年发布的《中国城市群一体化报告》中指出，长三角、京津冀、珠三角三大城市群的经济份额超过 40%，这三个地区经济增长对就业的吸纳能力最高。

然而近些年来，我国的劳动力流向从过去单纯地由中西部向东部流动，开始出现了向中西部回流的趋势，特别是中部地区的就业比重进一步上升。这一定程度上是由于近年来我国的劳动力成本出现了快速上升的势头。根据张继良、赵崇生的测算，在 2008—2013 年期间，我国制造业城镇劳动力成本年平均增长率达到 11.80%，不仅明显快于美、日、欧等发达经济体，而且也显著快于南非、巴西等与我国处于同等发展程度的国家。① 蔡昉、都阳指出，尽管中国单位劳动力

① 张继良，赵崇生. 我国工业转型升级、绩效、问题与对策［J］. 调研世界，2015（12）.

成本的绝对水平只有 0.238，仅相当于美国单位劳动力成本的 38.7%、韩国的 36.7%和德国的 29.7%，但由于近几年来出现了比较明显的快速上涨趋势，因而这种劳动力的比较优势受到广泛削弱。① 为了节省成本，企业开始将一些劳动密集型产业迁回中西部。中部地区由于离东部地区较近，除了承接大量的转移产业外，还承接了部分配套的服务业，不仅极大程度地满足了当地的劳动力需求，而且还吸引了一部分外出打工的劳动力回流。而西部地区由于离东部地区较远，同时因其自身条件较差无法承接过多的转移产业，这使得其对劳动力回流的贡献没有中部地区大。从国家统计局发布的农民工监测报告数据可以看出，2009 年，东部地区农民工占全国农民工总量的比重为 43.6%，中部地区农民工占全国农民工总量的 31.1%，西部地区农民工占全国农民工总量的比重为 25.3%；到 2015 年，东部地区农民工占全部农民工的比重演变为 38.8%，中部地区农民工占全国农民工的比重为 34.6%，西部地区农民工占全部农民工的比重为 26.6%。6 年间东部地区农民工的比重下降了 4.8 个百分点，而中西部地区农民工的比重分别增长了 3.5 个百分点和 1.3 个百分点。这反映了虽然东部地区仍然是吸纳劳动力最多的区域，但是也出现了向中西部回流的趋势。

### （三）就业的城乡结构变动

人民日益增长的美好生活需要和不平衡不充分发展之间的矛盾还表现为城乡间发展不平衡。就业的城乡结构是指就业人员在城市和乡村间的分布。现阶段，我国就业的城乡结构变动是指：一方面，城市对于就业的拉动作用仍然处于主导地位；另一方面，农村劳动力转移速度趋缓。

城市化是我国实现现代化的重要目标之一，也是经济社会发展的必然结果。随着我国新型城镇化的不断推进，农村转移就业的人数呈现出先上升然后缓慢下

① 蔡昉，都阳．积极应对我国制造业单位劳动力成本过快上升问题［J］．前线，2016（5）．

降的趋势。农村转移就业是指农村富余劳动力转移到非农产业就业。国家统计局数据显示，我国流动人口总量自 2014 年达到峰值 2.53 亿人后，已连续 5 年下降，到 2019 年下降到 2.36 亿人。与此同时，我国新型城镇化进程依然在继续提升，2019 年我国城镇化率为 60.6%，与上一年度相比，增加了 1.02 个百分点。

不过，在一系列惠农政策以及城镇户籍制度的作用下，我国出现了农民工返乡就业的“逆城镇化”现象。国家卫生健康委的一项调查发现，七成农村户籍流动人口愿意在城市长期居住，但不愿意放弃农村户籍在城市落户。在现行土地制度和户籍制度的情况下，我国城乡就业结构究竟会如何演变，还需要进一步研究。

### （四）就业的年龄结构变动

人口与劳动就业问题是我国经济社会发展的重要问题。人口年龄结构是反映一个地区人口状况的重要指标之一。年龄结构的变动会对就业造成影响。为了宏观经济总体可调控和经济的可持续发展，有必要对人口年龄结构下的就业形势进行准确把握。

伴随着经济新常态，我国也出现了人口新常态。人口年龄结构发生深刻变化，人口老龄化程度加深，劳动年龄人口出现绝对减少，劳动参与率降低。随着人口年龄结构的变化，自 2012 年起，我国劳动年龄人口的数量和比重连续 7 年出现双降，7 年间减少了 2 600 余万人。2018 年末，全国 0~15 岁人口为 24 860 万人，占总人口的 17.8%；16~59 岁人口为 89 729 万人，占总人口的比重为 64.3%；60 岁及以上人口为 24 949 万人，占总人口的比重为 17.9%，其中，65 岁及以上人口为 16 658 万人，占总人口的比重为 11.9%。与 2017 年末相比，16~59 岁劳动年龄人口减少 470 万人，比重下降 0.6 个百分点；老年人口比重持续上升，其中，60 岁及以上人口增加 859 万人，比重上升 0.6 个百分点，65 岁及以上人口增加 827 万人，比重上升 0.5 个百分点，这反映了人口老龄化程度继续加深。受劳动年龄人口持续减少的影响，劳动力供给总量下降，2018 年末全国就业人员总量也首次出现下降，预计今后几年还将继续下降。同时，老年人口比重的上升加重了劳动年龄人口的负担，给经济发展和社会保障带来挑战。

此外，我国劳动力市场的“刘易斯拐点”已经来临。我国劳动力市场的“刘易斯拐点”，即劳动力过剩向短缺的转折点，是指在工业化进程中，随着农村富余劳动力向非农产业的逐步转移，农村富余劳动力逐渐减少，最终达到瓶颈状态。伴随着人口老龄化以及“刘易斯拐点”的来临，就业人口的负担不断加重，“人口红利”正在逐渐消失。

从地区上来看，地区间的就业年龄结构也发生了很大的变化。1985—2017 年期间，全国劳动力人口（包括学生）的平均年龄从 32.2 岁上升到了 37.8 岁。2017 年，平均年龄最高的前五个省份是辽宁、吉林、黑龙江、重庆、湖南；平均年龄最低的五个省份是广东、贵州、海南、新疆、西藏。东部地区的人口年龄结构趋于老化，特别是东北地区，人口年龄偏大，这将对东部和东北部地区的劳动力供给造成影响。因此总体来看，我国就业人口的年龄趋于老化。

### （五）就业的人力资本结构变动

人力资本与物质资本相对，是一种非物质资本，是体现在劳动者身上的资本，如劳动者的知识技能、文化技术水平与健康状况等。1906 年，费雪在其发表的《资本的性质与收入》中首次提出了人力资本的概念，并将其纳入了经济分析的理论框架中。人力资本理论创始人舒尔茨认为，人力资本是通过人力资本投资形成的，基于在劳动者身上并能够为其使用者带来持久性收入来源的劳动能力，是以一定的劳动者的数量和质量为表现形式的非物质资本。一般来说，劳动者的知识、技能以及体力（健康状况）等构成了人力资本。

目前，我国人力资本投资的总量不断增加，投资增速加快，但是投入水平整体来说还是较低。从投资主体来看，还未形成多元化的投资主体结构，大部分的投入由政府承担，并且地区间的人力资本投入不均衡。人力资本结构是指人力资本在各个经济范畴的分布与配置，包括人力资本的产业结构、人力资本的空间结构以及人力资本的行业结构。

人力资本的产业结构是依据不同产业的特点来进行人力资源的配置。第一产业属于“靠天吃饭”，其对技术水平与人力资本的要求较低。第二产业相对于第一产业来说需要更多的技术与资本投入，其对人力资本水平的要求较第一产业来说更高。以金融、信息产业为主的第三产业需要大量的技术支撑，其对高素质人才以及高技能人才的需求比前两个产业大。随着我国逐渐迈入工业化后期，人力资本结构从“二、三、一”型向“三、二、一”型推进，这意味着第三产业在我国的地位越来越受到重视，人力资本向第三产业聚集。

同时，人力资本在参与社会经济活动时，还会反映出一定的空间分布形式。我国的人力资本结构存在着空间结构上的失衡，人力资本在各地区之间的分布是很不均衡的，呈现出比较明显的由东往西逐次排列的格局。东部地区有着较强的人力资本，中西部人力资本相对匮乏。例如，东部地区每百人拥有大学生比例的均值从 2003 年的 8.7%上升到 2011 年的 14.4%，中部地区从 5.2%上升到 8.4%，西部地区则从 5.1%上升到 9.8%，虽然东、中、西部地区每百人拥有大学生比例的均值均有所上升，但是东部地区仍然具备最高强度的人力资本。由于高校扩招政策的全面实施，我国劳动者的素质也有了较大的提高。不过，从行业劳动力平均受教育年限来看，我国劳动力队伍的素质普遍较低，如果以 12 年教育（>12 年为大学及以上，≤12 年则为中学及以下）来划分的话，那么 2012 年在我国 19 类行业中，仅有公共管理、教育、金融业等 8 个行业劳动力平均受教育年限超过了 12 年，也即达到了高中以上的文化程度，而其他行业劳动力均只有高中及以下文化程度。其中制造业从 10.16 年微增到 10.67 年，10 年间仅增加了半年左右；建筑业从 9.74 年微增到 10.04 年，10 年间更是只增加了 0.3 年。而房地产业的爆发式增长，并没有带来劳动者素质的提高，平均受教育年限反而从 12.26 年直接下降到 11.77 年。与国外的情况相比，中国的大学生行业分布曲线有着较大差异。在美国、欧洲 12 国以及俄罗斯，大学本科及以上劳动者的行业在制造业、教育和公共管理等行业的分布大都比较平均。但是在中国，大学本科及以上学历主要分布在科学研究和技术服务业、教育、公共管理、社会保障和社会组织、卫生和社会工作、金融业、文化体育和娱乐业等市场化程度较低、受政府管制较多的行业和部门。特别值得注意的是，我国大学本科及以上学历者在制造业和批发零售业就业的比例明显偏少。我们还可从人力资本强度来观察我国就业的人力资本结构。人力资本强度是指各行业大学本科以上学历劳动力比例除以该行业增加值占 GDP 的比例，这就是说人力资本强度越大，那么该行业的人力资本使用越密集。中国经济增长前沿课题组的研究表明，2012 年中国制造业的人力资本强度仅为 0.04，分别只有法意英美四国的 2.7%、3.3%、3.3%和 6.1%，从中我们可以看出其中的差距十分明显。实际上，正是由于制造业中劳动力队伍的素质太低，严重阻碍了我国由“制造业大国”向“制造业强国”转变的步伐。建筑业的情况同样如此，我国建筑业的人力资本强度只有 0.125，仅及法意英美四国的 8.9%、11.4%、9.6%和 22.2%，差距也十分明显。①

### （六）就业的所有制结构

生产资料所有制关系是整个社会经济制度的基础和核心。目前公有制、非公有制和混合所有制是我国的三种所有制形式。其中，公有制和非公有制是两种基本所有制形式。随着中国特色社会主义市场经济体制改革的不断深入，我国的所有制结构已不再是单一的公有制经济，而是多种所有制经济共同发展的局面。所谓公有制经济，是指国有经济、集体经济以及混合所有制经济中的国有成分和集体成分。公有制的实现形式是指公有制经济在微观领域中的具体表现，实际上是指资产的经营方式或组织形式。因此，对就业的所有制结构研究可以从城镇国有单位、城镇集体单位、城镇其他单位（城镇私营单位、城镇个体单位等）进行分析。

① 中国经济增长前沿课题组. 中国经济增长的低效率冲击与减速治理［J］. 经济研究，2014（12）.

国家统计局数据显示（见表 2-2），2009 年，我国国有单位城镇就业人员为 6 420 万人，占城镇总就业人员的比重为 19.27%；城镇集体单位就业人员为 618 万人，占城镇总就业人员的比重为 1.85%；其他单位人员为 26 284 万人，比重为 78.88%。2018 年，城镇国有单位就业人员为 5 740 万人，与 2009 年相比，下降了 680 万人，占城镇就业总人员的比重也相应下降了 6.05 个百分点；城镇集体单位就业人员为 347 万人，下降了 271 万人，占城镇就业总人员的比重下降了 1.05 个百分点；城镇其他单位就业总人员为 37 332 万人，与 2009 年相比，增长了 11 048 万人，比重上升了 7.1 个百分点。这说明在就业所有制结构方面，非公经济就业的比重将进一步上升。非公经济就业比重的上升还与国有企业改革有关，随着国有企业改革的不断深入，国有企业的数量有所减少，其对就业的拉动作用下降。

**表 2-2　不同所有制城镇就业单位的就业人数与比重**

| 年份 | 城镇就业人员（万人） | 国有单位城镇就业人员（万人） | 国有单位城镇就业人员占城镇总就业人员的比重（%） | 城镇集体单位城镇就业人员（万人） | 城镇集体单位城镇就业人员占城镇总就业人员的比重（%） | 城镇其他单位城镇就业人员（万人） | 城镇其他单位城镇就业人员占城镇总就业人员的比重（%） |
|---|---|---|---|---|---|---|---|
| 2009 | 33 322 | 6 420 | 19.27 | 618 | 1.85 | 26 284 | 78.88 |
| 2010 | 34 687 | 6 516 | 18.79 | 597 | 1.72 | 27 574 | 79.49 |
| 2011 | 35 914 | 6 704 | 18.67 | 603 | 1.68 | 28 607 | 79.65 |
| 2012 | 37 102 | 6 839 | 18.43 | 590 | 1.59 | 29 673 | 79.98 |
| 2013 | 38 240 | 6 365 | 16.64 | 566 | 1.48 | 31 309 | 81.88 |
| 2014 | 39 310 | 6 312 | 16.06 | 537 | 1.37 | 32 461 | 82.58 |
| 2015 | 40 410 | 6 208 | 15.36 | 481 | 1.19 | 33 721 | 83.45 |
| 2016 | 41 428 | 6 170 | 14.89 | 453 | 1.09 | 34 805 | 84.01 |
| 2017 | 42 462 | 6 064 | 14.28 | 406 | 0.96 | 35 992 | 84.76 |
| 2018 | 43 419 | 5 740 | 13.22 | 347 | 0.80 | 37 332 | 85.98 |

数据来源：国家统计局。

## 二、产业结构变动对就业结构变动的影响机制分析

### （一）产业结构如何影响就业结构

产业结构与就业结构之间存在着紧密的联系。国内外学者对产业结构与就业结构之间的关系问题进行过很多有价值的研究。英国古典政治经济学家威廉·配第曾在《政治算术》中指出，劳动力在产业间流动的一个重要原因是产业之间的收入存在差距，正是这种收入差距吸引着劳动力在不同产业行业间流动。此后，英国经济学家克拉克发现，随着人均国民收入的逐渐提高，劳动力会依次从第一产业转向第三产业。我国学者夏杰长认为产业结构是决定就业结构的重要因素。① 产业发展是就业发展的物质载体，产业结构决定了就业结构，推动中国产业的发展能够更好地实现充分就业。由此可见，产业结构的调整会带来就业结构的变化，产业结构是影响就业结构的一个重要因素。范德成、刘希宋也认为，投资结构决定产业结构，产业结构的调整升级依赖于投资结构的调整升级。产业结构与投资结构之间相互影响，相互制约。②

事实上，投资结构是影响产业结构的关键因素。投资结构是指一定时期固定资产投资在国民经济和社会发展各产业、各地区的分配比例以及相互关系。一般来讲，资金向哪些行业倾斜，哪些行业就能得到优先发展，从而影响了产业结构及产业布局。而产业结构又是就业结构的决定性因素，劳动力需求是产业发展的引致需求，产业结构的状况与就业结构的状况紧密相关。这就意味着，投资结构直接影响的是产业结构，但间接影响的则是就业结构。因此，考察产业结构对就业结构的影响，有必要认真分析我国投资结构的特点。

进入21世纪以来，中国经济高速发展，2000—2007年期间，GDP年均增长

① 夏杰长. 反失业的财政政策［M］. 北京：中国财政经济出版社，2000.

② 范德成，刘希宋. 产业投资结构与产业结构的关系分析［J］. 学术交流，2003（1）.

率达10%以上，中国成为世界上最大的发展中国家。随着2008年全球金融危机的全面爆发，发达国家经济受到重创，中国经济也不可避免地受到波及，经济增速快速回落，2009年GDP增速降至9.2%，拉动经济增长的“三驾马车”之一的出口出现负增长，大批农民工返乡，经济面临硬着陆的风险。为了应对这种危机，实现进一步扩大内需、促进经济平稳较快增长的目标，我国政府实施了一系列刺激经济发展的政策，如积极的财政政策和宽松的货币政策。这些措施在短期内迅速取得了明显成效，表现为在2010年中国GDP增速又回到了两位数的增长速度，增速达到了10.6%。但是随后我国经济又开始了新一轮的下行，中国经济进入了“新常态”，其中一个很重要的特点就是经济增长由高速增长转为中高速增长。特别是2015年以来，我国GDP增速一直低于7%。传统依靠“消费、投资和出口——‘三驾马车’”的经济增长模式已越来越不能满足经济转型升级的需要。2000—2018年我国经济增长速度如图2-1所示。

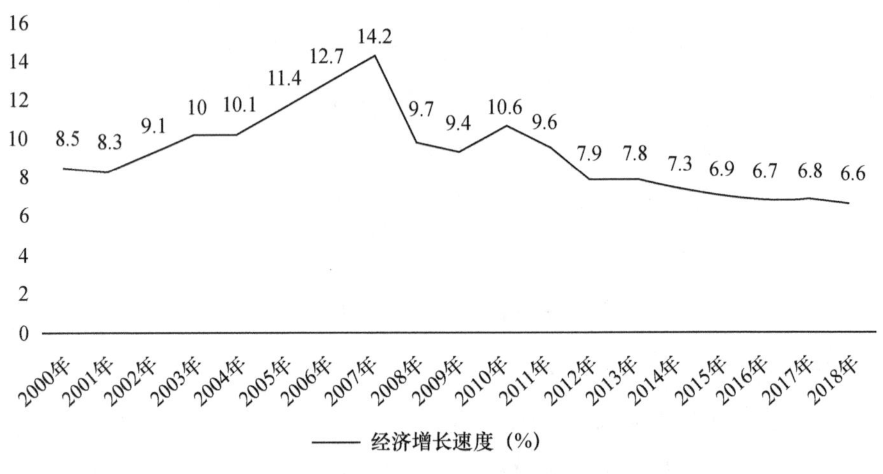


图2-1 2000—2018年我国经济增长速度

资料来源：国家统计局。

从消费上看，受到经济增速换挡、收入增幅变窄、收入分配制度改革滞后的影响，消费增速持续下降。我国相关的统计年鉴显示，2015年社会消费品零售总额 300 931 亿元，仅比上年增长 10.7%，增速创 2010 年以来的最低值。另外，传统的中低端消费品供给严重过剩，高档耐用消费品供给不足。2014 年，我国奢侈品消费额达到 6 400 亿元，占全球奢侈品消费总额的 46%，其中 76%的消费在国外。① 2019 年，中国最终消费支出占国内生产总值贡献率大约为 58%，而发达国家最终消费占 GDP 的比重一般为 80%，世界平均最终消费占 GDP 的比重为 78%，相比之下，我国最终消费支出占 GDP 的比重过低，这表明我国消费拉动 GDP 增长的能力不足。从出口上看，2008 年金融危机以来，全国范围内的金融危机和经济萧条对我国的外贸出口影响较大，尤其是 2015 年 3 月以来，出现负增长态势，加上美国、日本等西方国家贸易壁垒不断加深，出口形势不容乐观。从投资上看，我国长期维持着 50%以上的储蓄率和 40%的资本形成率，随着基础设施投资规模的扩大，投资的边际效益下降，很多产业和行业形成了过剩产能。

总体来看，我国消费对 GDP 的增长贡献与发达国家仍有较大差距，国内消费需求仍有待提高。因国际市场需求疲软，我国出口形势不容乐观。我国投资对 GDP 贡献率呈现下降趋势，依靠扩大投资拉动经济增长的效果递减，投资边际产出下降。拉动经济发展的“三驾马车”均出现动力不足的状况，使得我国经济增速下滑。

### （二）投资结构决定产业结构

接下来本文将聚焦我国的投资结构，以此来分析产业结构是如何影响就业结构的。

我国三次产业固定资产投资呈现“三、二、一”结构，具体投资与占比见表 2-3。其中第一产业的固定资产投资占全社会固定资产投资的比重基本保持不变，在 3%左右，规模最小。2009 年，全社会固定资产投资为 224 598.8 亿元，第一

① 李智，原锦凤. 基于中国经济现实的供给侧改革方略［J］. 价格理论与实践，2015（12）.

产业固定资产投资为6 894.9亿元，第一产业固定资产投资占全社会固定资产投资的比重为3.07%；2019年，全社会固定资产投资为551 478.0亿元，第一产业固定资产投资为12 633.0亿元，第一产业固定资产投资占全社会固定资产投资的比重为2.30%，十年时间略微下降了0.77个百分点。2009年，第二产业固定资产投资为96 250.8亿元，占全社会固定资产投资的比重为42.85%；2019年，第二产业固定资产投资为163 070.0亿元，占全社会固定资产投资的比重为29.60%，十年时间下降了13.25个百分点。2009年，第三产业固定资产投资为121 453.1元，占全社会固定资产投资总额的比重为54.08%；2019年，第三产业固定资产投资为375 775.0万元，占全社会固定资产投资的比重为68.10%，十年时间上升了14.02个百分点。

**表2-3　　三次产业的全社会固定资产投资与占比**

| 年份 | 全社会固定资产投资（亿元） | 第一产业（亿元） | 第一产业占比（%） | 第二产业（亿元） | 第二产业占比（%） | 第三产业（亿元） | 第三产业占比（%） |
|---|---|---|---|---|---|---|---|
| 2009 | 224 598.8 | 6 894.9 | 3.07 | 96 250.8 | 42.85 | 121 453.1 | 54.08 |
| 2010 | 251 683.8 | 7 923.1 | 3.15 | 118 102.1 | 46.92 | 152 096.7 | 60.43 |
| 2011 | 311 485.1 | 8 757.8 | 2.81 | 132 476.7 | 42.53 | 170 250.6 | 54.66 |
| 2012 | 374 694.7 | 10 996.4 | 2.93 | 158 262.5 | 42.24 | 205 435.7 | 54.83 |
| 2013 | 446 294.1 | 11 186.6 | 2.51 | 184 814.3 | 41.41 | 250 293.1 | 56.08 |
| 2014 | 512 020.7 | 13 802.8 | 2.70 | 207 684.2 | 40.56 | 290 533.7 | 56.74 |
| 2015 | 561 999.8 | 17 542.1 | 3.12 | 224 258.6 | 39.90 | 320 199.1 | 56.97 |
| 2016 | 606 465.7 | 20 917.6 | 3.45 | 232 001.9 | 38.25 | 363 546.2 | 59.95 |
| 2017 | 641 238.4 | 22 962.0 | 3.58 | 236 049.3 | 36.81 | 382 227.1 | 59.61 |
| 2018 | 645 675.0 | 22 413.0 | 3.50 | 237 899.0 | 37.40 | 375 324.0 | 59.10 |
| 2019 | 551 478.0 | 12 633.0 | 2.30 | 163 070.0 | 29.60 | 375 775.0 | 68.10 |

数据来源：国家统计局。

随着投资结构的变化，产业结构也发生了相应的变化。产业结构由原先的

"二、三、一"转变为"三、二、一"。首先，第一产业产值仍然是最小，第一产业产值占 GDP 的比重多年来都在 10%以下，第三产业的产值在 2012 年超过第二产业，成为拉动经济增长的最大动力。其次，2012 年，我国第二产业增加值为 244 643.3 亿元，第二产业增加值占 GDP 的比重为 45.4%；2019 年，我国第二产业增加值为 386 165.0 亿元，第二产业增加值占比 39.0%，七年时间下降了 6.4 个百分点。最后，经济结构的调整要求扩大第三产业的规模，由此带来了第三产业产值的增加。2009 年，我国第三产业产值为 154 762.2 亿元，第三产业增加值占 GDP 的比重为 44.4%；2019 年，我国第三产业产值为 534 233.0 亿元，其占 GDP 的比重为 53.9%，上升了 9.5 个百分点。三次产业增加值以及占国内生产总值的比重见表 2-4。

**表 2-4　　三次产业增加值以及占国内生产总值的比重**

| 年份 | 国内生产总值（亿元） | 第一产业增加值（亿元） | 第一产业增加值占比（%） | 第二产业增加值（亿元） | 第二产业增加值占比（%） | 第三产业增加值（亿元） | 第三产业增加值占比（%） |
|---|---|---|---|---|---|---|---|
| 2009 | 348 517.7 | 33 583.8 | 9.6 | 160 171.7 | 46 | 154 762.2 | 44.4 |
| 2010 | 412 119.3 | 38 430.8 | 9.3 | 191 629.8 | 46.5 | 182 058.6 | 44.2 |
| 2011 | 487 940.2 | 44 781.4 | 9.2 | 227 038.8 | 46.5 | 216 120 | 44.3 |
| 2012 | 538 580 | 49 084.5 | 9.1 | 244 643.3 | 45.4 | 244 852.2 | 45.5 |
| 2013 | 592 963.2 | 53 028.1 | 8.9 | 261 956.1 | 44.2 | 277 979.1 | 46.9 |
| 2014 | 641 280.6 | 55 626.3 | 8.7 | 277 571.8 | 43.3 | 308 082.5 | 48 |
| 2015 | 685 992.9 | 57 774.6 | 8.4 | 282 040.3 | 41.1 | 346 178 | 50.5 |
| 2016 | 740 060.8 | 60 139.2 | 8.1 | 296 547.7 | 40.1 | 383 373.9 | 51.8 |
| 2017 | 820 754.3 | 62 099.5 | 7.6 | 332 742.7 | 40.5 | 425 912.1 | 51.9 |
| 2018 | 900 309.5 | 64 734.0 | 7.2 | 366 000.9 | 40.7 | 469 574.6 | 52.2 |
| 2019 | 990 865.0 | 70 467.0 | 7.1 | 386 165.0 | 39.0 | 534 233.0 | 53.9 |

数据来源：国家统计局。

总体来看，投资结构的变动与产业结构的变动具有一致性。由于投资结构向第三产业倾斜，第三产业近些年发展迅速。

### （三）产业结构决定就业结构

根据“克拉克定理”，随着经济的发展，产业结构会不断进行调整，第三产业的发展逐渐超过第一产业和第二产业，我国的就业结构也有了进一步的升级和优化，劳动力也逐渐由第一产业和第二产业向第三产业转移。三次产业对就业的吸纳程度不同，第一产业排斥劳动力，而第二、三产业吸纳劳动力；第二产业又是资本密集型的工业化发展模式，其就业弹性没有第三产业高；第三产业则是典型的劳动密集型产业，对就业贡献大。随着产业结构的不断优化升级，第三产业产值占 GDP 的比重稳步提高，各种新业态、新商业模式不断发展，提供的就业渠道更多，吸纳的就业人数也在增加。我国就业结构从过去的“一、三、二”转变为现在的“三、二、一”。总体来说，我国投资结构、产业结构、就业结构呈现出相似的特征，即“三、二、一”的结构特征。这充分说明投资结构决定产业结构，而产业结构又决定了就业结构。

## 三、就业结构变动对劳动力市场的影响

就业结构变动对劳动力市场的影响是多重的。就业的产业结构变动对劳动力市场的影响包括两个方面：一是第三产业的快速发展创造了更多的就业岗位，二是就业的产业结构调整使得区域性、行业性失业增加。

随着我国经济发展方式的转变与产业结构的优化升级，产生了许多新经济新业态。目前，中国的新技术、新业态、新经济在快速增长，高端制造业、电子商务等一些转型升级的产业也在快速发展，新产业增长快的企业、行业、地区保持着良好的势头。特别是 5G，具有高速率、大容量、低延时的特点，将促进物联网、智慧城市、远程医疗、VR 等走进人民群众的生产生活，推动产业升级，为未来扩大就业提供重要技术支撑。与此同时，在新经济新业态中就业的人员日益

增多。

虽然科技进步可以创造新的消费需求、投资需求，从而带动新的生产和新的就业岗位，但同时也可能使得区域性、行业性失业增加。一方面，随着劳动者工资的上升，我国劳动力成本低廉的比较优势逐渐消失，加之一些生产要素，如土地、原材料价格的上升促使相关产业向生产要素成本较低的地区转移，一些原本在我国投资设厂的外资企业逐渐将工厂迁回本国或迁到劳动力成本更低的东南亚国家。同时，从微观层面来讲，劳动者工资上升使得企业的用人成本上升，为了保证利润，企业不得不开始控制员工规模，这降低了对劳动力的需求。为了节省人力成本，企业亦开始重视机器人、无人机、人工智能等技术的应用，并用机器人替代部分劳动，特别是简单重复劳动，使得短期内就业岗位减少，造成了更多的失业。当前，制造业工人、银行柜员等受冲击较为明显。另一方面，在经济新常态下，在我国产业结构的调整与升级过程中还必须面对的一个重大问题是去产能与去库存，这也是当前供给侧改革的主要内容。在这个过程中，一些传统的落后产业将逐渐被淘汰出市场，这些将被淘汰的落后产业大多产能过剩，为劳动密集型产业，依靠政府补贴以及行业壁垒维持经营。产能过剩一般是指产业潜在生产能力超过了市场实际需求所形成的供大于求的状况。国际上一般用设备利用率作为产能是否过剩的评价指标，正常值应该在 79%~83%，如果该指标低于 79%，则说明有可能存在产能过剩。我国工业化正处于中期向后期过渡的阶段，一些过去在国民经济中占主导地位的高投资、高能耗、高污染的传统产业开始出现极大的产能过剩问题。国务院在 2013 年发布的《关于化解产能严重过剩矛盾的指导意见》中透露，到 2012 年年底，我国电解铝、钢铁、水泥、平板玻璃、船舶产能利用率分别仅为 71.9%、72%、73.7%、73.1%和 75%，这低于 79%~83%的正常值。此后几年，产能过剩问题并未得到实质性化解。工信部于 2014 年 7 月 18 日公布了 2014 年 15 大行业首批淘汰落后和过剩产能的企业名单，其中包括多家炼铁、炼钢、焦炭、水泥等传统产业企业，这些企业被要求在 2014 年 9 月底之前关停。同时，过去一些在发展中过度依赖资源开发的城市也面临着转型问题。以山西省为例，过去是煤炭大省，但是随着煤炭储量的不断减少，发展受到制约，留下的除了环境问题，还有一些处于停产半停产状态的企业。在经济结构调整的阵痛期，一些低附加值、高耗能、高污染的产业将会被淘汰，一些企业会面临重组或兼并。这些产能过剩行业企业的取缔与关停会造成大量劳动力转岗或失业。一些过度依赖资源投入的产业或企业在经济结构调整的背景下，其部分劳动力不可避免地将被推向市场，这就是经济结构调整带来的不可避免的结构性失业。

在这种情况下，推进供给侧结构性改革、努力化解产能过剩就成为宏观调控的一项重要任务。有关调查数据显示，在供给侧结构性改革过程中，预计有将近1000万劳动力需要转移，这相当于城镇一年的新增就业人数。① 同时根据人力资源社会保障部门的估算，仅钢铁、煤炭行业化解产能过剩就涉及约180万职工需要转岗就业。

由此可知，就业的产业结构变动对劳动力市场的影响除了正面的还有负面的，最终效应取决于两者的综合。为了使就业的产业结构变动对劳动力市场产生综合后的更大的正面效应，一方面，在供给侧结构性改革的背景下，发展第三产业，支持新型企业的发展，推动产业结构的优化升级，不仅可以满足消费而且可以改善就业；另一方面，利用“互联网+”等新模式，搭建创新合作平台，通过创业带动就业，为经济发展培育新的增长点，可以吸纳更多的就业人群。总之，供给侧结构性改革将不断促进产业结构的优化升级，创造更多满足社会成员需要的供给，促进经济以更高质量增长，改善就业形势，优化就业质量。

就业的地区结构也会对劳动力市场产生影响。改革开放40多年来，我国各地区经济得到了不同程度的增长，东部地区由于良好的区位优势以及国家政策的倾斜，区域经济得到了快速发展，这也使得我国东部地区与中西部地区的差距越来越大。党的十九大报告基于对当前社会主要矛盾正确而深刻的认识，对其赋予

① 温龙生，王克焕．“供给侧改革”对就业工作的影响［J］．中国就业，2016（5）．

了新的内涵：当前我国社会主要矛盾不再是“人民日益增长的物质文化需要同落后的社会生产之间的矛盾”，而是“人民日益增长的美好生活需要和不平衡不充分发展之间的矛盾”。可见消除区域发展的“不平衡不充分”是现阶段国民经济发展任务中的重中之重，区域发展不平衡是制约我国经济健康可持续发展的重要因素，因此对区域发展失衡进行研究是必要之举。产业结构是决定就业结构的重要因素，并且不同地区的产业结构不同，因此不同地区对就业的吸纳能力是有差异的。杨云彦等认为沿海地区由于工业化程度高，对劳动力的需求较多，因此吸引了中西部劳动力向东部地区的转移。① 地区经济的发展，尤其是地区的工业水平决定了就业水平，经济越发达的地区就业水平越高，由于地区间经济发展的差异性，导致了20世纪90年代以来的“民工潮”现象，中西部地区大量农村剩余劳动力向东部地区转移。

然而，随着国内劳动力与土地等生产要素的成本越来越高，环境污染问题愈来愈严重，加之2008年国际金融危机的爆发，外贸企业出口陷入困境，因此，为了维持利润空间，东部地区的一些低附加值的劳动密集型产业开始向东南亚转移，并在产业内部提出了转型升级的要求。与此同时，为了我国经济的可持续发展，中央政府应时提出了产业优化升级和转移的要求，大量企业为了节省劳动力成本、土地成本，开始向我国中西部进行以生产制造业为主的产业转移。产业由东部向中西部地区转移提高了内地的工业化水平与城市化水平，造成了劳动力回流，这使得中西部地区和东部地区在吸纳就业方面的差距越来越小。

除此之外，考察就业的地区结构变动对劳动力市场的影响还应从失业率以及劳动参与率两个角度来观察。就业是民生之本、稳定之基。当前我国就业形势总体平稳，全国总体失业率保持在可控范围，但是我们不能被良好的总体形势麻痹而大意，必须清醒认识潜在失业风险，尤其是我国不同区域之间的就业形势出现

① 杨云彦，徐映梅，向书坚．就业替代与劳动力流动：一个新的分析框架［J］．经济研究，2003（8）．

分化，局部地区失业率较高。

经济发展不平衡直接导致就业区域分化，东北和中西部地区的失业率较高。2015年末全国1%人口抽样调查估算显示，全国总体调查失业率的确不高，仅为5.2%，但区域分化严重，东部经济发达地区失业率很低，北京、上海只有3.5%，而中西部地区就业形势不容乐观。不考虑乡村和镇，仅以人口和经济集中的城市范围来看，2015年末城市调查失业率超过10%以上的省份已经达到6个，包括甘肃（13.1%）、山西（11.9%）、贵州（11.8%）、黑龙江（11.7%）、河南（11.6%）、吉林（10.4%），海南、广西和辽宁的失业率也超过9%，超过7%的国际警戒线。而且即便省份内部不同城市之间的经济和就业状态也存在很大差异。从地级城市层面来看，区域分化更为突出，典型的资源枯竭型城市的失业矛盾加剧，如山西省朔州市、山西省吕梁市、吉林省辽源市、黑龙江省伊春市、河南省鹤壁市、湖南省张家界市、甘肃省庆阳市、青海省海东市等城市。根据中国社科院课题组开展的城市劳动力住户抽样调查，辽宁省沈阳市本地户籍的失业保险待遇享受比例高达12%，反映出较为严峻的就业形势，上海市和陕西省西安市领取失业保险待遇的比例相对较低。① 同时，劳动力市场需求不足导致的失业率提高，也会对城市经济的长期发展产生不利影响。劳动者难以找到工作岗位，可能丧失继续搜寻工作的信心，从而倾向于退出劳动力市场，导致整体劳动参与率下降。劳动参与率直接影响潜在经济增长率，经济活力不足长期也将加重需求不足，导致失业问题加剧，这就形成了一个恶性循环。

从劳动参与率来看，不同地区由于种种因素，如经济发展程度的不同，在劳动参与率指标上存在较大差异。部分经济发达的地区，就业机会较多，劳动参与率随之也较高，即便是户籍人口老龄化较为严重的上海、北京、天津等地区，在流动人口大量迁入的推动下，整体劳动参与率保持稳定。东北和部分中西部地区就业机会减少，导致一些长期失业或就业不足的人员丧失就业信心，倾向于退出

① 蔡昉，都阳，杨开忠. 新中国城镇化发展70年［M］. 北京：人民出版社，2019.

劳动力市场，或者迁移到东部地区，导致人口老龄化加剧、劳动参与率降低。根据估算，部分省份的城市劳动参与率已经下降到55%以下，如黑龙江（47.0%）、陕西（47.8%）、吉林（50.4%）、辽宁（52.0%）、内蒙古（52.3%）、湖北（54.2%）。如果从地级城市层面看，劳动参与率分化更严重，城市劳动参与率低于55%的地级城市已经达到99个，低于50%以下的地级城市达到59个，低于45%以下的地级城市有18个，甚至还有4个城市劳动参与率不到40%。

如果一个地区存在高失业率、低劳动参与率，意味着该地区经济社会发展已经处于下行状态。从失业率和劳动参与率两个角度来看，我国高失业率、低劳动参与率的下行格局已经显现，中国目前就业形势已经出现了区域分化格局。因此从区域层面观察，虽然近年来我国劳动力出现了从东部地区向中西部地区回流的趋势，但是中国就业形势仍然相当严峻，部分地区和城市的就业风险仍旧很高，必须引起高度重视。

# 第三章

# 大学生就业创业40年回顾与展望[①]

改革开放40多年来，我国高等教育与大学生就业创业快速发展，发生了深刻的变革。高等教育逐步由精英教育转变为大众教育，教育规模不断扩大，大学生队伍结构呈现出新特点与新趋势。大学毕业生在就业创业上取得长足进展的同时，恰逢我国深化改革的关键时期，不可避免地存在着就业不充分、结构性矛盾突出、性别歧视严重等问题。“大众创业、万众创新”为我国劳动力市场注入了新的生机与活力，40多年来不断演变的就业创业政策一直为我国就业市场的稳定与发展保驾护航。在未来的发展中，我国高等教育将向内涵式发展、现代化治理模式转变，由数量扩张向质量提升转变，在新一轮时代浪潮中，青年大学生应抓住机遇，迎接挑战，共同为现代化建设和民族伟大复兴而奋斗。

大学生是青年群体的重要组成部分。大学生的就业创业状况，不仅反映了我国青年群体的整体就业创业情况，也是反映整个劳动力市场运行状况的重要指标。从世界范围来看，青年失业率大多比一国的平均失业率要高。2020年国际劳工组织发布的《2020年全球青年就业趋势：技术与未来工作》显示，全球青年失业率在13.6%左右。在当年全球失业人口中，青年占三分之一以上，失业人

① 本章被收入赖德胜、李长安、张琪主编的《中国就业70年（1949—2019）》，中国劳动社会保障出版社2019年版，文中数据做了相应更新。

数达到7 000多万。在全球范围内，北非和中东地区、拉丁美洲和加勒比地区在2010年至2019年期间青年失业率大幅上升。2018年1月国际劳工组织发布的《世界就业和社会展望：2018趋势》指出，青年人（年龄小于25岁的劳动者）的就业机会不充分是一个全球性的挑战，青年人比其他成年人更难就业，其失业率保持在13%左右，是普通成年人的3倍。并且，性别歧视在青年人就业过程中也同样存在。①

在中国，以大学生为代表的青年就业创业情况同样引人瞩目。由中国就业促进会承担的课题报告《关于就业结构性问题的研究》指出，在市场就业机会平衡的状况下，以高校毕业生为主体的青年就业难的问题却日益突出，近几年更进一步加剧。据国家统计局调查统计，16~24岁青年失业率近几年来一直高于城镇全口径的失业率，并且从2011年1月以来呈逐月升高趋势，到2013年10月已达到9%以上，比2011年1月高3个多百分点。② 麦可思研究院发布的《2018年中国大学生就业报告》披露，2017届大学生毕业半年后的失业率虽有所下降，但仍有8.1%，与2016届、2015届（分别为8.4%、8.3%）基本持平。其中，本科院校2017届毕业生的失业率（8.4%）与2016届（8.2%）基本持平，比2015届（7.8%）略高；高职高专院校2017届毕业生的失业率（7.9%）比2016届、2015届（分别为8.5%、8.8%）略低。这就意味着，无论是本科还是高职高专毕业生，其失业率都明显高于全国5%左右的调查失业率。与此同时，大学生的创业率仍处于较低的水平，近几年保持在3%左右。这也凸显出当前大学生就业创业面临的困难和挑战。③

① International Labour Organization, World Employment and Social Outlook: Trends 2018, http://www.ilo.org/global/research/global-reports/weso/2018/WCMS_615594/lang--pt/index.htm.

② 白天亮，青年失业率高于整体失业率，人民日报，2014年2月19日。

③ 王伯庆，马妍. 2018年中国本科生就业报告［M］. 北京：社会科学文献出版社，2018.

# 一、高等教育：从精英教育到大众教育

改革开放前夕，我国高等教育领域发生了一件具有重要历史意义的转折点——恢复了中断十年的高考。高考的恢复，不仅改变了千万学子的命运，更为我国经济社会的发展以及改革开放的推进输送了源源不断的高素质人才。1999年，我国高等教育开始扩招，由精英教育向大众教育迈进，教育规模不断扩大，发展速度逐步提升，大学生队伍出现了新的结构与特点，而这都为大学生就业创业埋下了内生的独特发展方向。

## （一）恢复高考至扩招前的高等教育

“文化大革命”的十年间，我国国民经济遭受重创，“文化大革命”即将结束时，国民经济濒危，社会百废待兴，能够为国家社会发展选拔人才的高考制度早已中断十年，人才供给途径被切断，人才断层严重。面对当时各行各业对大批专业人才和知识精英的迫切需求，考虑到我国现代化建设与发展的需要，恢复高考逐步提上议事日程，并得到了许多科学家与教育工作者的大力支持。

1977年9月，全国高等学校招生工作会议在北京召开，这是具有重要转折意义的会议，会议决定恢复已经停止了十年的全国高等院校招生考试，以统一考试、择优录取的方式选拔人才上大学；恢复高考的招生对象是工人、农民、上山下乡和回乡知识青年、复员军人、干部和应届高中毕业生；录取学生时，将优先保证重点院校、医学院校、师范院校和农业院校，学生毕业后由国家统一分配。

1977年10月21日，恢复高考的消息得以公布，全国上下掀起了拿起书本、致力求学的热潮。1977年冬天，有570万名考生步入考场，但当时录取率极低，只有27万人得以实际录取，录取率仅为5%。此后一直到1981年，高考录取率一直以2%到3%的幅度相对稳定地上升，在1979年略有下滑，在1981年达到

11%。1981年之后，高考录取率大约以每年6个百分点的幅度上升，1982年为17%，1985年达到35%，此后6年又呈现下降态势，在1991年达到21%的较低点。而后直到1998年，均基本稳定在30%~40%，略有波动。从恢复高考到1998年间，虽然高考录取率总体来看有了很大提高，但我国高等教育仍处于典型的“精英教育”阶段，因为受到高考录取率与高中选拔考试的双重压力，只有很少数的适龄青年能够进入高中并进而接受高等教育。除却对高等教育大众化纯粹的“量”的增长，我国当时高等教育“质”的发展也尚未达到大众教育的标准，教育理念尚未改变，教育功能尚未扩大，培养目标、教育模式、课程设置、教学方法等各方面均与大众教育存在较大差距，因此，精英教育在我国存在了较长时间，而进一步过渡在当时来说仍有较大空间。

长期以来，数量多、素质低是我国劳动力的一个典型特征。改革开放以后，随着国民经济的迅速发展和经济结构的调整，社会经济对高素质人才的需求越来越旺盛。随着居民收入水平的不断提高，人们对教育的消费能力和愿望也愈发强烈。国际经验表明，当人均GDP达到800~1 000美元时，消费结构性变化的标志是食品消费份额明显下降，教育、卫生保健、通信消费份额上升，成为消费热点。1999年，中国人均GDP已经超过了700美元，一些发达地区超过了1 000美元；2003年，中国人均GDP超过了1 000美元；2019年，中国人均收入一举突破了10 000美元大关，标志着中国经济进入了一个新的发展阶段。

然而，与国民经济和居民收入水平不相适应的是，我国的高等教育依然处于精英教育的阶段。其结果就是大学生数量少，致使劳动力素质低下的状况迟迟未能得到改善。与此同时，大学教育资源没有得到充分有效的利用，这也为高校扩招提供了物质基础。例如，在扩招前，我国大学教师与学生之比是1∶7，平均每一个老师教授7个学生；若包括行政管理人员在内，则在1∶3左右。而美国的这一比例是1∶15，在一些发展中国家，这一比例为1∶30~1∶50，均低于我国的师生比，我国师资资源仍可以进一步充分利用。

在这种情况下，大学生扩招就成为必要而且可行的政策选择。当时主张高校扩招的经济学家列出了高校扩招的五种理由：一是扩大高校招生每年可增加一千亿元左右的消费需求；二是扩大高校招生可部分缓解当前就业压力；三是通过挖潜与增加投资，我国现有大学有能力承担招生量增加一倍的任务；四是配合助学贷款系统，大部分群众愿意也能够承担全额学费；五是扩大高校招生对提高民族素质，加强我国在知识经济时代的竞争力必将产生深远影响。①

于是，在1999年《面向21世纪教育振兴行动计划》中明确提出了我国高等教育毛入学率在2010年要达到15%的目标，而在“十五”规划中这一目标又被提前到了2005年。

### （二）扩招后高等教育的快速发展

1999年，我国正式启动高校扩招，高等教育进入了高速发展阶段。以普通本专科生为例，1998年，我国普通高校招生数为108.36万人，1999年则高达159.68万人，招生人数扩大了47.36%；2000年招生人数220.61万人，比1999年多了近61万人，多招收了38.16%，如图3-1所示。相比于扩招前的招生情况，我国高校扩招幅度较大，从1999年开始至2005年，就以每年将近50万至65万人的幅度增加招生人数，扩招比例虽逐步下降，但比例较大，2001年至2004年均维持在20%左右，在2005年降为13%。在此期间，北京、上海、安徽进行了春季招生改革；教育部彻底放开高校招生年龄限制，允许25周岁以上公民参加高考；多所高校开始自主招生；普通高校招生工作第一次全面实现网上录取等，这一系列措施都为高校的扩招注入动力，导致高等教育规模迅速扩张，大学生数量急剧增加。2002年第一批扩招的专科生毕业，2003年第一批扩招的本科生毕业，大量高校毕业生流入劳动力市场，由此而引发的就业问题日益凸显。

高等教育扩招后的几年，我国教育规模扩大，逐步由“精英教育”阶段向“大众教育”阶段转变。虽然高校扩招让更多适龄青年能够接受高等教育，提升

① 汤敏．关于扩招的几个问题［J］．北京大学教育评论，2006（2）．

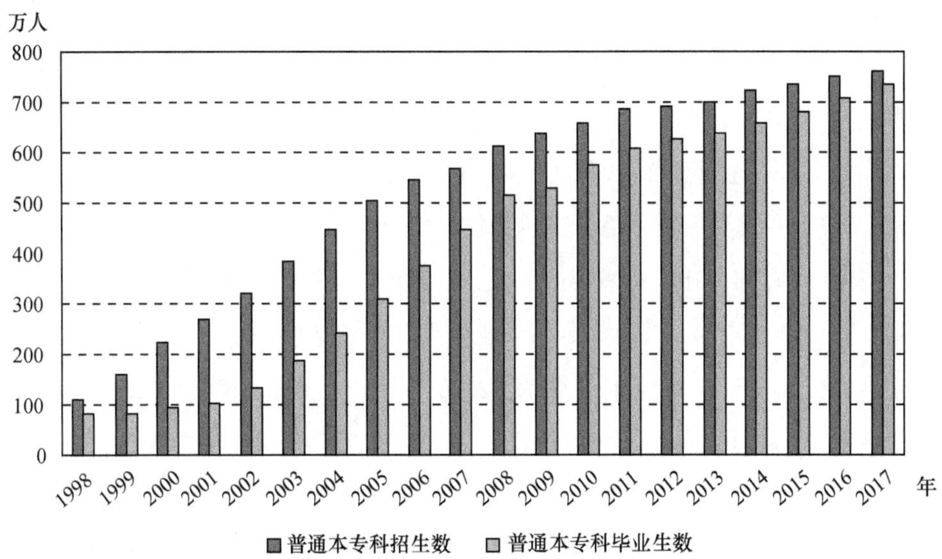


图 3-1 1998—2017 年我国普通本专科生招生数与毕业生数

资料来源：国家统计局官网，教育部官网。

了国民素质，但扩招过于急促对我国高等教育也造成了诸多消极影响。一是高等教育资源的紧张。我国教育资源虽有进一步利用的余地，但仍旧难以应对突如其来的大量生源。扩招幅度过大，高校基础设施不足，师资力量由较为充裕急转为紧张，教育经费难以跟进，现有的高校资源均承担着较大的压力与负担。二是教育质量下滑。招生人数增多，班级规模扩大，无论师资还是其他硬件环境都对教育质量造成了影响，难以维持较好的教学效果。三是就业问题愈加突出。高校扩招虽然延缓了就业，对就业压力进行了一定缓冲，但当第一批扩招大学生开始进入劳动力市场，就业问题却比以往更为突出。一方面就业率降低，薪酬下降，培养的大学生素质结构与劳动力市场需求存在一定偏差；另一方面高校毕业生随学历提升就业要求也相应提高，难以找到自己的理想工作与岗位，两者矛盾明显。

2006 年，国家提出要切实把高等教育工作重点放在提高质量上，适度控制高校招生增长幅度，相对稳定高校招生规模。从 2006 年开始，高校普通本专科生扩招比例降到10%以下，2006年至2010年，高校扩招比例分别为8.25%、3.63%、7.38%、5.24%、3.48%，呈波动下降态势，从2011年开始，高校扩招比例一直稳定在1%至3%左右，处于较低水平。但从招生人数来看，从1998年的108.36万人，上升到2005年的504.46万人，并在2019年达到820万人，不断创下新高。单从这一点来看，仍然是较大的招生数额。

由图3-1不难看出，随着招生人数的快速增长，毕业生人数也紧随其后，势头迅速。从2003年起，普通本专科毕业生人数增长速度加快，与招生人数的差距逐步缩小。1998年毕业生人数为82.98万人；在2003年达到187.7万人；2008年突破500万人大关，达到511.95万人；2020年有847万的普通高校大学生毕业。如此大量的高校毕业生涌入劳动力市场，无疑会带来沉重的就业压力，大学生就业问题逐年突出，年年皆成“史上最难就业季”，成为社会关注的焦点。

### （三）我国大学生队伍的结构与特点

要了解我国大学生的就业创业情况，首先要对我国大学生队伍的结构与特点进行掌握。下面是对2018年我国在校大学生的结构与特点进行的分析，可为大学生就业创业的研究提供参考借鉴。

1. 性别结构略有失衡，总体上女性大学生数量多于男性大学生，普通本专科大学生中女性偏多，研究生阶段男性偏多。

总体上看，2018年我国大学生中男性约有2 163万人，占比47.85%；女性约有2 358万人，占比52.15%，高于男性至少4个百分点。从不同高等教育类别来看，普通本专科中，男性大学生所占比例一直低于女性大学生。普通专科中，男女生比例差别不大，均在50%左右；而在普通本科阶段，男生占比46.01%，女生占比53.99%，女生高于男生约8个百分点，性别差距拉大。在研究生阶段，硕士研究生中男女比例基本相当，女生所占比例略高于男生；而在博士阶段，在校大学生的男女性别比例开始发生转变，两者比例拉大，男生占比59.63%，女生占比40.37%，两者相差了19.26%（见表3-1）。随着学历的提升，就读大学生的年龄也随之提高，不少女大学生考虑到年龄及婚姻家庭等因素，更倾向于步入劳动力市场就业，而非继续深造，相比于女大学生来说，男大学生在这方面的压力相对更小，所以选择继续深造的可能性更大。这也在一定程度上说明了高科技人才及先进领军人才中男性居多的其中一个原因。此外，成人本专科生及网络本专科生中，多数是女性多于男性，在该类教育中大多数为已步入劳动力市场参加工作的群体，对此开展的学历教育与普通招考尚存在一定差异。

**表 3-1　　2018 年我国大学生性别及学历结构**

| 类别 | | 男 | | 女 | | 总计 | | |
|---|---|---|---|---|---|---|---|---|
| | | 人数（人） | 所占比重（%） | 人数（人） | 所占比重（%） | 人数（人） | | 所占比重（%） |
| 研究生 | 博士 | 232 263 | 59. 63 | 157 255 | 40. 37 | 389 518 | 2 731 257 | 6. 04 |
| | 硕士 | 1 143 249 | 48. 82 | 1 198 490 | 51. 18 | 2 341 739 | | |
| 普通本专科生 | 本科 | 7 810 212 | 46. 01 | 9 163 131 | 53. 99 | 16 973 343 | 28 310 348 | 62. 62 |
| | 专科 | 5 626 263 | 49. 63 | 5 710 742 | 50. 37 | 11 337 005 | | |
| 成人本专科生 | 本科 | 1 115 713 | 37. 55 | 1 855 421 | 62. 45 | 2 971 134 | 5 909 878 | 13. 07 |
| | 专科 | 1 285 378 | 43. 74 | 1 653 366 | 56. 26 | 2 938 744 | | |
| 网络本专科生 | 本科 | 1 412 855 | 50. 00 | 1 412 902 | 50. 00 | 2 825 757 | 8 256 553 | 18. 26 |
| | 专科 | 3 006 630 | 55. 36 | 2 424 166 | 44. 64 | 5 430 796 | | |
| 总计 | | 21 632 563 | 47. 85 | 23 575 473 | 52. 15 | 45 208 036 | | 100. 00 |

数据来源：教育部官网。

2. 在学历结构中，普通本专科占据我国大学生队伍的主体地位，成人教育大类（包括成人本专科和网络本专科）也占有一定比例，研究生占比最小。

2018 年，我国普通本专科大学生占到大学生总数的 62. 62%，超过六成，其中本科大学生有近 1 697 万人，专科大学生约有 1134 万人，本科生超专科生有 500 万人之多。研究生队伍中，硕士生约有 234 万人，博士生约有 39 万人，硕士生是博士生的 6 倍多，可见博士生群体仍旧在大学生队伍中占据较小的比例。反观成人教育大类，成人本专科生与网络本专科生所占比重相对较大，人数约达 1 417 万人，占大学生总数的 31. 37%（见表 3-1）。可见，学历教育在当前社会仍然具有相当重要的地位，即使已经步入劳动力市场参加工作，但进一步提升自己的学识与能力仍是时代发展所需。

3. 在民族结构中，少数民族学生在我国大学生队伍中一直占据着一定比例，普通本专科生以及成人本专科生中少数民族学生占比较高，研究生中少数民族学生占比较低。

2018 年我国普通本专科大学生中，少数民族学生所占的比重分别为 9. 45% 与 9. 64%，普通本科生中少数民族学生约有 160 万人，普通专科生中少数民族学生约有 109 万人，所占比例相对较高。与之不相上下的是成人本专科，其中成人本科生中少数民族学生约有 26. 3 万人，成人专科生中少数民族学生约有 26. 6 万人，分别占比 8. 86%与 9. 05%，比重较高。在研究生中，博士生中少数民族学生仅有约 2. 3 万人，硕士生中约有 11. 6 万人，分别占比 5. 91%和 4. 94%，相比于普通本专科生与成人本专科生中的相关情况，该比例相对较小（见表 3-2）。这表明在研究生教育阶段，我国大学生队伍中的民族结构尚有少许偏差，从促进与带动少数民族地区发展的角度出发，提升少数民族学生的受教育层次与水平，培养更多高素质的专业人才显得尤为重要，而少数民族学生学历的进一步提升也有较大的发展意义与价值。

**表 3-2　　2018 年我国大学生中少数民族学生情况**

| 类别 | | 少数民族学生 | | 总计（人） |
|---|---|---|---|---|
| | | 人数（人） | 所占比重（%） | |
| 研究生 | 博士 | 23 006 | 5. 91 | 389 518 |
| | 硕士 | 115 587 | 4. 94 | 2 341 739 |
| 普通本专科 | 本科 | 1 604 699 | 9. 45 | 16 973 343 |
| | 专科 | 1 092 835 | 9. 64 | 11 337 005 |
| 成人本专科 | 本科 | 263 243 | 8. 86 | 2 971 134 |
| | 专科 | 266 047 | 9. 05 | 2 938 744 |
| 网络本专科生 | 本科 | 188 470 | 6. 67 | 2 825 757 |
| | 专科 | 390 080 | 7. 18 | 5 430 796 |

数据来源：教育部官网。

4. 在所属院校类别与性质结构中，我国普通本科生中几乎都来自本科院校，普通专科生中，有一小部分毕业于本科类院校，但绝大部分还是来自高职（专科）院校；理工类院校占比最多，其次为综合性大学，师范类、财经类高校也占有一定比例。

从表 3-3 可以看出，2018 年我国普通本科生中，有 99.93%的学生毕业于本科类院校，只有极少数来自其他机构；普通专科生中，毕业于本科类院校的有 13.98%，其中独立院校所占比重并不多，有 85.52%毕业于高职（专科）院校，说明本科院校也为劳动力市场输送了一定数量的普通专科生，存在一定培养规模。按性质类型划分，我国普通本专科生中，有 34.88%毕业于理工类院校，综合性大学的普通本专科生数量紧随其后，约为 777 万人，占到 27.46%；师范类院校约有 299 万普通本专科毕业生，财经类院校约有 278 万人，各占比 10.54%和 9.82%；其他类院校的普通本专科毕业生所占比重更低。由此不难看出，我国理工类院校的发展较为突出，而这也为我国培育了大量的理工类人才，对比于其他专业类院校来看，其他专业类院校的发展还与之存在一定差距，尚存较大发展空间。

**表 3-3　2018 年我国普通本专科大学生所属高校类型性质结构**

| | | 本科 | | 专科 | | 合计 | |
|---|---|---|---|---|---|---|---|
| | | 人数（人） | 所占比重（%） | 人数（人） | 所占比重（%） | 人数（人） | 所占比重（%） |
| 按类型划分 | 本科院校 | 16 961 174 | 99.93 | 1 584 763 | 13.98 | 18 545 937 | 65.51 |
| | 独立学院 | 2 446 725 | 14.42 | 104 401 | 0.92 | 2 551 126 | 9.01 |
| | 高职（专科）院校 | 0 | 0.00 | 9 695 491 | 85.52 | 9 695 491 | 34.25 |
| | 其他机构（点）（不计校数） | 12 169 | 0.07 | 3 592 | 0.03 | 15 761 | 0.06 |
| 按性质类型划分 | 综合大学 | 4 736 413 | 27.91 | 3 038 420 | 26.80 | 7 774 833 | 27.46 |
| | 理工院校 | 5 178 608 | 30.51 | 4 697 325 | 41.43 | 9 875 933 | 34.88 |
| | 农业院校 | 730 547 | 4.30 | 331 507 | 2.92 | 1 062 054 | 3.75 |

续表

| | | 本科 | | 专科 | | 合计 | |
|---|---|---|---|---|---|---|---|
| | | 人数（人） | 所占比重（%） | 人数（人） | 所占比重（%） | 人数（人） | 所占比重（%） |
| 按性质类型划分 | 林业院校 | 115 781 | 0.68 | 87 086 | 0.77 | 202 867 | 0.72 |
| | 医药院校 | 1 086 227 | 6.40 | 818 746 | 7.22 | 1 904 973 | 6.73 |
| | 师范院校 | 2 363 737 | 13.93 | 621 409 | 5.48 | 2 985 146 | 10.54 |
| | 语文院校 | 298 033 | 1.76 | 154 541 | 1.36 | 452 574 | 1.60 |
| | 财经院校 | 1 652 699 | 9.74 | 1 127 132 | 9.94 | 2 779 831 | 9.82 |
| | 政法院校 | 200 310 | 1.18 | 162 447 | 1.43 | 362 757 | 1.28 |
| | 体育院校 | 107 882 | 0.64 | 33 160 | 0.29 | 141 042 | 0.50 |
| | 艺术院校 | 262 263 | 1.55 | 186 670 | 1.65 | 448 933 | 1.59 |
| | 民族院校 | 240 843 | 1.42 | 25 403 | 0.22 | 266 246 | 0.94 |
| 总计 | | 16 973 343 | 59.95 | 11 337 005 | 40.05 | 28 310 348 | 100 |

数据来源：教育部官网。

5. 在我国研究生队伍的学位类型及学科结构中，专业学位研究生略多于学术学位研究生，博士生绝大多数为学术学位，硕士生中专业学位发展较快，多于学术学位；工学研究生在研究生队伍中占有很大比重，博士生与硕士生在学科结构间保持基本一致的分布。

从学位类型来看（见表3-4），总体水平上研究生中学术学位占48.32%，专业学位占51.68%，高于学术学位约3个百分点，差别较小；博士生中96.36%为学术学位，占到绝大多数；硕士生中学术学位约占4成，专业学位将近6成，两者相差了约20个百分点，差距相对较大。与硕士生相比，博士生学术性更强，而后从事科学研究的更多，因而绝大多数为学术学位。近些年来，国家对专业硕士研究生给予了支持与关注，专业学位硕士研究生发展较为迅速，在数量上超过学术学位研究生也在情理之中，越来越多在职人员选择继续深造，提升自身能力与素质，也推动着专业硕士研究生的快速发展。在各学科中，无论是博士生还是硕士生，工学一直独占鳌头，占比皆在4成左右。博士生中，理学次于工学，占比 18.74%，医学为 11.08%，处于第三位；硕士生中，管理学以 15.75%的比重次于工学，医学占 9.75%，居于第三位。总体水平上，除工学外，占比由高到低依次为管理学、医学、理学。可见我国理工科在研究生队伍中发展迅速，而专业化水平较高的医学在研究生队伍中也一直占有一席之地，为我国提供了更多的高水平医学人才。

表 3-4　2018 年我国高校研究生学科结构

| | 博士 | | 硕士 | | 合计 | |
|---|---|---|---|---|---|---|
| | 人数（人） | 所占比重（%） | 人数（人） | 所占比重（%） | 人数（人） | 所占比重（%） |
| 学术学位 | 375 344 | 96.36 | 944 455 | 40.33 | 1 319 799 | 48.32 |
| 专业学位 | 14 174 | 3.64 | 1 397 284 | 59.67 | 1 411 458 | 51.68 |
| 哲学 | 4 396 | 1.13 | 10 354 | 0.44 | 14 750 | 0.54 |
| 经济学 | 14 789 | 3.80 | 79 492 | 3.39 | 94 281 | 3.45 |
| 法学 | 20 121 | 5.17 | 138 573 | 5.92 | 158 694 | 5.81 |
| 教育学 | 7 750 | 1.99 | 182 823 | 7.81 | 190 573 | 6.98 |
| 文学 | 12 797 | 3.29 | 91 755 | 3.92 | 104 552 | 3.83 |
| 历史学 | 5 402 | 1.39 | 14 877 | 0.64 | 20 279 | 0.74 |
| 理学 | 73 000 | 18.74 | 153 291 | 6.55 | 226 291 | 8.29 |
| 工学 | 161 824 | 41.54 | 889 858 | 38.00 | 1 051 682 | 38.51 |
| 农学 | 16 560 | 4.25 | 109 279 | 4.67 | 125 839 | 4.61 |
| 医学 | 43 162 | 11.08 | 228 244 | 9.75 | 271 406 | 9.94 |
| 军事学 | 122 | 0.03 | 324 | 0.01 | 446 | 0.02 |
| 管理学 | 26 155 | 6.71 | 368 909 | 15.75 | 395 064 | 14.46 |
| 艺术学 | 3 440 | 0.88 | 73 960 | 3.16 | 77 400 | 2.83 |
| 总计 | 389 518 | 100 | 2 341 739 | 100 | 2 731 257 | 100 |

数据来源：教育部官网。

6. 在研究生所在院校所属的部门结构中，博士生绝大多数为中央部门所属院校，地方所属院校则为少数；硕士生所在院校为中央部门所属和地方所属的比重相当。

2018 年，我国研究生所在院校为中央部门所属的有 303 所，地方所属的为 512 所，多于前者 209 所，所占比重更大（见表 3-5）。约 30.4 万的博士生在中央部门所属院校就读，占到所有在读博士生的 77.99%，其中绝大多数隶属于教育部；22.01%的博士生在地方所属院校就读，其中绝大多数也是属于教育部门，说明在博士生阶段，博士生更倾向于选择中央部属的院校，对院校的选择有更高的要求。硕士生阶段，在中央部门所属和地方所属就读的硕士生比例相当，分别为 48.62%和 51.38%，相比于博士生的院校选择，硕士生在这方面的选择范围更大，而这也在另一方面反映出，我国地方所属院校在硕士研究生的培养上取得了更为长足的发展，取得了一定成绩与成效。无论是中央部门所属院校还是地方所属院校，都为我国研究生队伍的培育与发展做出了很大贡献，地方所属院校发展迅速。

**表 3-5　　2018 年我国研究生所在院校所属部门结构**

| | 学校（机构）数（所） | 博士 | | 硕士 | | 合计 |
|---|---|---|---|---|---|---|
| | | 人数（人） | 所占比重（%） | 人数（人） | 所占比重（%） | 人数（人） |
| 中央部门所属 | 303 | 303 788 | 77.99 | 1 138 523 | 48.62 | 1 442 311 |
| 教育部 | 76 | 231 254 | 59.37 | 944 069 | 40.31 | 1 175 323 |
| 其他部门 | 227 | 72 534 | 18.62 | 194 454 | 8.30 | 266 988 |
| 地方所属 | 512 | 85 730 | 22.01 | 1 203 216 | 51.38 | 1 288 946 |
| 教育部门 | 444 | 84 867 | 21.79 | 1 181 272 | 50.44 | 1 266 139 |
| 其他部门 | 61 | 863 | 0.22 | 19 886 | 0.85 | 20 749 |
| 地方企业 | 1 | 0 | 0.00 | 10 | 0.00 | 10 |
| 民办 | 5 | 0 | 0.00 | 1 490 | 0.06 | 1 490 |
| 总计 | 815 | 389 518 | 100 | 2 341 739 | 100 | 2 731 257 |

数据来源：教育部官网。

## 二、大学生就业创业的现状与问题

长期以来，我国大学生在就业创业方面一直存在着较为顽固的困难与问题，随着经济社会的变化与发展，新情况新态势突出了新问题，“大众创业、万众创新”在新的较为复杂的时代背景下得以提出，以期为大学生就业创业问题的解决寻求到新途径。

### （一）大众创业、万众创新的提出

近些年来，我国经济增速逐渐放缓，正由过去的高速增长开始向中高速增长转变，形成了经济发展的新常态。但经济增速放缓不可避免地将对社会各方面造成一定压力，尤其在就业方面将造成直接的冲击，引起劳动力市场的些许震动。我国目前还处于深化改革的关键时期，产业结构亟待优化升级，为提升经济质量不断助力，由此造成的劳动力市场的摩擦与流动，又使就业问题更为突出地表现出来。因此，稳增长、保就业就成为该阶段相当重要的任务，而且较为艰巨。“大众创业、万众创新”的理念应运而生。

2014 年 9 月，李克强总理在夏季达沃斯论坛上提出，要在 960 万平方公里土地上掀起“大众创业”“草根创业”的新浪潮，形成“万众创新”“人人创新”的新势态。这是“大众创业、万众创新”这一理念在公开场合的最早发声，此后在多项会议和场合中都多次出现。2015 年 6 月，国务院印发的《关于大力推进大众创业万众创新若干政策措施的意见》提出了推进“大众创业、万众创新”活动的总体思路、体制机制及具体的政策措施。2016 年 5 月 12 日，国务院印发《关于建设大众创业万众创新示范基地的实施意见》，系统部署双创示范基地建设工作，确定了首批共 28 个双创示范基地，包括北京市海淀区等 17 个区域示范基地、清华大学等 4 个高校和科研院所示范基地、海尔集团公司等 7 个企业示范基地。2018 年 9 月 18 日，国务院下发《关于推动创新创业高质量发展打造“双创”升级版的意见》，提出着力促进创新创业环境升级、加快推动创新创业发展动力升级、持续推进创业带动就业能力升级、深入推动科技创新支撑能力升级、大力促进创新创业平台服务升级、进一步完善创新创业金融服务、加快构筑创新创业发展高地、切实打通政策落实“最后一公里”等，推动创新创业高质量发展，增强经济发展的内生动力。

党的十八大以来，鼓励大众创业、万众创新已成为我国经济新常态下积极就业政策的核心内容之一。自改革开放以来，我国共经历过四次创业浪潮，每次创业都对就业起到了较好的带动作用，具有“一人带动多人就业”的就业倍增功效，而当前我国则正值第四次创业浪潮之中。与前三次相比，第四次创业浪潮呈现出由“难民效应”向“企业家效应”转变的趋势，创业者群体更加多样化，素质明显提高，机会型创业逐渐成为创业行为的主流。① 如何抓住当前创业浪潮的机会，带动更多优质就业创业，促进我国的经济转型与发展，成为要着重解决的关键问题。

### （二）大学生就业创业的基本现状

麦可思研究院发布的《2020 年中国大学生就业报告》②，对我国当前大学毕业生的就业创业状况作出了以下分析：本科毕业生选择在“新一线”城市就业的比例从 2015 届的 22%上升到 2019 届的 26%，而在一线城市就业的比例从 2015 届的 26%下降至 2019 届的 20%；高职毕业生选择在“新一线”城市就业的比例从 2015 届的 17%上升到 2019 届的 23%，而在一线城市就业的比例从 2015 届的 19%下降至 2019 届的 15%。另外，在“新一线”城市就业的 2019 届本科毕业生

① 李长安．我国四次创业浪潮的演进：从“难民效应”到“企业家效应”［J］．北京工商大学学报（社会科学版），2018（2）．

② 麦可思研究院．2020 年中国大学生就业报告［M］．北京：社会科学文献出版社，2020.

中，外省籍占比从2015届的28%上升到2019届的38%，与一线城市（平均68%）差距在逐渐缩小。在主要的“新一线”城市中，在杭州就业的2017届到2019届外省籍本科毕业生占比最高，其次为天津、苏州，均超过一线城市中的广州。2019届本科毕业生在一线城市的就业满意度（72%）略高于“新一线”城市（68%）。上海是本科生就业最满意的城市，其次是北京；“新一线”城市中，在杭州、天津、宁波、南京、苏州就业的毕业生满意度较高，不输于部分一线城市。

在就业薪酬方面，2019届本科毕业生平均月收入为5 440元，剔除通货膨胀因素的影响外，与2015届相比，5年来本科生起薪涨幅为23.6%；高职毕业生平均月收入为4 295元，剔除通货膨胀因素的影响外，与2015届相比，5年来高职生起薪涨幅为15.7%。其中，计算机类、电子信息类、自动化类等本科专业毕业生薪资较高，2019届平均月收入分别为6 858元、6 145元、5 899元；铁道运输类、计算机类、水上运输类等高职专业毕业生薪资较高，2019届平均月收入分别为5 109元、4 883元、4 763元。

在就业的专业匹配程度方面，大学毕业生从事专业相关工作的比例趋稳。2019届本科生工作与专业相关度为71%，高职为63%。从本科学科门类来看，医学专业毕业生毕业半年后从事工作与专业相关的比例（2019届为92%）连续三届最高，同时2014届毕业生5年后该比例也最高；教育学专业毕业生从事工作与专业相关的比例为86%。从高职专业大类来看，医药卫生大类专业毕业生从事工作与专业相关的比例（2019届为89%）连续三届最高，同时2016届毕业生3年后该比例也最高；土木建筑大类、教育与体育大类近三届持续上升，2019届（均为73%）相较于2017届（68%、67%）分别提升了5个百分点、6个百分点。

在自主创业方面，大学毕业生的创业比例不高，总体平稳，泛长江三角洲区域经济体的自主创业比例最高，2019届创业大学生的月收入也高于该届毕业生的平均水平，创业资金中政府资助较少。在2019届毕业生中，有2.9%的大学生选择了自主创业，高职高专类毕业生高于本科毕业生，创业本科大学生毕业半年后月收入为 5 785 元，比该届本科毕业生平均水平高 1 011 元。而对于创业资金，76%来自父母亲友投资或借贷以及个人储蓄，政府资助仅占 4%。企业管理经验的缺乏、资金不足等均增加了大学生自主创业的风险。

### （三）大学生就业创业存在的主要问题

1. 大学生就业创业数量不够充分

我国大学生就业创业不够充分，仍有一部分毕业生毕业后处于失业或待业状态，大学生就业数量还有很大提升空间。大学生的就业问题不仅直接关系到其个人生存，更可能背负着家庭的重担，因此不容忽视。对于我国大学生就业难问题的原因，有不少学者归因于扩招政策的实行。但其实早在大学生扩招之前，大学生就业不充分的情况就已经存在。1999 年，教育部首次公布了 44 所直属高校本专科毕业生一次就业率的有关情况。情况显示，截至当年 11 月，各高校总体一次就业率为 82%。其中，本科生一次就业率 85%，专科生一次就业率 54%；44 所高校中 22 所工科院校平均一次就业率为 84. 74%，6 所师范院校平均一次就业率为 80. 24%，13 所综合院校平均一次就业率为 77. 07%，3 所外语院校平均一次就业率为 74. 24%。2000 年，本科及以上学历的毕业生就业状况略有改善，全国共派遣毕业研究生 49 613 人，就业率达 93. 6%，比上一年高 1. 9 个百分点。2001 年，全国普通高校各类层次高校及各类层次毕业生一次性就业率依然苦乐不均，全国普通高校有派遣任务的研究生一次性就业率为 93. 8%，这个数据要低于 2000 年，这说明研究生层次的就业形势也出现了一定程度的紧张。

由此可知，早在大规模扩招之前，我国大学生的就业形势就已经出现了日益严峻的态势。不过，大学生就业难问题真正演变成一个明显的社会问题，起始于高校扩招之后的 2002 年。这一年，大批扩招后的专科生开始进入劳动力市场，给本已压力十分沉重的就业形势形成了不小的冲击。到 2003 年，第一批扩招的本科生也开始毕业进入劳动力市场，大学生就业难的问题开始成为社会广泛关注的一个焦点。

从图 3-2 来看，自 2003 年以来，我国大学生的初次就业率就一直在 70%左右徘徊。但从绝对量上来说，则数量在不断增长。2003 年，按初次就业率计算的大学生失业人数为 64.6 万人，在 2006 年则首次突破了 100 万人，到 2009 年，大学生迈出校门尚未找到工作的数量已接近 200 万人之多。不过，如果按照毕业半年后统计的就业率，则大学生失业率和失业人数将大大降低。以 2007 年为例，毕业半年后大学生的就业率达到 87.5%①，比刚毕业时的就业率上升了 15.5 个百分点。也就是说，毕业半年后的大学生失业人数将会比刚出校门时大幅下降 26 万人。

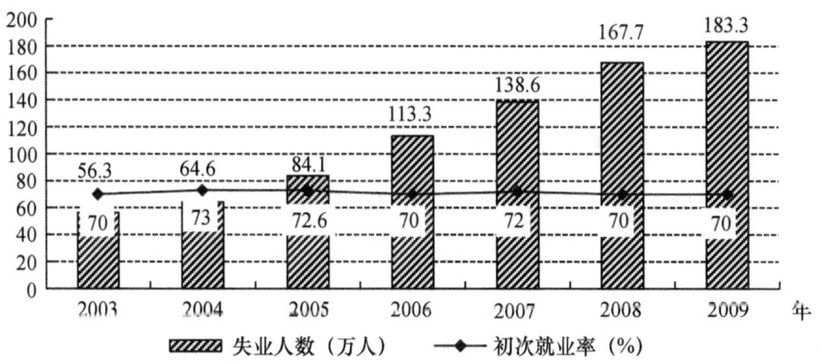


图 3-2　2003—2009 年大学生初次就业率和失业人数

资料来源：根据教育部历年的统计，其中 2009 年为估计数。初次就业率的计算方式：本年度 7 月高校毕业生就业率 = [（毕业生总人数—到 7 月未就业毕业生人数）/毕业生总人数] ×100%。其中到 7 月未就业毕业生人数包括到当年 7 月仍没有落实就业单位的毕业生和已申请不参加本年度就业的毕业生人数。

从相关资料来看，我国大学生就业状况还呈现出以下几个特点：发达省区毕业生就业率要远远高于全国水平，如北京、江苏、浙江、广东等地区，平均就业率大都在 80%以上，有的甚至达到 90%以上，原因是一方面这些地区经济发达，

① 李春玲，王伯庆．中国大学生就业与工资水平调查报告 [M] //汝信，陆学艺，李培林．2009 年中国社会形势分析与预测．北京：社会科学文献出版社，2008.

对人才的需求量大，另一方面当地就业措施和用人环境较好，有利促进了毕业生的就业工作；重点高校毕业生就业率要高于非重点高校毕业生，特别是教育部直属重点高校、“双一流”建设院校，这些高校毕业生一方面他们得益于高校良好的培养和品牌优势，另一方面也得益于他们自身的素质；此外，应用型专业毕业生就业状况要好于研究型专业毕业生。

2. 大学生就业创业结构性矛盾突出

有学者认为，大学扩招带来了大学生供给的突然迅猛增长，使其与产业结构升级换代之间的矛盾迅速激化。在企业技术水平的提高远远落后于大学生劳动力供给数量的增速时，大学生难就业的现状就不可能改变。① 不过，也有学者持相反的观点。他们指出，大学生就业难问题的出现，并不是扩招的方向错了，也不是教育与市场相结合的改革错了，而是计划体制中的弊端还没有完全消除、改革还不够完善造成的。因为与同等发展水平的国家相比，中国的大学生入学率还很低。对中国家庭来说，资助子女上大学仍是大部分家庭最好的投资之一。此外，扩招还扩大了农村青年上大学的机会，使教育机会更加平等。② 有的学者从劳动力市场结构的缺陷出发，分析大学生就业难问题的制度障碍。具有大学以上学历者占我国全部劳动者的比例非常低，但最近几年大学毕业生找工作却有越来越难的趋势，这种看似矛盾的现象是转型过程中劳动力市场分割这一制度背景下，大学毕业生与用人单位相互搜寻的结果。过大的城乡收入差距和过高的工作转换成本，使大学毕业生“宁要城里一张床，不要农村一幢房”，但城里的用人单位却因过高的解聘成本和户口成本而不能吸收更多的大学毕业生。因此，大学毕业生就业难的缓解和解决，要依赖经济发展，也离不开体制改革。③ 还有的学者指

① 张翼. 中国未来劳动力人口的供给与需求［M］//汝信，陆学艺，李培林. 2009 年中国社会形势分析与预测. 北京：社会科学文献出版社，2008.

② 汤敏. 关于扩招的几个问题［J］. 北京大学教育评论，2006（2）.

③ 赖德胜. 劳动力市场分割与大学毕业生失业［J］. 北京师范大学学报（人文社会科学版），2001（4）.

出，目前大学生就业确有困难的表现。不过，这主要可以归结为结构性失业和摩擦性失业由于初次就业率统计指标设计的局限，客观上也夸大了这种困难的程度。①

但不可否认，当前我国大学生就业创业中的结构性问题仍然突出。一般来说，投资结构影响着产业结构，而产业结构又影响着劳动力需求，从而对就业结构产生间接影响。② 在我国全部固定资产投资中，制造业和房地产业一直居于高位，第二产业比重上升，第三产业比重下降。这就说明，我国建筑业与房地产业急需大量劳动力来进行生产，第二产业有较大的劳动力缺口，然而这些行业大部分对学历要求不高。根据《中国劳动统计年鉴》相关数据，2012 年，我国的 19 类行业中，仅有公共管理、教育、金融业等 8 个行业劳动力平均受教育年限超过了 12 年，也即达到了高中以上的文化水平，其他行业只需高中及以下文化程度即可从事相关工作。大学本科及以上学历主要分布在科学研究和技术服务业、教育、公共管理社会保障和社会组织、卫生和社会工作、金融业、文化体育和娱乐业等市场化程度较低、受政府管制较多的行业部门。特别值得注意的是，我国大学本科及以上学历者在制造业和批发零售业就业的比例明显偏少。③ 这说明，投资较大的行业吸纳大学生的就业能力十分有限，这也反映出我国当前尚未很好地转变到内涵式发展上来，尚未充分利用好我国较为充裕的人力资本，这也是对我国高素质劳动力资源的极大浪费，而我国的高等职业教育也未能与劳动力市场进行有效的切合。

3. 大学生就业创业存在性别歧视

根据“我国高等教育公平问题的研究”课题组发布的统计结果，从 1998 年

① 曾湘泉. 变革中的就业环境与中国大学生就业［J］. 经济研究，2004（6）.

② 李长安. 高等教育结构优化、产业结构调整与大学生就业［J］. 山东高等教育，2016（8）.

③ 中国经济增长前沿课题组，中国经济增长的低效率冲击与减速治理［J］. 经济研究，2014（12）.

到2002年，我国普通高校在校女生数量增长了两倍，占学生总数的比例从38.31%增加到43.95%。而劳动和社会保障部对62个定点城市的调查结果显示，有67%的用人单位提出了性别限制，或明文规定女性在聘用期不得怀孕生育。另据国内一所大学对2005届研究生进行的一次调查，超过7成的调查对象认为，在同等条件下，招聘单位会优先考虑男生。

北京师范大学发布的《2016中国劳动力市场发展报告》显示，仅在大学生初次就业率上，近两年男大学生比女大学生要高10个百分点，女大学生的就业形势依然严峻；女性的劳动报酬仍然低于男性。2016年，男性大学生平均薪酬为4 351元，女性大学生为3 896元，两者相差455元。2017年3月，智联招聘发布了一份有效样本为128 576份的《2017中国女性职场现状调查报告》。报告显示，超八成女性认为在就业中存在歧视，其中，22%的女性认为就业中性别歧视现象严重，59%的女性认为在就业中存在一般性别歧视，仅有2%的女性认为在就业中完全不存在性别歧视。上述调查还指出，女性学历越高，感受到的就业性别歧视越明显。拥有硕士学历的女性群体中，超九成女性认为在就业中存在一般甚至严重的性别歧视。

以上都说明，在劳动力市场中，我国大学毕业生在就业时面临着严重的性别歧视，而且这种歧视长期存在，并呈现出越来越严重的态势，这使女大学生的就业形势愈加严峻。就业性别歧视不仅对被歧视者和歧视者造成更大的个人成本，使被歧视者得到更低的收入和更少的机会，而且也使歧视者遭受经济损失；同时，歧视还会导致社会总产出的减少。现代经济增长理论已经证明，在一国的经济增长中，人力资本的贡献率已经占到60%以上，在发达国家甚至达到80%。因此，歧视的存在不仅使大学生承载的人力资本的功效大打折扣，而且还抑制其真实效能的发挥。① 为歧视买单不应是我国当前经济建设中的成本，而应采取措施尽快加以解决，以创造更加公平的就业环境。

① 李长安．歧视理论与女大学生就业［J］．中国大学生就业，2008（6）．

## 三、大学生就业创业政策的演变

我国大学生就业创业政策从统包统分向市场化就业政策转变，反映了改革开放40多年来不同的时代特征。在当前新的时代背景下，“大众创业、万众创新”活动广泛开展，进一步激发了市场活力，为我国产业结构升级注入了新的血液与生机。而在创新创业活动中，人才成为首要的资源力量，如何在当前劳动力市场中争取到更充裕更优质的人力资源，成为各个城市和地区的主要角逐点。

### （一）从统包统分向市场化就业政策转变

改革开放40多年来，我国大学生就业政策大体可以分为以下三个阶段。

第一阶段，计划经济体制下“统包统分”模式的就业政策。从中华人民共和国成立初期到1985年，在计划经济体制下，我国的高等教育是一种高度集中的计划管理模式。学校按计划招生，毕业生按计划分配，用人单位按计划接收毕业生。这种“统包统分”模式就业政策的特点是“由国家包下来分配工作，负责到底”，执行的是“统筹安排、集中使用、保证重点、照顾一般”的工作方针。

第二阶段，计划指导下以“供需见面”为主，“双向选择”为目标的就业政策。1985年5月27日，《中共中央关于教育体制改革的决定》，成为高等学校毕业生就业政策改革的重要标志。它明确指出，对于国家招生计划内的学生，其“毕业分配，实行在国家计划指导下，由本人选报志愿、学校推荐、用人单位择优录用的制度”。1989年，“毕业生自主择业、用人单位择优录取”的双向选择制度开始试点，有条件的也可以在一定范围内以学校为中介进行“双向选择”。

第三阶段，市场经济体制下“双向选择”“自主择业”模式的就业政策。1993年2月13日，为了进一步完善高等学校的毕业生就业政策，以适应经济发展的需要，中共中央、国务院颁布了《中国教育改革和发展纲要》（以下简称

《纲要》)，其中明确指出："在20世纪90年代，随着经济体制、政治体制和科技体制改革的深化，教育体制改革要采取综合配套、分步推进的方针，加快步伐，改革包得过多、统得过死的体制，初步建立起与社会主义市场经济体制、政治体制和科技体制改革相适应的教育新体制。"以《纲要》为政策依据而确立的毕业生就业政策改革目标是：改革高等学校毕业生"统包统分"和"包当干部"的就业制度，实行少数毕业生由国家安排就业、多数毕业生由学生"自主择业"的就业制度，以求择业的自主权逐步向毕业生回归。1994年7月，《国务院关于〈中国教育改革和发展纲要〉的实施意见》发布，规定"高等学校和中等专业学校、技工学校的毕业生，近期内除委托、定向培养生和自费生外，实行在国家宏观指导下，学校与用人单位供需见面和一定范围内双向选择的制度。在人才市场、劳动力市场比较完善，全面实行缴费上学制度之后，除享受国家和单位专项或定向奖学金的学生按合同就业外，其余学生在国家政策指导下进入劳动力市场自主择业"。

根据《纲要》的精神，1997年3月24日，国家教育委员会颁布了《普通高等学校毕业生就业工作暂行规定》，其中明确指出："毕业生就业工作要贯彻统筹安排、合理使用、加强重点、兼顾一般和面向基层，充实生产、科研、教学第一线的方针。在保证国家需要的前提下，贯彻学以致用、人尽其才的原则。"同时还指出，国家采取措施，鼓励和引导毕业生到边远地区、艰苦行业和其他急需人才的地方去工作。该规定是目前最为系统、最为全面的毕业生就业法规性文件，它涉及高等学校毕业生就业工作方针、政策和原则，毕业生就业工作程序，毕业生权利与义务以及毕业生就业工作的各个环节。

2002年，国务院转发教育部等部门《关于进一步深化普通高等学校毕业生就业制度改革有关问题意见》(国办发〔2002〕19号)，明确要求进一步转变高校毕业生就业观念，建立"市场导向、政府调控、学校推荐、学生与用人单位双向选择"的就业机制，努力实现高校毕业生的充分就业。此外，该文件还提出了"拓宽高校毕业生到基层就业的渠道。引导高校毕业生到基层、到中小企业就业是解决高校毕业生就业问题的主要途径。各级人民政府要抓住西部大开发、小城镇建设和城市社区建设的有利时机，积极创造条件、拓宽渠道，引导并吸纳高校毕业生到基层和中小企业就业。”这也表明了我国的大学生就业政策从过去的主要往发达大城市集中、往国有重点企业和建设项目集中的传统做法，开始注重向西部、中小城市和非公企业扩散的政策导向。

2003 年是普通高等学校扩招本科学生毕业的第一年。由于高校毕业生总量增加，再加上受到非典型肺炎疫情的影响，高校毕业生就业形势开始变得十分严峻。为了应对这种挑战，国务院办公厅转发了教育部《关于做好 2003 年普通高等学校毕业生就业工作的通知》（国办发〔2003〕49 号），劳动和社会保障部也发布了《关于贯彻落实国务院办公厅关于做好 2003 年普通高等学校毕业生就业工作的通知若干问题的意见》，对大学生就业工作进行了具体的部署。

面对扩招后出现的大学生就业难问题，我国出台了一系列政策，对大学生的流向进行调控。除了上面提到的国办发〔2002〕19 号文件外，中共中央办公厅、国务院办公厅于 2005 年 6 月又发布了《关于引导和鼓励高校毕业生面向基层就业的意见》，文件中重点提出了完善鼓励高校毕业生到西部地区和艰苦边远地区就业的优惠政策，主要内容包括：对到西部县以下基层单位和艰苦边远地区就业的毕业生，实行来去自由的政策，户口可以留在原籍或根据本人意愿迁往工作地区；工作满 5 年后，根据本人意愿可以流动到原籍或除直辖市以外的其他地区工作，凡落实接收单位的，接收单位所在地区应准予落户；对毕业后自愿到艰苦地区和艰苦行业工作，且服务达到一定年限的学生，其在校期间的国家助学贷款本息由国家代为偿还；实施面向中西部地区生源实行定向招生制度，并确保这部分毕业生完成学业后到中西部地区基层和艰苦行业就业。另外，文件还提出，采取先进后出的办法，每年给西部地区和艰苦边远地区的乡镇下达一部分周转编制，用于接收应届或往届高校毕业生。

2007 年 10 月，党的十七大报告提出了“实施扩大就业的发展战略，促进以创业带动就业”，要“积极做好高校毕业生就业工作”。这是大学生就业问题首次进入党的重要文献之中，也标志着大学生就业问题进入了国家战略发展的视野之中。

从 2008 年开始，由于全球金融危机的冲击，大学生就业难问题更加突出。2009 年 1 月 7 日，国务院召开常务会议，专题研究部署做好高校毕业生就业工作。1 月 19 日，国务院办公厅发布《关于加强普通高等学校毕业生就业工作的通知》（国办发〔2009〕3 号），提出必须把高校毕业生就业摆在当前就业工作的首位，制定了鼓励毕业生到城乡基层就业等七个方面的重要措施。为认真贯彻落实国务院常务会议和国务院办公厅文件精神，积极有效应对日益加剧的高校毕业生就业压力，教育部成立了由部领导牵头的毕业生就业工作领导小组，提前召开了 2009 年全国高校就业工作会议，进行紧急动员和全面部署，下发了应对当前形势的专门文件。教育部先后推出了六大举措，力促大学生就业。主要内容包括：鼓励高校毕业生到基层、到中西部地区就业；鼓励重大科研项目聘用高校毕业生；鼓励高校毕业生应征入伍服义务兵役；优化人才培养结构，加强专业型、应用型人才培养；强化高校毕业生就业服务和就业指导；大力提升高校毕业生就业能力。为了应对中美贸易战的冲击，以及 2019 年年底开始的新冠肺炎疫情的影响，中央提出了强化就业优先政策的要求，并将就业问题列为“六稳”“六保”之首，而解决大学生就业问题又始终摆在就业工作的首位。

### （二）“大众创业、万众创新”活动的开展及成效

自“大众创业、万众创新”提出以来，各项政策相继颁出，全国各地也均开展了各项“双创”活动，对相关政策进行落实。

2014 年 5 月，国务院发布《关于做好 2014 年全国普通高等学校毕业生就业创业工作的通知》，提到要高度重视高校毕业生就业创业工作，鼓励高校毕业生到城乡基层就业，鼓励小型微型企业吸纳高校毕业生就业，实施大学生创业引领计划，深入实施离校未就业高校毕业生就业促进计划，加强就业指导、就业服务和就业援助，进一步创造公平的就业环境，推动创新高校人才培养机制等一系列措施。

2015 年 3 月，国务院发布《关于发展众创空间推进大众创新创业的指导意

见》，提到加快构建众创空间，降低创新创业门槛，鼓励科技人员和大学生创业，支持创新创业公共服务，加强财政资金引导，完善创业投融资机制，丰富创新创业活动，营造创新创业文化氛围等，来激发创造活力，打造经济发展新引擎。

2015年6月，国务院发布《关于大力推进大众创业万众创新若干政策措施的意见》，要求创新体制机制，实现创业便利化；优化财税政策，强化创业扶持；搞活金融市场，实现便捷融资；扩大创业投资，支持创业起步成长；发展创业服务，构建创业生态；建设创业创新平台，增强支撑作用；激发创造活力，发展创新型创业；拓展城乡创业渠道，实现创业带动就业；加强统筹协调，完善协同机制等。

2017年，国务院发布《关于做好当前和今后一段时期就业创业工作的意见》，提出实施高校毕业生就业创业促进计划，健全涵盖校内外各阶段、就业创业全过程的服务体系，促进供需对接和精准帮扶，鼓励高校毕业生多渠道就业。针对高校毕业生群体，引导鼓励高校毕业生到城乡基层、中小微企业就业；落实学费补偿、助学贷款代偿、资金补贴等政策；鼓励科研项目单位吸纳高校毕业生参与研究；鼓励大学生应征入伍；支持高校毕业生到国际组织实习任职；加大就业见习力度；加大对困难高校毕业生的帮扶力度等。

这一时期还有其他一系列政策相继颁出，为我国大众创业万众创新活动的开展起到了很好的引领和带动作用。在相关政策的指导下，一大批创新企业不断涌现，创业活动进一步增强，市场潜力进一步释放，为劳动力市场提供了大量的就业机会，也为我国新旧动能转换注入了新的血液。单就2019年来看，我国平均每天新登记企业达到1.5万户，截至2019年年底，创业孵化载体总数高达8 000余家，累计孵化企业20多万家，数量与规模居世界之首。全国新设市场主体2 179万户，日均新设企业达到2万户，呈现出强劲的市场发展活力。与此同时，我国的创新创业也不断由商业消费领域向技术生产领域迈进，更加注重内涵式发展，更为看重创新创业的质量提升，更加关切创新创业所能够为国家社会带来的更大意义与价值，而非单纯追求量的增加。有学者研究指出，我国当前创新创业呈现出不断发展的新特点与新趋势，“双创”领域更加聚焦、技术要素深度融合、推动产业升级作用显著、“双创”生态更加完善。① 而这都进一步拓展了我国的市场发展空间，也为劳动力市场提供了更为充裕的机会。

## 四、大学生就业创业的趋势与展望

按照经济发展战略的部署，我国已经在2020年基本实现全面小康的战略目标。从“十四五”时期以及未来更长一段时期来看，在就业形势方面，就业压力巨大的事实将长期存在。“刘易斯拐点”的来临、就业结构的优化、就业质量的改善、就业成本的提高，这都是未来就业战略选择必须关注的出发点和依据。

### （一）我国高等教育发展的趋势分析

改革开放40多年来，高等教育发生了翻天覆地的变化。我国高等教育毛入学率由1991年的3.5%到2002年的15%，2019年则达到了51.6%，教育规模不断扩大，实现了由精英教育向大众教育的转变，由教育小国转变为教育大国。然而，在时代发展需求不断提升的形势下，教育大国已难以满足我国的发展急需，如何从教育大国转变为教育强国，进一步提升高等教育质量，成为我国高等教育下一步发展的主要目标。

1. 我国普通高等教育将由外延式发展向内涵式发展转变，由传统型发展模式向现代大学治理模式转变，创新创业教育将为我国现代化建设提供更多时代所需的高科技创新型人才。

党的十九大报告中指出：“建设教育强国是中华民族伟大复兴的基础工程，

① 盛朝迅. 现代化经济体系视野的“创新创业升级版”路径找寻［J］. 改革，2017（12）.

必须把教育事业放在优先位置。要加快一流大学和一流学科建设，实现高等教育内涵式发展。”自高等教育扩招以来，我国高等教育已达到相当大的规模，但不难看出近些年来扩招逐步放缓，规模增幅逐步减小，总体发展较为稳定，而非往年突飞猛进的发展速度。原因有二：一是因为高考适龄人口逐步减少，现在在读大学生为计划生育政策下的独生子女居多；二是出国留学人数剧增。同时，高等教育与劳动力市场间的结构性矛盾日益突出，不断引导着高等教育将发展目光转向自身质量，开始注重优化人才培养结构，促进内涵式发展。而要实现高等教育的顺利转型，我国也采取了简政放权、管办评分离、提升高校办学自主权等一系列措施，为高校转型提供与之相配套的治理体系，推动高校向现代化高校迈进，激发高校办学活力，提升高校治理能力，带动其既具有中国特色又能更好地与国际接轨。而在我国高校毕业生严峻的就业形势下，创新创业教育走入高校课堂，构建和完善中国特色创新创业教育体系，明确功利性与非功利性的创业目标，有效运用“圆形课程设计方法”，在创业环境、扶持政策和投资力度方面共建完善的社会支持系统，将为我国高校毕业生的创新创业提供更为完备的保障。①

2. 高职高专类教育将出现规模与质量齐头并进的发展趋势，迎来自身发展的黄金期，在我国产业结构转型的关键阶段，与劳动力市场的切合度将得到有力提升，为现代化发展提供更充裕的一线技能人才。

高职高专类教育更倾向于就业教育，一般直接对口劳动力市场需求。但当前我国高职高专类教育在高等教育体系中并未得到很好的发展，与普通本科等的毕业生相比，其自身优势并未很好地发挥出来。党的十九大报告指出，“完善职业教育和培训体系，深化产教融合、校企合作”“大规模开展职业技能培训，注重解决结构性就业矛盾，鼓励创业带动就业”“建设知识型、技能型、创新型劳动者大军，弘扬劳模精神和工匠精神，营造劳动光荣的社会风尚和精益求精的敬业

① 李耘，李长安. 构建大学生创业教育体系的思考［J］. 国家教育行政学院学报，2008（5）.

风气”等，均为职业教育指明了前进方向。“一带一路”、新型城镇化、《中国制造2025》等一系列建设规划都急需大量专业技能人才，制造业仍是中国人才需求的极大领域。2017年年初，教育部、人力资源社会保障部和工信部印发《制造业人才发展规划指南》指出，到2020年，新一代信息技术产业、电力装备、高档数控机床和机器人、新材料将成为人才缺口最大的几个专业，其中新一代信息技术产业人才缺口将达到750万人。① 因此，高职高专教育不仅要继续扩大自身发展规模，更要在我国新旧动能转换中敏锐地识别到劳动力市场的需求信号，及时对自身发展结构作出调整与优化，使得培养的人才更切合市场所需，提高高职高专就业的精准度，为国家和社会培养更多的“大国工匠”。

3. 应用型大学将成为我国大学规模扩张的重点，发展定位将更为清晰，自身学科结构与培养模式将更为优化，将为劳动力市场输送介于创新拔尖人才与一线技能人才之间的、具有较强综合能力与素质的复合型应用人才。

2015年，教育部、国家发展改革委和财政部联合发文，引导部分地方普通本科高校向应用型转变；“十三五”期间，在全国范围内支持100所应用型高校建设，并进一步扩大试点范围。近些年来，应用型大学逐渐引起了社会的关注，甚至很多人认为本科院校向应用型大学转型是一种“降格”，难以接受，但事实并非如此。应用型大学是一种介于研究型大学与职业型学院两个端点中间的大学定位，目前在这两端之间，存在大量的教学研究型和教学型本科高校，它们培育的是大量的应用型人才，却在教学设计、人才培养结构中定位模糊，找不到方向，脱离劳动力市场。应用型大学培养的人才不同于职业型院校，后者多倾向于提升劳动者的素质，只针对就业目标的技能教育与培训，而前者的培养目标更为广泛，更倾向于人才的复合型、综合性、应用型等，属于本科层次。向应用型大学的转型不仅进一步优化梳理了我国目前大学生队伍的人才结构，而且为处于中间层次的大量地方普通本科院校提供了发展方向，促进了高等教育综合改革的深

① 徐文新，实现职业教育的“蓝金领”转向，光明日报，2017年11月10日。

人。虽然应用型大学的建设目前仍存在争议与曲折，但毕竟是未来高等教育发展的一个重要指向，其现有基数也决定了未来较大的发展规模，将成为我国大学规模扩张的重点。

### （二）从就业创业数量扩张向就业创业质量提高转变

根据我国国民经济发展的态势和人口与劳动力结构的变化，我们可以对未来的就业形势作一个基本的判断。

1. 我国的劳动力数量虽然增量逐渐减少，但总量依然十分庞大，因此就业紧张的压力并不会消除。

2010 年至 2020 年，从总量上来看，我国的劳动力供给将会出现重大的转折（见表 3-6）。根据预测，到 2020 年，我国 15~64 岁的劳动力的年减少量将达到 177 万人（见表 3-6）。相应地，该年龄段的劳动人口占总人口的比重将进一步下降，在 2020 年下降到 69.49%。这标志着我国的"人口红利"将逐渐消失。

表 3-6　　2010—2020 年我国劳动力人口的增减趋势

| 年度 | 0~14 岁人口所占比重（%） | 15~64 岁劳动力人口年净增加额（万人） | 15~64 岁人口所占比重（%） | 65 岁以上人口所占比重（%） |
|---|---|---|---|---|
| 2010 | 19.28 | 616 | 71.59 | 9.13 |
| 2011 | 19.22 | 537 | 71.61 | 9.17 |
| 2012 | 19.17 | 445 | 71.62 | 9.21 |
| 2013 | 19.16 | 353 | 71.61 | 9.23 |
| 2014 | 19.19 | 106 | 71.57 | 9.24 |
| 2015 | 19.25 | -32 | 71.15 | 9.6 |
| 2016 | 19.16 | 179 | 70.91 | 9.93 |
| 2017 | 19.11 | -204 | 70.47 | 10.42 |
| 2018 | 18.96 | -13 | 70.18 | 10.86 |
| 2019 | 18.78 | -172 | 69.83 | 11.39 |
| 2020 | 18.59 | -177 | 69.49 | 11.92 |

资料来源：张翼．中国未来劳动力人口的供给与需求［M］//汝信，陆学艺，李培林．2009 年中国社会形势分析与预测．北京：社会科学文献出版社，2008.

2. 从质量上来看，我国劳动力的素质逐渐上升，但结构性知识失业问题依然严峻。

劳动力的供给质量体现为劳动者的文化水平、技能水平和整体素质的高低，主要通过劳动者的受教育程度以及受教育年限指标体现出来。新中国成立特别是改革开放以来，中国政府通过多种途径，积极发展各类教育与培训事业，实行学历证书和职业资格证书并重的制度，全面提高劳动者的就业能力、创业能力和适应职业变化的能力，使我国的劳动力供给质量有了很大提高。至 2020 年，从业人员中具有高中及以上文化程度的比例，将进一步提高到 50%左右；大专及以上文化程度所占比例将提高到 20%以上。大专及以上文化程度的从业人数总量增加到 1.4 亿人，届时将大大超过美国高等教育文化程度人才的总量规模，跃居世界首位。① 但由于我国产业结构和劳动力市场的制度性缺陷短时间难以消失，大学生的就业难问题仍将继续存在。

3. 从城乡结构上来看，我国劳动力的城乡结构更为合理，但流动人口就业问题将长期存在。

2020 年，我国的城市化率接近 60%左右，这样的水平离中等发达国家平均 70%左右的城市化率仍有较大的差距。这也意味着随着现代化和城市化水平的进一步提高，仍有数量庞大的农村剩余劳动力需要往城镇转移。不仅如此，户籍制度改革的缓慢和我国社会保障能力的限制，也将在一定程度上延长我国农村劳动力转移的进程。因此，在未来的一段时期，如何做好流动人口的就业失业工作，仍是就业工作一个很大的挑战。

4. 从就业的产业结构来看，我国劳动力在三次产业结构中的分布更为合理，但产业结构调整的步伐依然滞后于劳动力市场的变化速度。

我国在 21 世纪初人均 GDP 首次突破 1 000 美元，这标志着我国经济社会开始步入“小康”水平。经验表明，小康社会阶段的消费结构将会向发展型、享受

① 胡瑞文. 迈向全面小康：2020 中国教育展望［J］. 人才开发，2006（4）.

型升级，汽车、电脑、高档电器迅速进入家庭，人们对改善住房条件的需求、旅游需求、医疗养老需求，以及文化生活的需求都会明显增强，由此推动产业结构的升级和服务业的加速发展。由此我国的就业结构也相应地发生了改变。

2020 年，我国三次产业的就业比重将进一步优化升级。但是，这种产业结构调整的速度要慢于劳动力市场变化的速度，也和国外发达国家的平均水平有不少差距。事实上，中国的就业问题在结构方面的困境要比总量方面的困境更应该引起有关部门的关注。

5. 从劳动力成本上来看，我国劳动力的成本将持续上升，廉价劳动力时代正逐渐消失。

一方面，劳动力的显性工资上涨已成为一种趋势和惯性；另一方面，随着社会保障体制的推进，劳动者的隐性收入也将大幅上升，企业的用工成本必然随之而提高，这又对企业的用工需求形成抑制。如何处理好劳动成本上升与扩大就业之间的关系，将是未来就业政策必须着重考虑的关键问题。

### （三）新一轮科技浪潮对大学生就业创业的挑战与机遇

当前，第四次工业革命浪潮来临，智能化与信息化迅速发展，工业智能化升级改造不断加快，越来越多的机器人等人工智能开始进入诸多产业，对传统的人工劳动力造成了冲击，引发了就业结构的变动。一般来说，机器人的应用对于劳动密集型产业的就业冲击较大，而对于资本密集型和技术密集型的产业来说，就业变动的影响相对较小。然而，从我国目前情况来看，虽然后两者已取得一定发展，但不可否认我国仍是以劳动密集型产业为主，因此，人工智能的运用对我国劳动力市场存在一定影响。

2010 年，我国的工业机器人保有量为 5 万多台，到 2017 年年底，工业机器人的保有量达到了 40 万台左右，以目前我国制造业工人总量约 8 000 万人来推算，2020 年我国工业机器人的保有量将达到 53 万台左右。阿西莫格鲁和帕斯卡尔・雷斯特雷珀对 1990—2007 年期间美国制造业的实证研究表明，因采用机器人而导致的失业人数为 67 万人。具体而言，如果为每 1 000 名工人配备一个机器人，将导致 6.2 名工人失业，工资下降 0.7%。在机器人使用比较密集的汽车制造业，综合来看，每 1 000 名工人配备一台机器人，将导致 3 名工人失业，工资下降 0.25%。以此来推算，机器人的使用将会使我国制造业领域失去 160 万至 300 万个就业岗位。①

我国正从“制造大国”向“制造强国”转变，只有顺应时代发展潮流，才能更好地追赶上时代步伐，在第四次工业革命浪潮中实现质的飞跃。短期来看，人工智能将首先运用于技术水平要求较低、较为机械性的工作岗位中，因而对受教育程度与技能水平要求不高的岗位的就业者来说，冲击较大。反映在大学生就业创业方面，则主要针对高职高专类毕业生。高职高专教育在我国高等教育体系中一直处于薄弱地位，教育的质量水平亟待提升，若不能在新科技浪潮中尽快转变优化自身结构，提升人才的培养质量，与劳动力市场进行更为密切的互动，则可能在人工智能的冲击下遭受较为严重的打击。因此，高职高专教育的质量提升迫在眉睫，应加快改革步伐，争取使每个步入劳动力市场的毕业生均有立足岗位的专业技能与特长，在新浪潮冲击中具有更为强劲的竞争力与实力。

但长期来看，人工智能的运用将会创造出新的就业岗位。工业机器人进入生产线，专业维修人员、养护人员、调配人员的需求增加，而对于较为复杂的操作，还需要专门的操作人员给予支持。目前，我国大部分投入应用的机器人均为从国外进口，国产机器人领域发展相当薄弱，但人工智能为大势所趋，人工智能的自我研发与创造，也需要更为专业的高端人才团队来完成，这为大学生的就业创业开辟了一片新的领域，虽然该领域要求较高，但其商业生态系统的构建也是相当细致与全面的，存在着丰富的发展机会。

同时，互联网的快速发展为大学生就业创业提供了更为广阔的平台与空间。由中国人民大学牵头，北京师范大学、上海交通大学等 30 余家高校、企业和社

① 李长安．提高劳动力素质 应对机器人时代挑战［J］．教育经济评论，2018（2）．

会组织联合跟踪调查的《2017年中国大学生创业报告》中提到，大学生创业意愿持续高涨，餐饮、农业、信息技术、运输、教育、文化等是大学生创业的主要领域，其中住宿餐饮、消费电商成为大学生创业的主战场。网络信息已与各行各业密切地捆绑在一起，人们的消费水平逐步升级，信息传递方便快捷，不少大学生在未毕业时就已步入互联网创业，在传媒、电商等领域做出一番成绩。创业就业不仅需要国家社会的努力，大学生本身才是就业创业的主体，准确抓住机遇，勇敢面对挑战，是每个大学毕业生在任何时代都应拥有的姿态。

综上所述，改革开放40多年来，我国在大学生就业创业上付出了诸多努力，每个时代均有其代表性的特点与态势，从而也就在各个阶段均存在其独有的困难与成绩。无论是高等教育的发展，还是就业创业的推进，国家都通过各种政策方针对就业市场进行及时的调整与适应，为劳动力市场的平稳过渡保驾护航。当前我国恰逢转型期，不可避免地在劳动力市场中存在矛盾与摩擦，而要解决就业与市场的结构性偏差，尚需产业、市场、高校等各方密切配合，信息畅通，不断磨合，及时调整与优化。在当前形势较为复杂的阶段，各方只要齐心协力，相信不仅是青年大学生的就业创业问题可以得到平稳解决，该阶段的其他问题也将随之得以化解，从而共同实现我国的现代化强国建设与中华民族的伟大复兴。

# 第四章

# 就业扶贫的机制与措施研究①

党的十九届五中全会指出，优先发展农业农村，全面推进乡村振兴。坚持把解决好“三农”问题作为全党工作重中之重，走中国特色社会主义乡村振兴道路，全面实施乡村振兴战略，强化以工补农、以城带乡，推动形成工农互促、城乡互补、协调发展、共同繁荣的新型工农城乡关系，加快农业农村现代化。要保障国家粮食安全，提高农业质量效益和竞争力，实施乡村建设行动，深化农村改革，实现巩固拓展脱贫攻坚成果同乡村振兴有效衔接。乡村振兴，生活富裕是根本。目前，农村贫困是我国实施乡村振兴战略最大的“短板”，要实现全体农民的“生活富裕”，就必须首先解决部分贫困农民收入低下的问题，采取多种措施帮助他们脱贫奔小康。扶贫攻坚是实施乡村振兴战略的重要内容，要实现乡村振兴战略的目标，就必须将农村扶贫作为一项重要的工作来抓。这是因为扶贫问题直接关乎保障贫困群众的基本权益，是广大贫困人口能够平等享受改革开放的发展成果、解决农村贫困人口的基本民生进而实现全面小康的发展目标的重要前提。事实上，农村贫困是中国特色社会主义进入新时代后社会主要矛盾在收入分配领域的集中表现。只有解决好农村贫困问题，才能解决好农村地区发展不充分、城乡发展不平衡的矛盾。在大力推进农村扶贫的攻坚战中，就业扶贫是整个

① 原文发表在 2018 年第 6 期《中国高校社会科学》，文中数据做了相应更新。

扶贫战略的重要一环，在当前的精准扶贫进程中有着特殊重要的地位。通过各种途径使贫困农民转移到非农部门就业，努力增加他们参与非农业部门就业的机会，同时不断提高进城农民工的就业质量，对于增加贫困农民收入，使他们走上脱贫奔小康道路，具有积极的现实意义。

## 一、就业扶贫是实现乡村振兴的重要途径

改革开放 40 多年来，我国的扶贫工作取得了举世瞩目的成绩。1978 年，我国农村的贫困人口有 7.7 亿，贫困发生率高达 97.5%。一直到 2012 年，农村贫困人口依然接近 1 亿，贫困发生率超过 10%。① 2012 年 11 月召开的党的十八大，正式提出了“精准扶贫”的理念，要求到 2020 年必须确保现行标准下农村人口实现全部脱贫、所有贫困县全部摘帽的战略目标。此后扶贫攻坚成为从中央到地方各级政府的一项中心工作之一，我国的扶贫事业也由此开始步入了快车道。

对于任何一个国家来说，贫困都是社会经济发展过程中难以回避的经济社会问题。在中国，农村地区的贫困问题尤为突出。虽然我国农村贫困人口已经大幅度减少，扶贫工作取得了一定成绩。但是由于贫困人口基数大，致贫因素复杂等原因，贫困人口的返贫现象严重，我国农村地区的贫困问题依然十分严峻。2017 年的统计数据显示，我国贫困地区农村居民人均可支配收入为 9 377 元，仅相当于同期全国农村居民的 70%不到，大约仅有城镇居民四分之一左右。因此，我们必须清醒地认识到，在全面建成小康社会、实现乡村振兴的进程中，我国农村地区全部脱贫时间短、任务重，需要全社会花大力气予以高度关注。

与教育扶贫、金融扶贫、财政扶贫等一样，就业扶贫作为扶贫战略的重要措施之一，一直受到各级政府的高度重视。2016 年国家出台了《“十三五”脱贫攻

① 中国农村扶贫开发纲要（2011—2020 年），人民日报，2011 年 12 月 2 日。

坚规划》，重点阐述了转移就业脱贫的重大意义和路径措施，并提出了开展就业扶贫专项行动的必要性。2017 年，国务院印发了《“十三五”促进就业规划》，再次强调了就业扶贫工作的重要性，并提出了实现精准对接、劳务协作和政策扶持的实施细则。人力资源社会保障部 2017 年出台的《关于切实做好就业扶贫工作的指导意见》中，明确提出了到 2020 年实现促进 1 000 万贫困人口脱贫的目标，其主要措施包括开发政策性的公益岗位、加强地区间的劳务协作、重视对贫困人口技能培训等。

目前，我国农村地区约有数以千万计的农村劳动力处于失业状态或隐形失业状态，就业不充分、就业质量不高问题突出。在推进工业化城镇化发展和实施乡村振兴战略的过程中，如何为农村劳动力提供数量更多、质量更高的就业岗位，对解决农村“失业型贫困”至关重要。在传统扶贫工作成效日益有限的背景下，就业扶贫成为政府部门和学术界日益重视的减贫之策。目前，我国已经制定并出台了一系列关于就业扶贫的具体规划和措施，但如何加强政策之间的系统性、衔接性依然是做好当前就业扶贫工作的当务之急。

## 二、就业扶贫的作用机制与理论基础分析

贫困是对人的尊严和体面生活权利的剥夺，也是造成社会不平等现象的主要根源，而失业或低质量就业则是导致贫困的重要诱因。从机制上来说，失业或就业质量不高容易导致贫困，原因在于劳动报酬是绝大多数劳动者的主要收入来源。缪尔达尔指出，失业会导致家庭收入水平降低，低收入又使贫困家庭缺乏更多在教育、培训、健康等方面的必要投入，而技能水平不高又会影响劳动者获得更好就业岗位，从而陷入了贫困的“循环累积因果”（cumulative causation）陷阱当中，应通过增加就业岗位、提高穷人的收入水平，形成一个上升的累积因果循

环，摆脱低收入累积循环发展困境。① 阿玛蒂亚·森将就业权纳入人应当享有的基本权力体系当中，如果就业权得不到保障，那么人们的生活水平就会下降，可见就业权利缺失是导致贫困的根源之一。②

绝大多数学者认为，改革开放以来，中国的贫困发生率已经大大下降③，但由于劳动力市场变化而导致的失业或就业质量低下，进而形成的城乡贫困问题依然十分突出。虽然我国的就业形势总体良好，但还存在着就业基础不稳、部分人员就业困难、就业质量不高等问题。④ 许多研究发现，失业与贫困之间存在着显著的关系，而且两者会互相影响。李实、佐藤宏基于 CHIPS 数据的研究表明，我国城镇失业率与贫困发生率之间的相关系数达到 0.854，而且失业下岗人员陷入贫困状况的概率是正常劳动者的 4 倍，这说明失业率和贫困发生率之间具有极强的相关关系。具体来说，当一个家庭存在失业人员时，该家庭的贫困率为 13.2%；但当一个家庭全部人员都在就业时，该家庭的贫困率迅速下降到 2.8%。尽管失业人数按着 1%的增速增加，但是贫困率却不是 1%的增速，而是 1.26 左右的倍数增加。⑤ 文雯的研究也发现，在享受低保的城镇贫困户家庭中，有不少同时也是高失业率家庭，其中 2002 年高失业率家庭占比 19.88%，2007 年为 17.44%。⑥ 宋扬、赵君运用中国综合社会调查（CGSS）的数据并采用家庭等值规模调整的新方法印证了劳动收入对一个家庭脱贫的重要性，认为家庭中就业数

① MYRDAL G. Economic Theory and Underdeveloped Regions [M]. London: Gerald Duckworth & Co Lt., 1957: 57-58.

② SEN A K. Poverty and Famines: An Essay on Entitlement and Deprivation [M]. Oxford University Press, 1981: 13-15.

③ APPLETON S, SONG L N, XIA Q J. Growing out of Poverty: Trends and Patterns of Urban Poverty in China 1988-2002 [J]. World Development, 2010, 38 (5): 665-678.

④ 李长安. 经济新常态下我国的就业形势与政策选择 [J]. 北京工商大学学报（社会科学版），2016（6）.

⑤ 李实，佐藤宏. 经济转型的代价：中国城市失业、贫困、收入差距的经验分析 [M]. 北京：中国财政经济出版社，2004.

⑥ 文雯. 城市低保与家庭减贫——基于 CHIPS 数据的实证分析 [J]. 人口与经济，2015（2）.

量和就业质量越高，贫困的概率越低。①

就业质量不高同样是导致贫困的重要原因之一。就业质量包含了工资水平、社会保障、工作环境、社会评价等一系列指标，如果就业质量不高，那么就有可能出现“工作贫困”现象，即有工作但未必能脱贫。根据国际劳工组织有关专家估计，发展中国家至少有 1/3 的就业者处于工作贫困之中，美国工作贫困率是 7%，而欧盟各国的工作贫困率在 3.3%~14.1%。② 在我国，工作贫困主要集中在非正规就业部门当中。根据张盈华的估计，目前我国处于工作贫困状态的劳动力高达 3 300 万，其中绝大多数是进城务工的外来劳动力，主要的原因是该群体社会保障不全、实际工资水平不高以及拖欠工资现象突出等。③ Park 和 Wang 也发现，外来人口由于小时工资远低于本地居民，所以必须依靠更长的工作时间、更高的劳动参与率才能缩小与本地居民贫困发生率上的差距。④ 姚建平运用 CGSS 数据分析的结果表明，与正规就业者相比，那些临时就业的人更有可能陷入工作贫困，而其中有没有城市户口是导致是否会陷入工作贫困的主要解释变量。⑤

就业扶贫是消除贫困的重要途径之一。就业的扶贫功效不仅得到实践经验的支持，也被诸多理论研究所证实。世界银行强调，与给予现金福利相比，使贫困者获得劳动收入才是减贫的最重要因素，而且提供就业是决定全世界各国生活质

① 宋扬，赵君．中国的贫困现状与特征：基于等值规模调整后的再分析［J］．管理世界，2015（10）．

② FRASER N，PALACIOS R G，CASAS R P．Working Poverty in Europe：A Comparative Approach［M］．Palgrave Macmillan Publishing，2011：250-277．

③ 张盈华．工作贫困：现状、成因及政府劳动力市场政策的作用——来自欧盟的经验［J］．国际经济评论，2016（6）．

④ PARK A，WANG D W．Migration and Urban Poverty and Inequality in China［J］．General Information，2010，3（1）：49-67．

⑤ 姚建平．中国城市工作贫困化问题研究——基于 CGSS 数据的分析［J］．社会科学，2016（2）．

量的重要因素。① 张世伟、周闯研究了中国就业扶持政策的扶贫效应，他们采用自然实验的研究方法，结果发现，如果为城市贫困群体提供就业，将使男性贫困人口的劳动供给增加 57.33%，而女性贫困人口的劳动供给更为明显，达到了 106.47%。因此，通过就业扶持政策可以有效地增加贫困人口的劳动供给，提高贫困人口收入，达到有效削减贫困的目的。②

## 三、就业扶贫的特点与主要措施

国际劳工组织在全球就业公约中提出：就业是指人们赖以生存的重要手段，同时也是人们消除贫困、融入社会、获取个人尊严和给后代带来希望的主要方式。③ 由此可见，就业与扶贫具有内在的必然联系。在我国，就业扶贫是指政府通过为农村贫困劳动力提供更多的就业岗位、通过培训提高他们的就业能力、引进外来投资或发展当地产业等手段，使农村贫困劳动力获得更多的收入，从而实现扶贫、脱贫的目的。作为一项有针对性的扶持政策，就业扶贫旨在扶助贫困户或贫困地区发展生产，提高劳动人口的就业数量和质量，从根本上消除导致贫困的各种因素和障碍，改变穷困面貌。概括起来，就业扶贫的特点包括以下三个方面。

一是精确性：瞄准就业扶贫对象。就业扶贫的工作对象是已建档立卡且有就业创业愿望的贫困家庭劳动力，即应同时具备已建档立卡、劳动年龄内、有劳动能力、有就业创业愿望四个基本条件。就业扶贫的精确性内涵要求扶贫工作做到

① 世界银行. 2013 年世界发展报告：就业［M］. 北京：清华大学出版社，2013.

② 张世伟，周闯. 扶持政策的劳动供给效应——一个基于自然实验的研究［J］. 经济评论，2008（6）.

③ 国际劳工组织. 2009 年世界劳工报告：全球就业危机与后危机［M］. 北京：中国财政经济出版社，2011.

识别精准、帮扶精准、管理精准。通过采集贫困户的详细信息，了解和掌握他们的就业意愿，以帮助劳动力快速上岗。

二是系统性：构建完整就业扶贫体系。就业扶贫工作是一项系统性的工作。一方面，就业扶贫涉及的内容十分广泛，方法措施多种多样，各地政府需要根据当地的实际情况，因地制宜采取最优的政策措施；另一方面，就业扶贫又与其他扶贫措施相互补充、相互结合，如金融扶贫、教育扶贫等，因此各种政策之间需要有良好的衔接机制，形成运作良好的完整系统，才能发挥就业扶贫的最大功效。

三是发展性：实现就业脱贫长期目标。就业扶贫的目的是实现脱贫。相较其他扶贫措施，就业扶贫重视的是为农村贫困劳动力提供持久的就业岗位，并通过教育和培训，使他们获得长久性的就业创业能力，最终通过创业或就业获得稳定收入，从而达到脱离贫困的状况，实现人均年收入超过现行贫困标准线以上。换句话说，就业能够为劳动者提供长期稳定收入，进一步改善劳动者的社会福利水平，从而达到长期脱贫的效果。此外，改善贫困劳动者就业条件，实现高质量就业，能够为劳动者带来更多的社会资源与机会，这也是贫困劳动人口实现长期脱贫的保障。作为一项长期系统工程，就业扶贫的内涵将随着就业扶贫方式和模式的创新不断丰富发展，并相应地根据反贫困的实践而调整。

就业扶贫的措施和方法多种多样。让农民进入非农行业就业是帮助农民摆脱贫困的重要途径。葛霆利用 CGSS 数据测算的结果表明，通过将贫困农民转移到非农部门就业后，贫困农民群体脱贫的概率是其他贫困农民群体的 12.52 倍。①努力提高进城农民工的就业质量，增加他们在正规部门就业的机会，同样是提高其收入、扩展其收入来源的重要途径。都阳、万广华对比了正规就业与非正规就业的减贫效应，测算结果表明，正规就业比例增加 1 个百分点，外来人口家庭的

① 葛霆，贫困农民群体的脱贫路径研究——基于 CGSS2010 的实证分析［J］．经济问题探索，2014（5）．

贫困发生率会下降 0. 14 个百分点，本地人口家庭的贫困发生率下降 0. 05 个百分点。而非正规就业方面，家庭成员比例每上升 1 个百分点，外来家庭陷入贫困的可能性就会下降 0. 1 个百分点，本地家庭下降 0. 048 个百分点。①

以工代赈是农村地区就业扶贫的重要内容。与传统的直接救济扶贫方式不同，以工代赈是一种由政府主导投资建设公共基础设施工程，主要由农村贫困人口参加工程建设并以此获取相应劳务报酬的开发式扶贫方式。自 1984 年该措施开始实施以来，我国共计投入资金超过 1 500 亿元，其中为农村贫困人口累计发放劳务报酬超过 160 多亿元。总体而言，以工代赈取得了较为明显的效果，在兴建农村基础设施的同时，还使许多农村家庭因此摆脱了贫困。② 近些年来，随着互联网经济的兴起，劳动能力的范围得到不断拓展，就业创业门槛有所降低，这为传统上被认为劳动力市场中的弱势群体特别是农村贫困人口提供了良好的就业创业环境，也成为新时期扶贫攻坚的重要阵地。

## 四、发达国家就业扶贫的经验

降低贫困率一直是众多国家致力于解决的问题。就业扶贫是一种通过给贫困人口提供劳动技能、创造劳动机会的扶贫政策，其核心机制就是将贫困居民自身的劳动力属性作为生产要素投入劳动市场当中，继而对贫困居民个人和社会产生正向收益。在国际上，通过不断完善就业政策而达到减贫目的的国家不在少数。因此，借鉴其他国家就业政策实施的经验，可以帮助我们发现就业扶贫实施过程中可能产生的问题，成功的案例也会对我国的政策实施提供一个良好的参照。

① 都阳，万广华. 城市劳动力市场上的非正规就业及其在减贫中的作用 [J]. 经济学动态，2014 (9).

② 宫留记. 政府主导下市场化扶贫机制的构建与创新模式研究——基于精准扶贫视角 [J]. 中国软科学，2016 (5).

1601年，英国王室颁布了世界上第一个《济贫法》，要求对那些有劳动能力的贫民提供劳动场所，强迫他们通过自食其力以摆脱贫困，否则就会被惩罚甚至关进监狱。20世纪30年代美国总统罗斯福实施的“新政”，明确提出应把充分就业（full employment）作为首要目标，特别是要为那些有劳动能力的救助对象提供就业机会，让他们实现自我保障。1942年英国发布的《贝弗里奇报告》中，倡导以劳动为受助条件、促进受助者劳动以摆脱贫困的积极救助政策，奠定了现代社会保障及失业救助的基础。20世纪60年代，美国政府提出了对有就业能力的贫困者实施“工作救济”（work relieve）的措施。20世纪80年代以后，一些欧美国家又推出了“工作福利”（workfare）制度，作为积极就业政策的一项重要内容，该制度要求想要享受失业救济等福利制度的有劳动能力的受助者必须参加劳动并接受就业培训，以此培养他们自立的能力。2007年全球金融危机爆发后，西方国家更加重视发挥就业在解决贫困问题当中的作用。例如，美国政府通过让有劳动能力的贫困者就业以激发他们的积极性和能动性，在失业率从10%以上迅速下降到不足4%的同时，贫困发生率也出现了一定幅度的下降，2009年为14.3%，到2017年已经降低到12.3%。为了减少失业和贫困，法国提出了“积极就业团结收入”，针对那些申领失业救济金的有劳动能力的劳动者，鼓励他们积极寻找工作，该计划自2009年起实施，失业者可以领到每月400多欧元的补助金，如果他们能获得临时工作或低薪工作，政府就额外发给他们一定比例的补助金。

从总体情况来看，西方发达国家普遍认识到福利扶贫的消极政策对减少贫困功效甚微，因而近些年来开始转向“积极福利政策”（positive welfare policy）和“积极就业政策”（active employment policy），其中的一项重要内容就是鼓励和帮助有劳动能力者实现就业，让他们尽可能凭借个人劳动来满足自身和家庭的基本生活需求。欧盟的2020战略目标之一就是使就业率达到75%以上，其在2011年的战略会议报告中指出，有超过2/3的欧盟国家通过提高就业率和扩张劳动力市场来达到扶贫的目的。这些国家所实施的政策干预包括以下几点：第一，将劳动力市场进行合理分割，使更多劳动力进入劳动力市场，并促进低收入者向上流动；第二，提供现代化完善的社会保障体系使就业者受到工作激励，避免形成福利依赖；第三，提高专门组织的参与度，如女性组织、残疾人组织和失孤家庭组织等；第四，加强弱势群体（如低技能群体、移民等）的技能培训，打开就业服务的大门。在总政策的指导下，这些国家还针对儿童贫困、老龄贫困、移民者和残疾人等具体贫困问题提出了具体的解决措施，其中解决老年贫困人口就业的方法包括：第一，通过延长退休、对老年工作者提供工作和培训机会等方法增加劳动市场老年劳动力的参与率；第二，提高老年人的最低工资，尤其是针对女性；第三，提高政策服务质量和长期护理。同时，超过一半的欧盟国家对弱势人群（移民、残障人士等）采取了一系列的就业扶持政策，如通过给弱势人群提供技能培训等方法，以及加强反歧视法的力度等，保证其参与劳动市场当中。

## 五、对策和政策建议

在实施乡村振兴战略的过程中，应当结合扶贫攻坚战略的总体部署，积极发挥就业扶贫的功效。通过增加农村地区农民的就业机会，着力提高就业质量，达到增加收入水平、尽快摆脱贫困、走上全面小康道路的目标。为此，本章提出以下对策和政策建议。

第一，构建政府、企业和贫困者“三轮联动”的就业扶贫模式。

在对农村地区开展就业扶贫的过程中，不仅需要政府发挥引领作用，也需要企业积极参与，而农村贫困劳动力必须主动配合。只有三者形成一股合力，就业扶贫战略才能得到落实并取得实效。具体来说，“三轮联动”的就业扶贫模式包括以下内容。首先，政府的引领。政府在整个就业扶贫战略中占据主导地位。在政策制定方面，政府要尽快建立健全就业扶贫的政策体系，鼓励将更多的财政、金融、人才等资源引导到就业扶贫工作中。加大财政资金投入的力度，帮助改善贫困地区基础设施，创新政府与社会资本合作方式，促进更多社会资本投入贫困地区的税收优惠，提高对贫困劳动力创业的财政补贴，也可以利用财政资金为贫困劳动力创造更多的公益岗位；增强金融扶持的广度和深度，对到贫困地区投资的企业给予优惠贷款，对积极创业的贫困劳动力给予贴息贷款甚至免息。其次，企业的参与。就业扶贫在很大程度上是产业扶贫，只有企业大力投资，形成面向市场的产业，才能吸纳更多的贫困劳动力就业。因此，企业要结合农村地区的实际情况，选择最适合当地资源禀赋的产业进行投资，为贫困劳动力创造更多的就业岗位。当然，企业也必须严格遵守劳动法律法规的要求，按时足额为劳动者发放工资和参保缴费，这不仅是企业顺利发展的一个标志，也是稳定就业岗位的必要之举。最后，贫困劳动力的配合。贫困劳动力必须坚决摒弃等、靠、要的依赖思想，积极主动地到政府和企业提供的岗位中就业，主动参加各种技能培训，提高自身的素质。在“大众创业、万众创新”的活动中，贫困劳动力可以根据自己的特长和拥有的资源，积极投身到创业活动当中，利用互联网经济的便利，开展多种形式的创业。自主创业不仅能够实现自己的就业和脱贫，还能够发挥创业带动就业的优势，带动一批贫困户脱贫。事实证明，通过自己的辛勤劳动获取收入，是摆脱贫困的最有效方法。

第二，注重提高农村贫困人口的教育水平与职业技能。

众所周知，个人受教育程度越高，在其他条件相同时，其就业与获取收入的能力也越强。相反，受教育的程度越低，其就业和收入能力愈弱。当前我国农村地区劳动力的文化程度普遍偏低，平均受教育程度不高，且各区域之间还存在很大的差距。基础教育是劳动力学习其他技能的基础，农民的纯收入与其享受基础教育程度有着紧密的联系。因此，提高农村人力资本水平，必须将夯实义务教育作为重要抓手，在进一步提高义务教育普及率的同时，高度重视教育资源的均等化，不能因贫困或其他原因导致贫困儿童失学。不断改善农村教师的工资和福利待遇，优化和调整农村教育结构。为摆脱因技术缺乏而造成的农村劳动力就业困难的情况，可在贫困地区建设技能培训学校，对学生实行教育补贴，同时对已在就业扶贫岗位上工作的人员进行定期的职业培训，不断更新其职业技能。经济发展有利于提供更多的就业机会，提高劳动力的生产能力即提高他们的工作技能，这样可以让贫困劳动力获得更有保障的工作，而有保障的工作不仅使贫困人口的收入有所提高，同时还延长了收入的稳定性，使他们真正脱离贫困。

第三，注重提高农村贫困人口的就业激励。

发达国家长期以来的福利国家模式，给劳动者创造了完善的福利制度环境，同时也降低了贫困人口的工作激励。有鉴于此，发达国家近年来纷纷改革福利模式，更加注重调动劳动者的工作积极性。类似地，一些发展中国家也要求接受福利援助的穷人参加公益岗位工作项目。这样做主要出于两点理由：其一是筛选符合条件的人享受福利，其二是阻止享受福利的人降低工作激励。另外，通过对发达国家就业政策和扶贫政策的经验总结，可以发现发达国家的就业政策主要是对劳动力市场良性竞争的保护性政策，鲜有国家对就业岗位进行政策干预。劳动力市场的需求受经济发展的影响，过多政策性干预会打破就业市场的公平性，造成适得其反的结果。而发达国家的扶贫政策多建立在其完善的社会保障福利体系之上，以社会保障作为贫困人群最后的防护网。然而，过多的社会福利会在一定程度上造成贫困人群的福利依赖，因此需要严格制定贫困标准和享有时限，开展科学精确的扶贫工作。以市场为主体发展公平竞争的劳动力市场，完善社会保障的福利体系。目前，我国就业扶贫的激励和约束机制尚不完善，这也是未来就业扶贫工作中必须尽快加以完善的一项重要制度基础。

第四，注重提高农村贫困人口的就业质量。

就业质量不高是导致贫困的重要诱因之一。就业扶贫不等于就业可以脱贫，非正式工作、低平均工资等就业不具备长期扶贫效用。因此，如不关注就业质量的问题，极有可能发生“工作贫困”的现象。无论是对于农村就业者还是进城打工的农民工来说，工资不高、社保不全、就业不稳定是导致就业质量不高的重要原因。因此，应进一步提高劳动合同的签订率，努力消除就业歧视问题，实现农民工与城镇职工的同工同酬。目前，我国的社会保障尚未实现全覆盖，特别是以进城务工农民工为主体的流动人口中，仍有相当群体没有加入社会保障体系当中。近些年来，由于社保负担有所加重，导致退保现象抬头，使得社会保障的功能有所削弱。再加上保障水平不高，一些农民工很容易陷入因病致贫、因伤致贫的境地。因此，应尽快完善我国的社会保障制度，不断扩大社保覆盖面，将更多的农民工纳入其中，提高社会保障的水平，解决他们的后顾之忧。稳定农民工就业岗位是提高就业质量的重要途径，必须改善工作环境，强化劳动法的执行力度，减少过度劳动现象。同时加快户籍制度改革的步伐，使农民工更多地融入城市，这是形成一支稳定的产业工人队伍的前提条件。

第五，加强对就业扶贫工作的绩效评估。

重视对就业扶贫工作开展绩效评估，是检验政策实施效果的必要手段。在总目标确定的前提下，如何充分发挥就业扶贫的效果，是推动就业扶贫工作的有力手段。目前，我国已经建立了一套对包括就业扶贫工作在内的绩效评价指标体系和评价机制，但仍存在具体责任不清、资金使用效果不佳、脱贫又返贫现象突出等问题。因此，进一步完善责任追究机制，明确地方政府和主要负责人的相关责任，完善绩效评价指标体系，是巩固和提高就业扶贫效率效益的必要手段。可以考虑引入第三方评价机构，对就业扶贫工作进行客观公正地评价，防止弄虚作假、“数字脱贫”问题产生。当然，在实际工作中还要防止层层加码、急于求成的心态，不能盲目给基层干部加压，而这往往是诱发虚假扶贫、降低扶贫实效的重要原因之一。只有认清就业扶贫工作的新形势，端正工作作风，强化责任追究，采取科学有效的就业扶贫政策措施，我国的就业扶贫工作就能顺利实现既定的目标，从而为实施乡村振兴战略奠定坚实的基础。

# 第五章

# 农村流动人口工作贫困问题研究[①]

推动实现更高质量就业和更充分就业是新时期就业工作的重心。在我国农村流动人口中，存在着较为突出的工作贫困问题。本章利用 2015 年全国流动人口卫生计生动态监测调查数据，研究发现，农村流动人口工作贫困者在全部流动人口工作贫困者中占据多数比例。研究表明，教育水平的提高、由就业单位或雇主提供包吃或包住、工作经验丰富、较长工作时间、在本地参保城镇社保以及“雇主”和“自营劳动者”身份等，均有较好的减贫效果。因此，必须将消除农村流动人口工作贫困纳入总体扶贫攻坚战略之中，推动实现农村流动人口更高质量的就业，重视教育和培训，鼓励和支持更多的农村流动人口加入大众创业、万众创新活动当中。

## 一、研究农村流动人口工作贫困的背景与意义

就业作为扶贫的一条重要途径和手段，既要持续扩大就业数量，还应该不断提高就业质量。就业质量包含了工资水平、社会保障、工作环境、社会评价等一

① 原文发表在 2019 年第 6 期《中国劳动》，作者为李长安、高春雷、左文琦。

系列指标①，如果就业质量不高的话，那么就有可能出现“工作贫困”现象，即有工作但依然处于贫困的状态。国际劳工组织估计，发展中国家至少有 1/3 的就业者处于工作贫困之中，而美国工作贫困率是 7%，欧盟各国的工作贫困率在 3.3%~14.1%。② 在我国，工作贫困主要集中在非正规就业部门当中。根据张盈华的估计，目前中国约有 3 300 万城镇就业者处于工作贫困当中，而且绝大部分是外出农民工，这主要是因为劳动合同签约率低、最低工资保护不够、无法享受失业保障待遇等。③ Park 和 Wang 发现，外来人口由于小时工资远低于本地居民，所以必须依靠更长的工作时间、更高的劳动参与率才能缩小与本地居民贫困发生率上的差距。④ 姚建平运用 CGSS 数据分析的结果也表明，与正规就业者相比，那些临时就业的人更有可能陷入工作贫困，拥有城市户口的人陷入工作贫困的可能性要显著低于没有城市户口的人。⑤ 正规就业与非正规就业的减贫效应有所不同，都阳、万广华测算结果表明，对于劳动者而言，正规就业比例增加 1 个百分点，外来人口家庭的贫困发生率会下降 0.14 个百分点，本地人口家庭的贫困发生率下降 0.05 个百分点；而非正规就业方面，家庭成员比例每上升 1 个百分点，外来家庭陷入贫困的可能性就会下降 0.1 个百分点，本地家庭下降 0.048 个百分点。⑥ 目前，我国农村流动人口的规模接近 3 亿人，已成为产业工人队伍

① 赖德胜，苏丽锋，孟大虎，李长安. 中国各地区就业质量测算与评价［J］. 经济理论与经济管理，2011（11）.

② FRASER N，PALACIOS R G，CASAS R P. Working Poverty in Europe：A Comparative Approach［M］. Palgrave Macmillan Publishing，2011.

③ 张盈华. 工作贫困：现状、成因及政府劳动力市场政策的作用——来自欧盟的经验［J］. 国际经济评论，2016（6）.

④ PARK A，WANG D W. Migration and Urban Poverty and Inequality in China［J］. General Information，2010，3（1）：49-67.

⑤ 姚建平. 中国城市工作贫困化问题研究——基于 CGSS 数据的分析［J］. 社会科学，2016（2）.

⑥ 都阳，万广华. 城市劳动力市场上的非正规就业及其在减贫中的作用［J］. 经济学动态，2014（9）.

的主力军。因此，全面了解和深入分析农村流动人口工作贫困问题，不仅有利于对进一步提高就业质量问题重要性的认识，还对到2020年消除现有标准下农村贫困现象、全面实现小康社会的战略目标，具有十分重要的理论和现实意义。

## 二、农村流动人口工作贫困的基本描述

### （一）数据介绍

本章使用的是2015年全国流动人口卫生计生动态监测调查数据。该数据是国家卫生计生委为了解流动人口生存发展状况及公共卫生服务利用、计划生育服务管理等情况，在全国开展流入地监测调查的问卷结果。根据流动人口卫生计生服务管理工作和政策研究的需要，按照随机原则在全国31个省（区、市）和新疆生产建设兵团流动人口较为集中的流入地抽取样本点，开展抽样调查，使调查结果对全国和各省具有代表性。该数据调查对象面对的是在流入地居住一个月以上，非本区（县、市）户口的15周岁及以上流入人口。以31个省（区、市）和新疆生产建设兵团2014年全员流动人口年报数据为基本抽样框，采取分层、多阶段、与规模成比例的PPS方法进行抽样。在保持对全国、各省有代表性的基础上，增强对主要城市、均等化重点联系城市的代表性。省级样本量分10类，分别为15 000人、14 000人、12 000人、10 000人、8 000人、7 000人、6 000人、5 000人、4 000人、2 000人。调查的总样本量预计为20.6万人，涉及流动人口家庭成员共计约50万人。

根据该数据整理并进行计算可知，2015年全国流动人口中有58.81%是“雇员”的就业身份，其中56.71%为男性；就业身份比例排名第二的是“自营劳动者”，其中男性占比32.14%。就性别而言，女性流动人口中雇员身份占比要高于男性流动人口中“雇员”身份占比，除此之外的“雇主”“自营劳动者”及“其他”三种就业身份，则呈现相反的结果。在全部身份为农村户籍的农村流动人口

中，就业身份为“雇员”的人群占比最高，为57.01%；其次是“自营劳动者”，占比34.25%。而农村流动人口中处于就业状态的人员即“雇员”是本章所使用的数据样本。

### （二）农村流动人口工作贫困的概念界定

在分析农村流动人口工作贫困问题之前，需要先对“工作贫困”这一概念进行界定。一般而言，贫困分为绝对贫困和相对贫困两种。前者又叫生存贫困，是指在一定的社会生产方式和生活方式下，个人和家庭依靠其劳动所得和其他合法收入不能维持其基本的生存需要，这样的个人或家庭就称为贫困人口或贫困户；后者是指与社会平均水平相比其收入水平少到一定程度时维持的那种社会生活状况，各个社会阶层之间和各阶层内部的收入差异，通常是把人口的一定比例确定生活在相对的贫困之中。而本章研究的工作贫困属于相对贫困的范畴。目前关于工作贫困的研究还比较少，因此，尚未形成一个统一界定的概念。Klein 和 Rones 认为工作贫困者是指那些至少在半年内处于工作中或者正在寻找工作中的状态，但家庭生活仍然贫困的人。① Kim 和 Mergoupiss 则从更细节的条件出发进行定义，认为工作贫困者是指四个月内至少工作一个星期，并且符合食物券（food stamp）领取条件或未成年子女家庭援助（Aid to Families with Dependent Children，AFDC）申请条件的18岁及以上的人群。② 姚建平③、寇竞和胡永健④等中国学者认为工作贫困就是那些有工作但家庭生活仍然贫困的人。从国内外学者关于工作贫困定义的讨论可知，要想界定为工作贫困，必须同时具备“工作”和“贫

① KLEIN B W，RONES P L. A Profile of the Working Poor [J]. Monthly Labor Review，1989，112（10）：3-13.

② KIM M，MERGOUPISS T. The Working Poor and Welfare Recipiency，Participation，Evidence and Policy Directions [J]. Journal of Economic Issue，1997，31（3）：707-728.

③ 姚建平. 中国城镇工作贫困者：概念、成因及对策 [J]. 理论与现代化，2009（5）.

④ 寇竞，胡永健. 城镇劳动者个人和家庭因素对工作贫困的影响分析 [J]. 贵州财经大学学报，2014（6）.

困”两个条件。Zagsky 在其研究中界定“工作”条件时将其分为正在工作、正在找工作、前两种状态合计持续至少半年三种情况；在界定“贫困”条件时，指出应该考虑其家庭收入与官方贫困线的差距。在日常语言中，人们常常把贫困与收入低画上等号，因此，在对贫困进行界定的时候往往通过收入进行间接度量。① 其中，经济合作与发展组织（OECD）提出的国际贫困标准（international poverty line standard）是实际中被广泛运用的一种收入比例法，即以一个国家或地区社会中位收入或平均收入的 50%作为这个国家或地区的贫困线。然而，这个标准以 OECD 各成员国的社会救助标准为基础计算得来，在其他国家和地区是否同样适用，受到很多学者的质疑。因此，在实际研究中，学者们大多从实际出发采用其他方法对贫困进行量化。例如，寇竞和胡永健在其研究中量化工作贫困时，将月家庭收入的第二个十分位数值作为判断家庭贫困的标准，即若家庭月收入小于该标准就认定为工作贫困。

本章在界定“工作贫困”（变量为 *wp*）时主要遵循了国际贫困标准，即以 2015 年全年全国居民年人均可支配收入（21 966 元）的一半（10 983 元）作为工作贫困的标准线，当人均年收入小于 10 983 元时，则认为是工作贫困，$wp=1$；当人均年收入大于等于 10 983 元时，则认为非工作贫困，$wp=0$。同时，为了更好地检验模型结果的稳定性，本章还参照了寇竞和胡永健（2014）的做法，设置了工作贫困的替代变量 $wp1$，以 2015 年流动人口人均年收入第 20 个分位点（经计算可知，第 20 个分位点为 16 000 元）作为工作贫困的标准线，当人均年收入小于 16 000 元时，则认为是工作贫困，$wp1=1$；当人均年收入大于等于 16 000 元时，则认为是非工作贫困，$wp1=0$。

### （三）农村流动人口工作贫困的基本特征

1. 农村流动人口工作贫困者大约占所有 16 岁以上的农村流动人口贫困者的

① ZAGSKY J L. Health and the Working Poor [J]. Eastern Economic Journal, 1999, 25 (2): 169-189.

51.10%，占所有流动人口工作贫困者的91.37%。这就说明，在我国全部流动人口工作贫困者当中，农村流动人口占据了大多数的比例。

2. 农村流动人口男性工作贫困者多于女性，在年龄上多为中青年人群。通过计算可知，2015年农村流动人口工作贫困者有5 199人，男女性别比为1.22∶1。同时，分别对“雇主”“自营劳动者”“其他”三种就业身份的农村流动人口贫困者进行性别对比可知，该结论一致，对应的男女性别比分别为1.38∶1、1.54∶1、1.79∶1。由此说明，农村流动人口男性贫困者占比高于女性。根据数据可知，农村流动人口工作贫困者平均年龄为38岁，而大多数集中在25~35岁和35~45岁两个年龄段，其中，在35~45岁年龄段的农村流动人口工作贫困者占比最高，达36.55%，而在25~35岁年龄段的情况次之，占比为28.10%。

3. 绝大多数农村流动人口工作贫困者受教育水平很低。通过计算可知，流动人口工作贫困者受教育程度指标平均值为2.89，最大值为6，最小值为1，1到6取值分别代表的是受教育层次是未上过学、小学、初中、高中/中专、大学专科、大学本科。这意味着，整体而言，2015年农村流动人口工作贫困者处于小学以上、初中以下的平均受教育水平。进一步统计，有82.13%的农村流动人口工作贫困者为初中及以下的受教育水平。根据人力资本理论，人力资本的积累有利于提升配置能力，进而增加其获得更好收益的能力。农村流动人口工作贫困与其当前的人力资本水平的低下不无关系，因此，这一因素也将被考虑到农村流动人口工作贫困影响因素模型中。

## 三、农村流动人口工作贫困的影响因素分析

### （一）理论分析与方法

1. 实证模型建立与估计

结合已有文献有关工作贫困影响因素的分析，考虑农民工流动人口的特点，

本章建立如下所示的农民工流动人口工作贫困影响因素分析模型：

$$wp=\beta_0+\beta_1x_1+\beta_2x_2+\beta_3x_3+\mu$$

式中，$wp$ 表示工作贫困；$x_1$ 表示影响农民工流动人口工作贫困的个人因素，包括年龄、婚姻状况、性别、受教育程度等；$x_2$ 表示影响农民工流动人口工作贫困的家庭因素；$x_3$ 表示影响农民工流动人口工作贫困的工作生活环境因素；$\mu$ 则表示其他可能会影响农民工流动人口工作贫困的因素。

2. 计量分析方法

由上述分析可知，本章定义的因变量工作贫困 $wp$ 是取值为（0，1）的二值变量，结合该取值特征，选择使用二元 logit 模型。

假设因变量 $y$ 是取值为（0，1）的二值变量，$x$ 为解释变量（以向量形式表示）。考虑如下形式：

$$P(y=1\mid x)=G(\beta_0+x\beta)$$

其中，P（）表示 y=1 的概率，G 为服从某种分布的累积分布函数。令 $y^*$ 为一个由下式决定的无法观测的变量或潜变量：

$$y^*=\beta_0+x\beta+e$$

这样，以解释变量为条件：

$$\begin{aligned}P(y=1)&=P(y^*>0)=P(\beta_0+x\beta+e>0)=P[e>-(\beta_0+x\beta)]\\&=1-G[-(\beta_0+x\beta)]=G(\beta_0+x\beta)\end{aligned}$$

假定我们有一个容量为 $n$ 的随机样本，可以得到 $y_i$ 在给定 $x_i$ 下的密度函数：

$$f(y_i\mid x_i;\beta)=[G(x_i\beta)]^{y_i}[1-G(x_i\beta)]^{1-y_i},\ y_i=0,1$$

对上式取对数得到：

$$e_i(\beta)=y_i\log[G(x_i\beta)]+(1-y_i)\log[1-G(x_i\beta)]$$

当 $e$ 服从 Logistic 分布时，G 为标准 Logistic 累积分布函数，这时就被称为 Logit 模型，Logit 模型具体形式为：

$$G(z)=\exp(z)/[1+\exp(z)]=\Lambda(z)$$

### （二）变量选取和描述

1. 因变量

如前文所述，本章主要遵循了国际贫困标准和参照了寇竞和胡永健（2014）的研究，分别以年人均可支配收入的50%、人均年收入第20个分位点作为贫困标准线设置工作贫困指标 *wp* 和 *wp*1，取值为1代表工作贫困，否则为非工作贫困，取值为0。

2. 自变量

根据前面的理论分析以及已有的相关经验研究，本章选取了年龄、婚姻状况、性别、受教育程度等个人因素，家庭中家人在本地由就业单位（雇主）包吃或包住的比例、14岁及以下子女数量占家庭规模的比例、60岁以上老人数量占家庭规模的比例等家庭因素，“五一”节前一周工作时间、第一次离开户籍地（县级）的时间、是否在本地参保了新型农村合作医疗保险、是否在本地参保了城镇居民医疗保险、是否在本地参保了城镇职工医疗保险等工作生活环境因素。

3. 控制变量

为了更好地分析上述自变量对因变量可能产生的影响，本章设置了主要职业、行业、单位性质和经济区域4个控制变量，以期得到更加可信和稳定的模型估计结果。关于变量的设置和取值说明，以及变量的描述性统计见表5-1和表5-2。

**表5-1　变量设置及取值说明**

| 变量名称 | 变量解释 | 变量取值说明 |
| --- | --- | --- |
| 因变量 | | |
| *wp* | 工作贫困 | 以2015年居民年人均可支配收入（21 966元）的一半（10 983元）作为工作贫困的标准线：人均年收入<10 983元时，*wp*=1；人均年收入≥10 983元时，*wp*=0 |
| *wp*1 | 工作贫困 | 以2015年流动人口人均年收入第20个分位点（经计算可知，第20个分为点为16 000元）作为工作贫困的标准线：人均年收入<16 000元时，*wp*1 = 1；人均年收入≥16 000元时，*wp*1=0 |

续表

| 变量名称 | 变量解释 | 变量取值说明 |
| --- | --- | --- |
| 自变量 | | |
| age | 年龄 | 9月份之前的，等于2015-出生年份；9月份之后的，等于2015-出生年份+1 |
| marriage | 婚姻状况 | 1=已婚，0=未婚 |
| gender | 性别 | 男=1，女=2 |
| edulevel | 受教育程度 | 1=未上过学，2=小学，3=初中，4=高中/中专，5=大学专科，6=大学本科，7=研究生 |
| percentfam | 家庭中家人在本地由就业单位（雇主）包吃或包住的比例 | =家庭中家人在本地由就业单位（雇主）包吃或包住的人数/家庭规模 |
| percentkid | 14岁及以下子女数量占家庭规模的比例 | =14岁及以下子女数量/家庭规模 |
| percentold | 60岁以上老人数量占家庭规模的比例 | =60岁以上老人数量/家庭规模 |
| employment | 就业身份 | 1=雇员，2=雇主，3=自营劳动者，4=其他 |
| preweektime | “五一”节前一周工作时间 | 单位：小时 |
| timeaway | 第一次离开户籍地（县级）的时间 | 9月份之前的，等于2015-外出年份；9月份之后的，等于2015-外出年份+1 |
| locnhyl | 是否在本地参保了新型农村合作医疗保险 | 1=是，0=否 |
| loczyl | 是否在本地参保了城镇居民医疗保险 | 1=是，0=否 |
| loczzgyl | 是否在本地参保了城镇职工医疗保险 | 1=是，0=否 |

续表

| 变量名称 | 变量解释 | 变量取值说明 |
| --- | --- | --- |
| 控制变量 | | |
| mainjob | 主要职业 | 10=国家机关、党群组织、企事业单位负责人，20=专业技术人员，30=公务员、办事人员和有关人员，41=经商，42=商贩，43=餐饮，44=家政，45=保洁，46=保安，47=装修，48=其他商业、服务业人员，50=农、林、牧、渔、水利业生产人员，61=生产，62=运输，63=建筑，64=其他生产、运输设备操作人员及有关人员，70=无固定职业，80=其他 |
| hangye | 行业 | 1=农林牧渔，2=采矿，3=制造，4=电煤水热生产供应，5=建筑，6=批发零售，7=交通运输、仓储和邮政，8=住宿餐饮，9=信息传输、软件和信息技术服务，10=金融，11=房地产，12=租赁和商务服务，13=科研和技术服务，14=水利、环境和公共设施管理，15=居民服务、修理和其他服务业，16=教育，17=卫生和社会工作，18=文体和娱乐，19=公共管理、社会保障和社会组织，20=国际组织 |
| danweinature | 单位性质 | 1=机关、事业单位，2=国有及国有控股企业，3=集体企业，4=股份/联营企业，5=个体工商户，6=私营企业，7=港澳台独资企业，8=外商独资企业，9=中外合资企业，10=社团/民办组织，11=其他，12=无单位 |
| dqcode | 经济区域 | 1=东部地区，2=中部地区，3=西部地区，4=东北地区 |

表 5-2 变量的描述性统计

| 变量 | 均值 | 标准差 | 变量 | 均值 | 标准差 |
| --- | --- | --- | --- | --- | --- |
| wp | 0.069 7 | 0.254 7 | preweektime | 51.875 8 | 13.585 0 |
| wp1 | 0.215 7 | 0.411 3 | timeaway | 8.516 7 | 6.603 6 |
| age | 33.534 4 | 9.879 6 | locnhyl | 0.016 9 | 0.128 7 |
| marriage | 0.699 7 | 0.458 4 | loczyl | 0.013 5 | 0.115 3 |
| gender | 1.433 8 | 0.495 6 | loczzgyl | 0.259 1 | 0.438 1 |
| edulevel | 3.321 4 | 0.941 2 | mainjob | 51.195 4 | 13.352 0 |
| percentfam | 0.216 6 | 0.351 8 | hangye | 6.884 4 | 4.703 8 |
| percentkid | 0.400 8 | 0.102 8 | danweinature | 5.686 0 | 2.122 7 |
| percentold | 0.657 1 | 0.444 2 | dqcode | 1.754 7 | 0.995 8 |

## （三）实证结果

表 5-3 列出了对农村流动人口工作贫困影响因素的 Logit 模型估计结果。其中，第 2、3 列分别列出的是仅以“雇员”身份农村流动人口为样本的回归结果。而为了将“雇主”和“自营劳动者”这两种劳动力市场中的重要就业形式与其作对比，本章又进一步将就业身份 *employment* 变量引入模型中，模型回归结果如第 4、5 列所示。

**表 5-3　　农村流动人口工作贫困影响因素的 Logit 模型估计结果**

| 变量 | *wp* | 机会比 | *wp* * | 机会比 |
|---|---|---|---|---|
| 年龄 | 0. 074 4*<br>(0. 041 5) | 1. 077 3 | 0. 067 4**<br>(0. 030 3) | 1. 069 7 |
| 年龄平方 | −0. 001 0*<br>(0. 000 6) | 0. 999 0 | −0. 000 9**<br>(0. 000 4) | 0. 999 1 |
| 婚姻状况 | −0. 062 0<br>(0. 183 3) | 0. 939 9 | 0. 000 1<br>(0. 147 5) | 1. 000 1 |
| 性别 | −0. 026 1<br>(0. 056 7) | 0. 974 3 | −0. 015 5<br>(0. 038 4) | 0. 984 6 |
| 受教育程度 | （以未上过学为参照组） | | | |
| 小学 | −0. 234 0<br>(0. 165) | 0. 791 4 | −0. 285 8**<br>(0. 122 9) | 0. 751 4 |
| 初中 | −0. 560***<br>(0. 162 3) | 0. 571 0 | −0. 631 6***<br>(0. 120 3) | 0. 531 8 |
| 高中/中专 | −0. 751 0***<br>(0. 175 1) | 0. 471 9 | −0. 951 0***<br>(0. 129 5) | 0. 386 4 |
| 大专 | −1. 091 4***<br>(0. 235 8) | 0. 335 7 | −1. 164 3***<br>(0. 182 9) | 0. 312 1 |
| 本科 | −1. 817 3***<br>(0. 488 7) | 0. 162 5 | −1. 839 0***<br>(0. 382 6) | 0. 159 0 |
| 家人在本地包吃住比例 | −0. 307 5**<br>(0. 129 2) | 0. 735 3 | −0. 192 5<br>(0. 120 7) | 0. 824 9 |

续表

| 变量 | wp | 机会比 | wp * | 机会比 |
|---|---|---|---|---|
| 受教育程度 | （以未上过学为参照组） | | | |
| 14 岁及以下子女占比 | 4.725 4 *** (0.273 0) | 112.779 7 | 4.597 3 *** (0.193 8) | 99.215 0 |
| 60 岁以上老人占比 | -1.938 0 *** (0.171 2) | 0.144 0 | -1.872 1 *** (0.123 3) | 0.153 8 |
| 就业身份 | （以雇员为参照组） | | | |
| 雇主 | | | -0.847 8 *** (0.088 3) | 0.428 3 |
| 自营劳动者 | | | -0.524 7 *** (0.059 0) | 0.591 8 |
| “五一”节前一周工作时间 | -0.006 1 *** (0.001 8) | 0.993 9 | -0.007 8 *** (0.001 1) | 0.992 2 |
| 第一次离开户籍地（县级）时间 | -0.035 2 *** (0.004 1) | 0.965 4 | -0.028 9 *** (0.002 9) | 0.971 5 |
| 本地参保新型农村合作医疗保险 | 0.024 7 (0.198 3) | 1.025 0 | 0.242 6 ** (0.121 4) | 1.274 6 |
| 本地参保城镇居民医疗保险 | -0.315 9 (0.258 0) | 0.729 1 | -0.611 1 *** (0.193 7) | 0.542 7 |
| 本地参保城镇职工医疗保险 | -0.239 8 *** (0.072 6) | 0.786 8 | -0.292 7 *** (0.068 5) | 0.746 2 |
| 经济区域 | （以东部地区为参照组） | | | |
| 中部地区 | 0.794 *** (0.070 3) | 2.212 6 | 0.657 8 *** (0.047 4) | 1.930 6 |
| 西部地区 | 0.974 2 *** (0.063 2) | 2.649 8 | 0.843 7 *** (0.044 1) | 2.325 0 |
| 东北地区 | -0.088 2 (0.171 8) | 0.915 6 | 0.066 1 (0.114 1) | 1.068 4 |
| 常数项 | -2.777 0 ** (1.107 8) | 0.062 2 | -2.118 4 ** (0.859 8) | 0.120 2 |
| 样本量 | 20 710 | | 41 701 | |

注：“***”“**”“*”分别表示在 1%、5%、10%的水平下显著。我们已经在模型设置和运行过程中加入了年龄的平方、主要职业、行业、单位性质等变量进行控制，篇幅有限，在此没有全部呈现。

在个人因素方面，在控制其他变量的条件下，随着年龄的增长，农村流动人口陷入工作贫困的可能性将显著增加；与没上过学相比，具有初中及以上受教育水平的农村流动人口陷入工作贫困的可能性将会显著减少，其中，具有大专、本科学历的农村流动人口陷入工作贫困的可能性将会分别显著减少 33.57% 和 16.25%。

在家庭因素方面，在控制其他变量的条件下，随着家庭中家人在本地由就业单位（雇主）包吃或包住的比例、60 岁以上老人数量占家庭规模的比例的增加，农村流动人口陷入工作贫困的概率将会显著降低。结合实际，这两个结论都不难解释。一方面，家人在本地由就业单位（雇主）包吃或包住在很大程度上降低了生活成本，变相增加了农村流动人口的实际收入，因此减少陷入工作贫困的可能性；另一方面，家中 60 岁以上老人一般情况下都可以分担外出务工子女的家庭照顾责任，如帮忙照顾孩子、做家务，减少聘用保姆、家政人员等而产生的家庭开支，从而减少贫困可能性。结果显示，随着 14 岁及以下子女数量占家庭规模的比例增加，农村流动人口陷入工作贫困的概率将会显著增加。

在工作生活环境因素方面，在控制其他变量的条件下，随着“五一”节前一周工作时间、第一次离开户籍地（县级）的时间的增加（意味着距离调查时点的时间越短），农村流动人口陷入工作贫困的概率将会显著增加。这意味着工作时间的长短在很大程度上决定了农村流动人口的工作贫困状态，单位工资水平一定的条件下，工作时间越长，农村流动人口获得的收入越多，因而越容易脱离工作贫困。同时，农村流动人口外出务工的时间越长，代表其工作经验越丰富，无论是适应能力还是技能水平都会相对较高，因此，获得一份收入相对较高的工作的可能性也会增加，陷入工作贫困的可能性将降低。农村流动人口还面临着一个社会保障问题，能否在就业地享有相应的社会保障福利，直接关系着其生活成本，是影响工作贫困状态很关键的因素，本章在模型中加入了此类变量。结果显示，与没有在本地参保城镇居民医疗保险和城镇职工医疗保险的情况相比，在本地参保了城镇居民医疗保险和城镇职工医疗保险的农村流动人口陷入工作贫困的可能性将降低。尤其是对于城镇职工医疗保险而言，这种可能性将降低 78.68%，该结果在 1%的水平上显著。

在模型中加入就业身份（*employment*）变量后，发现原本的结果基本稳定，这在一定程度上也支持了模型结果的稳定性。由后两列回归结果可知，与处于工作状态的“雇员”身份相比，自雇状态的“雇主”和“自营劳动者”陷入贫困的可能性将会分别降低 42.83%和 59.18%，该结果在 1%的水平上显著。

## （四）稳健性检验

为了更好地检验模型结果的稳定性，本章还参照了寇竞和胡永健（2014）研究中 20 分位点的做法，以 2015 年流动人口人均年收入第 20 个分位点 16 000 元作为工作贫困的标准线，设置了同为（0，1）变量的工作贫困替代变量 *wp*1。通过替换上述模型中因变量 *wp*，得出的稳健性检验结果见表 5-4。由结果可知，各指标系数的方向和显著性结果基本都与原模型吻合，因此，模型结果具有较高的可信度。

**表 5-4 农村流动人口工作贫困影响因素模型的稳健性检验**

| 变量 | *wp* | *wp* * | *wp*1 | *wp*1 * |
|---|---|---|---|---|
| 年龄 | 0.074 4 *<br>(0.041 5) | 0.046 0<br>(0.028 4) | 0.067 4 **<br>(0.030 3) | 0.042 8 **<br>(0.020 2) |
| 年龄平方 | −0.001 0 *<br>(0.000 6) | −0.000 5<br>(0.000 4) | −0.000 9 **<br>(0.000 4) | −0.000 4<br>(0.000 3) |
| 婚姻状况 | −0.062 0<br>(0.183 3) | 0.310 **<br>(0.139) | 0.000 1<br>(0.147 5) | 0.429 8 ***<br>(0.110 9) |
| 性别 | −0.026 1<br>(0.056 7) | −0.222 ***<br>(0.037 7) | −0.015 5<br>(0.038 4) | −0.129 3 ***<br>(0.025 3) |
| 受教育程度 | （以未上过学为参照组） | | | |
| 小学 | −0.234 0<br>(0.165) | −0.231<br>(0.141) | −0.285 8 **<br>(0.122 9) | −0.227 0 **<br>(0.105 1) |

续表

| 变量 | *wp* | *wp** | *wp*1 | *wp*1* |
|---|---|---|---|---|
| 受教育程度 | （以未上过学为参照组） | | | |
| 初中 | −0.560***<br>（0.162 3） | −0.410***<br>（0.137） | −0.631 6***<br>（0.120 3） | −0.420 6***<br>（0.102 6） |
| 高中/中专 | −0.751 0***<br>（0.175 1） | −0.647***<br>（0.143） | −0.951 0***<br>（0.129 5） | −0.724 1***<br>（0.106 4） |
| 大专 | −1.091 4***<br>（0.235 8） | −1.207***<br>（0.170） | −1.164 3***<br>（0.182 9） | −1.152 6***<br>（0.130 4） |
| 本科 | −1.817 3***<br>（0.488 7） | −1.646***<br>（0.263） | −1.839 0***<br>（0.382 6） | −1.478 1***<br>（0.200 4） |
| 家人在本地包吃住比例 | −0.307 5**<br>（0.129 2） | −0.431***<br>（0.082 2） | −0.192 5<br>（0.120 7） | −0.356 4***<br>（0.076 9） |
| 14岁及以下子女占比 | 4.725 4***<br>（0.273 0） | 6.157***<br>（0.200） | 4.597 3***<br>（0.193 8） | 5.706 7***<br>（0.137 6） |
| 60岁以上老人占比 | −1.938 0***<br>（0.171 2） | −1.581***<br>（0.116） | −1.872 1***<br>（0.123 3） | −1.656 1***<br>（0.082 3） |
| 就业身份 | （以雇员为参照组） | | | |
| 雇主 | | | −0.847 8***<br>（0.088 3） | −0.923 2***<br>（0.055 7） |
| 自营劳动者 | | | −0.524 7***<br>（0.059 0） | −0.516 8***<br>（0.041 2） |
| “五一”节前一周工作时间 | −0.006 1***<br>（0.001 8） | −0.006 2***<br>（0.001 2） | −0.007 8***<br>（0.001 1） | −0.005 9***<br>（0.000 7） |
| 第一次离开户籍地时间 | −0.035 2***<br>（0.004 1） | −0.035 9***<br>（0.002 8） | −0.028 9***<br>（0.002 9） | −0.029 6***<br>（0.001 9） |
| 本地参保新型农村合作医疗保险 | 0.024 7<br>（0.198 3） | 0.176<br>（0.136） | 0.242 6**<br>（0.121 4） | 0.174 2**<br>（0.086 9） |
| 本地参保城镇居民医疗保险 | −0.315 9<br>（0.258 0） | −0.171<br>（0.154） | −0.611 1***<br>（0.193 7） | −0.150 2<br>（0.099 3） |
| 本地参保城镇职工医疗保险 | −0.239 8***<br>（0.072 6） | −0.263***<br>（0.044 8） | −0.292 7***<br>（0.068 5） | −0.332 7***<br>（0.041 6） |

续表

| 变量 | $wp$ | $wp^*$ | $wp1$ | $wp1^*$ |
|---|---|---|---|---|
| 经济区域 | （以东部地区为参照组） | | | |
| 中部地区 | 0.794$^{***}$<br>（0.070 3） | 0.640$^{***}$<br>（0.049 5） | 0.657 8$^{***}$<br>（0.047 4） | 0.538 6$^{***}$<br>（0.031 3） |
| 西部地区 | 0.974 2$^{***}$<br>（0.063 2） | 0.882$^{***}$<br>（0.045 3） | 0.843 7$^{***}$<br>（0.044 1） | 0.750 4$^{***}$<br>（0.030 1） |
| 东北地区 | −0.088 2<br>（0.171 8） | 0.362$^{***}$<br>（0.090 2） | 0.066 1<br>（0.114 1） | 0.269 4$^{***}$<br>（0.065 1） |
| 常数项 | −2.777 0$^{**}$<br>（1.107 8） | −2.856$^{***}$<br>（0.780） | −2.118 4$^{**}$<br>（0.859 8） | −2.747 5$^{***}$<br>（0.603 7） |
| 样本量 | 20 710 | 20 710 | 41 701 | 41 701 |

注："***""**""*"分别表示在1%、5%、10%的水平下显著。我们已经在模型设置和运行过程中加入了年龄的平方、主要职业、行业、单位性质等变量进行控制，篇幅有限，在此没有全部呈现。

## 四、消除流动人口工作贫困的政策建议

基于以上分析，本章提出以下相关政策建议。

第一，必须将解决农村流动人口工作贫困问题纳入总体扶贫战略之中。农村流动人口陷入工作贫困状态中，将会大大减少他们往家汇款的能力，进而削弱他们摆脱贫困的可能性。不仅如此，还容易在城镇形成新的贫困阶层。因此，在扶贫攻坚工作中，必须高度重视和关注这一特殊群体的贫困问题，将其纳入整个扶贫战略中。在扶贫战略的实施过程中，除了关注农村未流动人口的贫困问题外，同样还需要高度关注农村流动人口的工作贫困问题，并花大力气予以解决。

第二，把提高就业质量作为解决农村流动人口工作贫困的关键。工作贫困是劳动者就业质量低下的一种重要表现，其本质就是劳动报酬低下，缺乏劳动法和社会保障的有效保护。部分企业故意违反劳动合同法的规定，不与农民工签订劳

动合同；一些企业将当地的最低工资标准直接作为农民工的基本工资标准，或者故意克扣农民工加班工资；还有的企业恶意拖欠农民工工资，使得农民工获得劳动报酬的合法权益受到侵害。此外，农民工工作稳定性差也是导致整体收入不高的重要原因之一。国家统计局农民工监测报告显示，从 2009—2016 年，在以“雇员”身份从业的外出农民工中，没有与雇主或单位签订劳动合同的比例从 57.2%逐步上升到 64.9%。而无固定期限劳动合同的签约率更低，而且在 2012—2016 年期间，与雇主或单位签订无固定期限劳动合同的比例还从 17.8%迅速下降到 12%。这些现象的存在，使得农民工获得合理合法报酬的权益得不到有效保障，工资水平低下且不能及时足额地获得薪酬。社会保障覆盖率不高、保障水平较低同样容易使农民工陷入工作贫困。因此，必须切实落实推动实现更高质量就业的各项政策，包括提高劳动合同的签约率、严厉惩处各种形式的恶意欠薪、倡导企业建立农民工工资增长机制、不断提高农民工的参保率和保障水平等。

第三，大力提高农村流动人口素质，不断提高教育和培训质量。教育和培训不足是农村流动人口收入不高、容易陷入工作贫困的诱因之一。随着新经济的快速发展，科学技术在国民经济发展中的贡献率不断提高，以人工智能和机器人为代表的新技术对普通劳动力的替代性越来越强。目前，我国农村流动人口的整体素质依然不高，平均受教育年限尚不足初中毕业水平。按照党的十九大报告的要求，到 2020 年我国要全面普及高中阶段教育。这其中，必须将农村流动人口中的适龄青少年作为重点予以保障，切断工作贫困的代际传递。强化对农村流动人口的技能培训，提高培训质量，使他们能够尽快适应新技术发展带来的挑战，增强他们获得更好更稳定工作岗位和更高报酬的能力，这是使更多农村流动人口摆脱工作贫困的根本之道。

第四，鼓励更多农村流动人口创业，努力提高创业质量。农村流动人口就业身份的转变，特别是从“雇员”身份向“雇主”和“自营劳动者”身份转变，将对减少工作贫困现象产生十分积极的影响。当前，虽然“大众创业、万众创新”活动在我国发展势头良好，但总体而言，农村流动人口的创业积极性尚未完全调动起来。不仅如此，受限于自身能力和创业政策的具体落实差异，他们的创业成功率也比较低。因此，必须进一步完善鼓励农村流动人口创业政策体系，改善创业环境，鼓励更多的农村流动人口加入“大众创业、万众创新”活动的队伍中来，实现就业身份的转变和提升。与此同时，注重提高农村流动人口的创业质量，增加创业企业的存活率，延长存活时间，从而达到减少直至消除农村流动人口工作贫困的目的。

# 第六章

# 智能制造发展对就业的影响分析[①]

## 一、智能制造的基本含义

### （一）智能制造的提出与内涵

制造业是世界上主要国家最重要的经济支柱之一，也是体现一国技术水平和制造能力的关键指标。在世界制造业发展史上，智能制造概念和技术的提出无疑具有里程碑式的意义，它是当前第四次工业革命的主要标志。1988 年，美国纽约大学的怀特教授和卡内基梅隆大学的布恩教授出版了《智能制造》一书，首次提出了智能制造的概念，并指出智能制造的目的是通过集成知识工程、制造软件系统、机器人视觉和机器控制对制造技工的技能和专家知识进行建模，以使智能机器人在没有人工干预的情况下进行小批量生产。

智能制造的概念提出后，迅速在发达工业国家中得到推广和应用。日本在 1989 年提出发展智能制造的规划，1990 年 4 月日本又推出了“智能制造系统 IMS”国际合作研究计划，许多发达国家如美国、加拿大、澳大利亚等参加了该

① 本章为人力资源社会保障部委托课题《智能制造发展中人力资源需求预测研究》的部分成果，执笔者为李长安、高春雷、龚琳、刘齐。

项计划。该计划共投资10亿美元，对100个项目实施前期科研计划。这是智能制造大规模运用到制造业之中的开端。1992年美国执行新技术政策，大力支持关键重大技术（critical technology），包括信息技术和新的制造工艺，智能制造技术自然也在其中，美国政府希望借助此举改造传统工业并启动新产业。欧盟的信息技术相关研究有ESPRIT项目，该项目大力资助有市场潜力的信息技术，1994年又启动了新的R&D项目，选择了39项核心技术，其中三项（信息技术、分子生物学和先进制造技术）中均突出了智能制造的位置。加拿大制定的1994—1998年发展战略计划中，将具体研究项目选择为智能计算机、人机界面、机械传感器、机器人控制、新装置、动态环境下系统集成。

2007年全球金融危机爆发后，发达国家认识到以往去工业化发展的弊端，制定“重返制造业”的发展战略，同时大数据、云计算等一批信息技术发展的前端科技引发制造业加速向智能化转型，把智能制造作为未来制造业的主攻方向，给予一系列的政策支持，以抢占国际制造业科技竞争的制高点。这其中，尤以德国的“工业4.0”最为著名。德国政府提出的“工业4.0”战略在2013年4月的汉诺威工业博览会上正式推出，其目的是为了提高德国工业的竞争力，在新一轮工业革命中占领先机。

为了适应智能技术的快速发展，中国早在20世纪80年代末就将“智能模拟”列入国家科技发展规划的主要课题，已在专家系统、模式识别、机器人、汉语机器理解方面取得了一批成果。此后，国家科技部正式提出了“工业智能工程”，作为技术创新计划中创新能力建设的重要组成部分，智能制造是该项工程中的重要内容。将智能制造正式上升为国家战略的则是2016年推出的《中国制造2025》，这是在新的国际国内环境下，中国政府立足于国际产业变革大势作出的全面提升中国制造业发展质量和水平的重大战略部署。其根本目标在于改变中国制造业“大而不强”的局面，使中国迈入制造强国行列，为到2045年将中国建成具有全球引领和影响力的制造强国奠定坚实基础。

作为一项集成技术，智能制造的内涵十分丰富。按照怀特和布恩的观点，智能制造是指通过人与智能机器的合作共事，去扩大、延伸和部分地取代人类专家在制造过程中的脑力劳动。智能制造是伴随信息技术的不断普及而逐步发展起来的。智能制造产业链涵盖智能装备（机器人、数控机床、服务机器人、其他自动化装备），工业互联网（机器视觉、传感器、RFID、工业以太网），工业软件（ERP/MES/DCS 等），3D 打印，以及将上述环节有机结合的自动化系统集成及生产线集成等。

这其中，智能机器人是一个多种新技术的集成体，它融合了机械、电子、传感器、计算机硬件和软件、人工智能等许多学科的知识，涉及当今许多前沿领域的技术。机器人已进入智能时代，不少发达国家都将智能机器人作为未来技术发展的制高点。美国、日本和德国在智能机器人研究领域占有明显优势。近年来，中国大力研发智能机器人，并取得了可喜的成就。

人才是智能制造的基础。国内外的经验证明，在智能制造发展的过程中，必须要有一支强大的人才队伍作为支撑。传统制造强国都十分重视智能制造技术人才的培养。美国既注重依托一批世界一流的高等教育机构培养专业技术人才和大批科技创新人才，也注重以社区学院作为突出特色培养中等层次工程技术人才，并作为进入高等层次院校的桥梁，成为最富创造力的制造强国。德国长期坚持并推广“双元制”教育（双元指学校和企业），具有明显的综合性、包容性和层次性，培养了大批高素质的专业技术人才和技能人才，打造了折射工匠精神的“德国制造”。澳大利亚根据本国国情选择了一条由政府主导、行业企业积极参与、以 TAFE（technical and further education）学院为主体的公办职业技术教育的发展道路。“TAFE 模式”现在已经与北美地区的“社区学院”模式、德国的“双元制”模式一起成为国际职业技术教育领域中最有影响力的三种人才培养模式。总体来看，传统制造强国都极度重视人才建设，在层次多样性、市场适应性、开放包容性、政产学研协同发展性、终身教育性上下足功夫，尤其注重国家政策支持如美国的大学生实习制度，注重企业深度参与如日本政府—学校—产业的分工协同集成模式，且各制造强国均构建了中等职业教育和高等职业教育、职业教育和普通教育、学历资格和职业资格之间的转换和衔接机制，都很值得参考借鉴。

当前，我国正处在“中国制造 2025”实施的关键阶段，智能制造技术正在得到逐步推广和应用。正因为如此，在《中国制造 2025》的各项规划和配套政策之中，2016 年教育部等三部门印发的《制造业人才发展规划指南》就显得格外重要。在《制造业人才发展规划指南》中，对智能制造十大重点行业的人力资源需求情况进行了预测，具体见表 6-1。

**表 6-1　　制造业十大重点领域人才需求预测**　　单位：万人

| 序号 | 十大重点领域 | 2015 年 | 2020 年 | | 2025 年 | |
|---|---|---|---|---|---|---|
| | | 人才总量 | 人才总量预测 | 人才缺口预测 | 人才总量预测 | 人才缺口预测 |
| 1 | 新一代信息技术产业 | 1 050 | 1 800 | 750 | 2 000 | 950 |
| 2 | 高档数控机床和机器人 | 450 | 750 | 300 | 900 | 450 |
| 3 | 航空航天装备 | 49. 1 | 68. 9 | 19. 8 | 96. 6 | 47. 5 |
| 4 | 海洋工程装备及高技术船舶 | 102. 2 | 118. 6 | 16. 4 | 128. 8 | 26. 6 |
| 5 | 先进轨道交通装备 | 32. 4 | 38. 4 | 6 | 43 | 10. 6 |
| 6 | 节能与新能源汽车 | 17 | 85 | 68 | 120 | 103 |
| 7 | 电力装备 | 822 | 1 233 | 411 | 1 731 | 909 |
| 8 | 农机装备 | 28. 3 | 45. 2 | 16. 9 | 72. 3 | 44 |
| 9 | 新材料 | 600 | 900 | 300 | 1 000 | 400 |
| 10 | 生物医药及高性能医疗器械 | 55 | 80 | 25 | 100 | 45 |

资料来源：《制造业人才发展规划指南》。

从表 6-1 可以看到，至 2025 年，新一代信息技术产业人才缺口将达 950 万人，高档数控机床和机器人领域人才缺口将达 450 万人，航天航空装备领域缺口将达 47.5 万人，海洋工程装备及高技术船舶领域缺口将达 26. 6 万人，先进轨道交通装备领域缺口将达 10. 6 万人，节能与新能源汽车领域缺口将达 103 万人，电力装备领域缺口将达 909 万人，农机装备领域缺口将达 44 万人，新材料领域缺口将达 400 万人，生物医药及高性能医疗器械领域缺口将达 45 万人。

本章就是立足中国智能制造发展的现状和趋势，采用实地访问、问卷调查等方法，对人力资源需求的总量和结构进行分析和预测，以期达到了解和把握我国智能制造人力资源需求基本规律和趋势的目的，为决策部门提供科学的参考。

### （二）文献综述

1. 国外关于智能制造发展对人力资源需求影响的文献综述

一直以来，技术进步对人力资本需求的影响方面的相关研究并非学术界一个新的主题，但却是一个长期的议题，早在古典经济学时代就有了相关研究。古典经济学之父亚当·斯密就在《国富论》中提出，新机器的产生会创造与之匹配的新的工作岗位，进而对就业结构的变动产生影响。之后，大卫·李嘉图也从生产消费的层面提出了技术进步对就业最终会产生积极影响，但其认为技术进步也并非没有消极影响，主要体现在对技术工人的替代上。

而随着第二次科技革命机器对工人的大范围替代，新古典经济学家认为技术进步对人力资源需求的影响则更趋向于消极。熊彼特提出了创新理论，并将其与经济周期理论结合，他认为资本主义经济增长的实质是“创造性破坏”，而因为技术进步的不稳定性和不规则性，技术进步会对劳动力需求呈现周期性变化，尤其在技术进步的衰退阶段会对就业造成消极的影响。

以古典经济学和新古典经济学为基础，当代的经济学者也对技术进步和人力资源需求的关系进行了大量研究，总结起来可分为两类研究方向：一方面，学者们对技术进步对人力资源需求的数量变化进行了研究，研究的主要差异在创造效应和替代效应的主导性问题；另一方面，学者们对技术进步对人力资源需求的结构变化进行了研究。

部分学者认为技术进步对人力资源需求数量有着消极的影响，即产生替代效应。Fabien 认为技术进步对就业的影响以直接破坏为主，导致出现所谓“技术性失业”。① Zagler 对英法德意四国的技术创新与就业情况进行定量研究，发现除 20 世纪 80 年代的英国外，其余国家在创新发展较快的时期，失业率都出现上升趋势。② Acemoglu 和 Restrepo 基于美国 1990—2007 年劳动力市场使用机器人的状况进行估算，预计在每千个劳动力中增加 1 个机器人就会降低 0.18%~0.34% 的就业率，同时劳动力工资也会减少 0.25%~0.5%。③ 但也有很多学者认为技术进步会推动人力资源需求数量的增加，即产生创造效应。OECD 认为技术进步在直接破坏就业的同时，也通过各种途径间接促进就业增加，因而总体上促进就业增长。④ 诺贝尔经济学奖获得者 Lucas 认为技术是通过增加人力资本进而促进经济增长，也就是说随着经济增长和人力资本的增加，技术进步能够促进就业。Pianta 对意大利、芬兰、挪威、德国和丹麦的 21 个部门的相关数据进行了分析，结果发现企业的创新活动对于扩大就业具有积极影响。⑤ Acemoglu（2008）则提出了“技能加速”理论，即技术进步带来了更多的技能供给，继而使得技能劳动力的价格下降，从而导致了企业对技能劳动力需求的增加，也就是技能加速。⑥ Bogliacino 等以专利数量为代理变量对技术进步的影响进行分析，通过对德国的四个主要工业部门技术进步与就业间的关系的实证研究发现，在 1999—2005 年期间，德国的医疗和光电子设备制造业中的创新与就业间存在显著的正相关性，而传统部门——化学设备和运输设备制造业的创新与就业间则不存在相关性。⑦

① FABIEN P V. The Dynamics of Technological Unemployment [J]. International Economic Review, 2002, 43: 737-760.

② ZAGLER M. Growth and Unemployment: Theory, Evidence and Policy [J]. International Journal of Economic Perspectives, 2007.

③ ACEMOGLU D, RESTREPO P. Robots and Jobs: Evidence from US Labor Markets [M]. Social Science Electronic Publishing, 2017.

④ OECD. Technology, Productivity and Job Create [R]. OECD Analytical Report, 1996.

⑤ PIANTA M. The Employment Impact of Product and Process Innovation [J]. Archives of Biochemistry & Biophysics, 2000, 400 (2): 258-264.

⑥ ACEMOGLU D. Introduction to Modern Economic Growth [M]. MIT Press, 2008.

⑦ BOGLIACINO F, PIVA M, VIVARELLI M. R&D and employment: An Application of the LSDVC Estimator Using European Microdata [J]. Economics Letters, 2012, 116 (1): 56-59.

另有学者认为，技术进步对人力资源需求的影响会在不同时期展现出不同的效应。佩雷斯和弗里曼在 20 世纪 70 年代提出了技术—经济范式，认为技术进步的就业效应存在周期性，在技术—经济范式下，由新技术带来的经济增长会促进就业增长，但技术进步会在社会的萧条期对就业存在负向效应。

国外的学者们在研究中发现，智能制造不仅会对人力资源需求数量造成影响，也会对人力资源需求的结构造成影响。此类研究中，多对技术进步的技能偏态性为前提进行研究，即技术进步会导致社会对拥有技术的劳动力需求的增加，而对无技能的劳动力需求则会逐渐减少，并造成二者工资的差异，进而对人力资源需求的结构造成了影响。在针对企业层面的研究中，Machin 等①和 Doms 等②认为，技术进步会促进高技能劳动力的就业，抑制低技能劳动力的就业。对于行业层面的研究，Howell 和 Wolff 认为，技术进步对涉及认知技能的工作有促进作用，而对涉及运动技能的工作有抑制作用，此后他们通过进一步研究，得出来技术进步能促进复杂工作就业者增加的结论。③ Autor 等认为，20 世纪 70 年代以后，技术进步加速了高技术就业者的熟练程度。④ 此外，Matthias 以技能工人和非技术工人的工资相互联系为前提，研究了两类工人的就业情况，研究结论为：如果技能工人的工资增加，并因此提高了最低生活标准，进而影响了非技能工人工资时，“技能偏向性效应”会导致非技能工人的失业。⑤

① MACHIN S, RYAN A, REENEN J V. Technology and Changes in Skill Structure: Evidence from an International Panel of Industries [J]. C. E. P. R. Discussion Papers, 1996.

② DOMS M, DUNNE T, TROSKE K R. Workers, Wages, and Technology [J]. Quarterly Journal of Economics, 1997, 112 (1): 253-290.

③ HOWELL D R, WOLFF E N. Technical Change and the Demand for Skills by US Industries [J]. Cambridge Journal of Economics, 1992, 16 (2): 127-146.

④ AUTOR D H, KATZ L F, KRUEGER A B. Computing Inequality: Have Computers Changed the Labor Market? [M]. Social Science Electronic Publishing, 1998, 113 (4): 1169-1213.

⑤ MATTHIAS W. Skill-biased Technological Change: Is there Hope for the Unskilled? [J]. Economics Letters, 2008, 99 (3): 439-441.

随着智能制造的发展，国外不少国际组织和知名咨询机构和智库也加入研究之中。世界银行在《2019 世界发展报告》中强调，由于各国的实际情况存在很大差异，自动化水平的高低对各国就业岗位的影响有所不同，如图 6-1 所示。据估计，玻利维亚能够被自动化的工作比例在 2%~41% 之间浮动。换言之，2018 年玻利维亚可能实现自动化的工作岗位可能是 10 万~200 万的任何一个数字。发达经济体的这一浮动幅度甚至更大，如在美国，浮动幅度在 7%~47%；在立陶宛，可能面临自动化风险的工作岗位的比例在 5%~56%浮动；在日本，可能面临自动化风险的工作岗位的比例在 6%~55%波动。

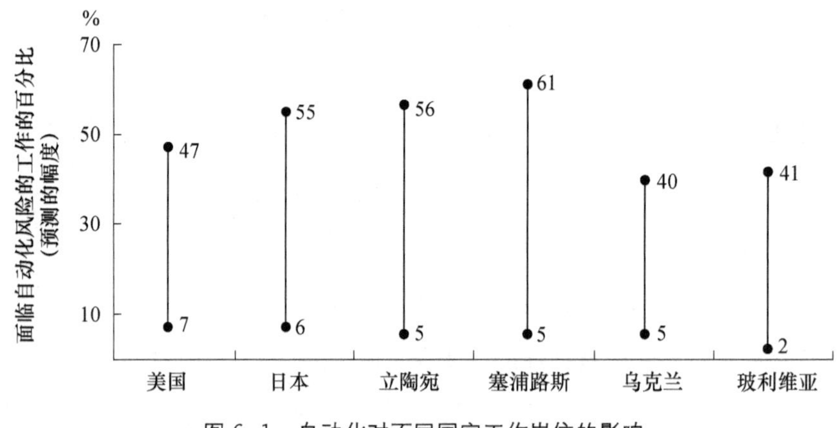


图 6-1　自动化对不同国家工作岗位的影响

波士顿咨询（Boston Consulting Group，BCG）2016 年发布了《工业 4.0：未来生产力与制造业发展前景》的研究报告指出，工业 4.0 将彻底变革产品和生产系统的设计、制造、运营和服务流程，零部件、机器和人员之间的互联互通性日益加强，由此生产系统的速度和效率分别能提升 30%和 25%，同时大规模定制也将实现快速发展。在首先实施工业 4.0 的德国，未来十年工业 4.0 将带来 6%的就业增长，特别是在工程机械领域，雇佣的需求可能更大，就业增长将达到 10%。波士顿咨询在另一个报告《工业 4.0 时代的人机关系：到 2025 年，技术将如何改变工业劳动力结构》中，以德国为例，针对数字化工业技术的介入对

23 个行业中的 40 大类工作岗位产生的影响这一课题进行了研究和分析。报告认为，数字化工业技术将会削减一定数量的工作岗位，但同时也将带来更多的就业机会。此外，对劳动者的技能要求与过去相比将会有极大的差别。通过预测，到 2025 年，德国将净增约 35 万个工作岗位。应用愈加广泛的机器人和计算机技术将削减约 61 万个组装和生产类岗位。与此同时，在信息和数据技术领域将会相应增加 96 万个新的就业机会。具体来说，德国尤其需要具备 IT 和软件开发技能的人才，IT 和数据整合领域的岗位数量将翻倍，新增工作岗位将达到 11 万个，占据了这一类型工作岗位增长的 96%。研发和人机界面设计领域的工作岗位将增加约 11 万个。考虑到数据在工业 4. 0 使用场景和商业模式中的重要性，工业数据科学家将成为增速最快的工作岗位，新增岗位将达到约 7 万个。对软件和 IT 界面的更多应用也会导致对 IT 解决方案架构师和用户界面设计师的需求激增。随着机器人的日益普及，制造型企业将需要一个全新的工作岗位，也就是机器人协调员，从而有望带来 4 万个新增岗位。与此同时，企业将减少对从事简单、重复性工作的人员需求，生产类岗位将减少 12 万个（相当于 4%），质量管理类岗位将减少 2 万个（相当于 8%），维护类岗位将减少 1 万个（相当于 7%）。常规的认知型工作也将会受到影响，例如，2 万多个生产计划岗位将被取消。到 2025 年以后，顶替劳动力的机器人和人工智能将加速发展。

麦肯锡全球研究院在 2017 年 1 月发布的《人机共存的新纪元：自动化、就业和生产力》的报告中指出，根据对 800 多种职业所涵盖的 2000 多项工作内容分析得出的结论，依工资计算，全球经济中有相当于 15 万亿美元的工作内容可以经利用现有技术而实现自动化。其一，他们发现只有不到 5%的职业可以通过利用现有技术实现全面自动化。其二，大约 60%的职业有三成以上的工作内容可以利用现有技术实现自动化，这表明因自动化而产生性质改变的职业要比因自动化而消失的职业多。最易受到自动化影响的工作内容是在高度稳定与可预测环境下的体力劳动，以及数据的收集与处理。在美国，相关工作内容占到总体经济的 51%，以工资计算相当于 2. 7 万亿美元，此类工作内容最常见于制造、餐旅与零售贸易业，也包括部分中等技能职业。工作内容、职业、薪酬和技能水平不同的岗位，其自动化的进程与程度也不尽相同，对工人的影响无法一概而论。随着各种职业逐渐实现自动化，工人需要与机器共事。可能较快实现自动化的工作内容包括：在可预测环境下的体力劳动（零售业和制造业尤其普遍）及数据处理或收集（普遍存在于各行业、各技能和薪酬水平的岗位）。自动化技术对各技能水平的工人影响不一：某些自动化技术可提升高技能工人的生产力，同时减少对低技能和常规工作岗位的需求（如文员或装配线工人）。另一些自动化技术则对中等技能工人的影响更为显著。但随着技术的进步，高技能和低技能工作自动化的可能性将进一步增大，两极现象将有所减弱。具体到制造业，可以预测的体力工作、数据搜集和数据处理是最容易被自动化替代的工种，其中可预测的体力工作被自动化替代的概率高达72%，数据搜集工作被替代的概率为48%，数据处理工作被替代的概率为33%。

世界经济论坛在《2018未来就业报告》中认为，目前机器可以完成的任务占到当前工作的29%，但到2022年，预计机器可以完成的任务将多达42%。而届时，人类的工作仅占到所有工时的58%，相比于目前，71%的工作仍由人类完成。对于新兴热门岗位，他们预测，到2022年，企业对现有岗位中的数据分析师和科学家、软件和应用程序开发人员、电商和社交媒体专家的需求会与日俱增，这些岗位在很大程度上伴随新技术使用而出现，并利用新技术来提高价值。需求还有望增加的岗位是掌握特殊人类技能的岗位，如客户服务、销售和营销专业人员，以及培训与发展领域、人类和文化领域的专家。此外，企业越来越需要大量新技术专业人员，如人工智能和机器学习专家、大数据专家、用户体验和人机交互设计师、机器人工程师和区块链专家。与此同时，劳动者对于培训的需求也大幅上升，如图6-2所示。再培训的迫切性表现在：至2022年，至少有54%的雇员需要学会新的重要技能或提升自己的技能。

2. 国内关于智能制造发展对人力资源需求影响的文献综述

近年来，在信息技术和工业领域，都发生了重大的变革，而智能制造作为信

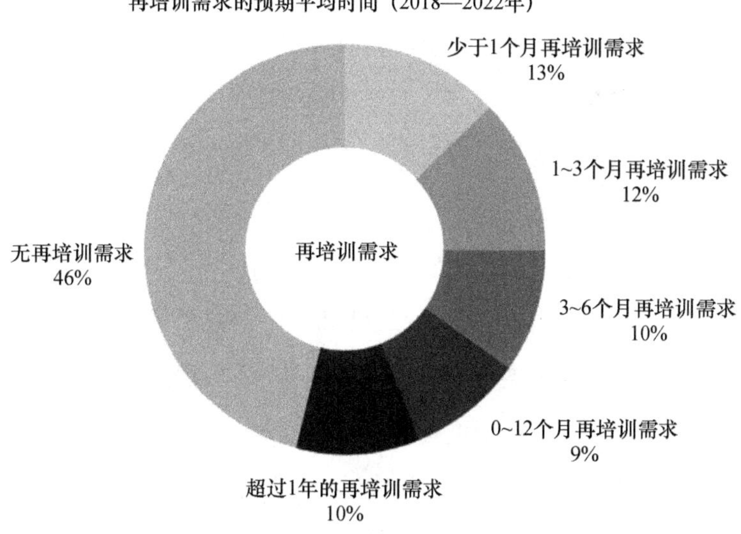


图 6-2　再培训的需求情况

息化与工业化深度融合的产物，得到了我国政府的重视与关注。我国学者也对智能制造对就业影响这一问题展开广泛的讨论，经梳理相关文献，主要包括两个方面的内容：一是智能制造发展对人力资源需求数量的影响，二是智能制造发展对人力资源需求结构方面的影响。

（1）国内学者关于智能制造对人力资源需求数量影响的研究

第一是智能制造发展产生的替代效应。彭绪庶、齐建国研究了美国半个世纪的数据，表明技术进步有较强的劳动替代特征，但是可以通过调整相应的就业制度来抵消由技术进步带来的就业压力。① 刘书祥、曾国彪指出，纯技术进步对就业具有比较显著的负效应，当期技术效率的改善对就业没有显著影响，而滞后期技术效率的改善却对就业量的增加具有负效应。② 马岚指出，劳动力市场的各个

① 彭绪庶，齐建国. 对美国技术进步与就业关系的研究［J］. 数量经济技术经济研究，2002（11）.

② 刘书祥，曾国彪. 技术进步对中国就业影响的实证分析：1978—2006［J］. 经济学家，2010（4）.

因素对工业机器人的普及有重要作用，中国在这个方面不仅具备了基本条件，更有自身独特的优势，很有可能出现机器人对人工的规模替代。① 鲍春雷指出，人工智能的发展对一些常规性、程序性工作将带来较大的冲击，因此可能会造成大规模的结构性失业，国家需从宏观层面提前布局，以应对人工智能发展对就业可能带来的影响。② 王君、杨威指出，目前人工智能、机器人等技术进步对就业的破坏效应有限，但长期就业破坏效应不容乐观，因此要"以创造平抑破坏"，注重培育人工智能、机器人制造等新兴产业和业态，制定差异化的就业促进和社会保障政策，实现新兴产业发展和就业增长的双赢。③ 曹静、周亚林指出，在接下来的政策制定中要着重考虑在推进智能制造的过程中如何缓解可能带来的负面影响。④ 孙文凯等经过数据分析指出，虽然近十年技术进步并没有带来我国劳动参与率的明显下降，但随着人工智能的普及化，我国常规就业会受到一定冲击。⑤

第二是智能制造发展产生的创造效应。乔晓楠、郗艳萍指出，人工智能的发展对生产力发展具有积极的促进作用，长期来看，对经济发展具有创生作业用，但是也要注意短期内产生就业减少的风险。⑥ 咨询公司埃森哲发布的《人工智能：助力中国经济增长》报告，深入研究了人工智能对中国经济的影响，指出到2035年，中国经济年增长率将在人工智能拉动下从6.3%提速至7.9%。该报告

① 马岚. 中国会出现机器人对人工的规模替代吗？基于日韩经验的实证研究［J］. 世界经济研究，2015（10）.

② 鲍春雷. 人工智能发展对就业岗位的替代是大势所趋［J］. 中国人力资源社会保障，2017（12）.

③ 王君，杨威. 人工智能等技术对就业影响的历史分析和前沿进展［J］. 经济研究参考，2017（27）.

④ 曹静，周亚林. 人工智能对经济的影响研究进展［J］. 经济学动态，2018（1）.

⑤ 孙文凯，郭杰，赵忠，汤璨. 我国就业结构变动与技术升级研究［J］. 经济理论与经济管理，2018（06）：5-14.

⑥ 乔晓楠，郗艳萍. 人工智能与现代化经济体系建设［J］. 经济纵横，2018（06）：81-91.

还进一步解读了人工智能对中国15个行业带来的经济影响，其中制造业获益最多。①

（2）国内学者关于技术进步对人力资源需求结构影响的研究

国内学者的研究中，也有学者就智能制造对人力资源需求结构影响进行过研究，学界普遍认为技术进步对人力资源需求结构的影响主要体现在对不同类型的劳动力的需求数量的改变，其研究结果与国际学者研究结果基本相近。姚先国、周礼、来君利用生产函数与成本函数的计量模型，基于2000—2004年制造业企业的微观数据，实证分析了中国企业技术进步对人力资源需求结构的影响，其研究证明，我国企业的技术变化在相当程度上表现为技能偏态性的特征，致使企业提高了对高技能劳动力的需求，并且增加了高技能劳动力所占的就业及收入比重。② 李扬洲在研究中国制造业的技术进步与收入分配关系时，也发现了我国制造业存在技能偏向性特征，即技术进步提高了对高技能劳动力的需求，降低了对低技能劳动力的需求。③ 刘春燕通过面板数据分析得出结论，技术进步影响产业结构调整但是在这个过程中并没有相应地促进就业数量的增加。④

## 二、我国智能制造发展与人力资源的现状分析

### （一）智能制造发展状况

制造业是一个大国的重要支柱产业。近些年来，我国的制造业发展虽然增速

① 埃森哲：人工智能助推中国经济　制造业受益最多，http://www.sohu.com/a/165351202_505811.

② 姚先国，周礼，来君．技术进步、技能需求与就业结构——基于制造业微观数据的技能偏态假说检验［J］．中国人口科学，2005（5）．

③ 李扬洲．技术进步与收入分配：基于我国制造业技能偏向性效应检验［J］．消费导刊，2009（19）．

④ 刘春燕．中国技术进步对就业影响的实证分析［J］．金融与经济，2010（8）．

有所下降，但制造业增加值依然稳步提高。到 2019 年，我国制造业增加值已经超过了 31 万亿元人民币，占当年 GDP 总量的近 30%。随着智能制造概念的兴起和相关技术的应用和普及，作为制造业大国的中国并没有错失这次技术浪潮。早在 1993 年，中国就对“智能制造系统关键技术”进行了探讨研究。最近这几年政府和企业更加注重智能制造的发展。一是国家持续颁布了一些关于智能制造发展的政策，如《智能制造装备产业“十二五”发展规划》《智能制造科技发展“十二五”规划》。中国以《中国制造 2025》为总纲，各地方已经出台政策，来支持智能制造，如广东、江苏、四川等省份。二是国家正在进行智能制造试点示范，按照《2015 年智能制造试点示范专项行动实施方案》和《关于开展 2015 年智能制造试点示范项目推荐的通知》，已经确定好覆盖 38 个行业的 46 个试点示范项目，涉及智能装备、智能服务、智能化管理等 6 个类别。①

以人工智能技术为媒介，中国领先企业间的合作屡见不鲜，一些知名范例包括：百度与小米在物联网与人工智能领域合作开发更多应用场景，腾讯与京东合作布局电子商务生态圈。这赋予它们惊人的影响力，也意味着它们拥有可用于快速推动创新的技术实力和资本基础。中国是亚洲智能化转型的重要力量。政府加强智能制造顶层设计，开展试点示范和标准体系建设；企业加快数字化转型，提升系统解决方案的能力。中国智能制造取得明显成效，进入高速成长期。

当前形势下，中国智能制造已经进入成长期，主要体现在三个方面。第一，中国工业企业数字化能力素质提升，为未来制造系统的分析预测和自适应奠定基础。第二，在财务效益方面，智能制造对企业的利润贡献率明显提升。2013 年德勤曾调研全国 200 家制造型企业，结果显示中国企业智能制造处在初级阶段，且利润微薄。经过 5 年的快速发展，智能制造产品和服务的盈利能力显著提升。2013 年智能制造为企业带来的利润并不明显，55%受访企业的智能制造产品和服

① 闫伟，浅谈国内外智能制造的现状和发展趋势［R］. 2017 年第七届全国地方机械工程学会学术年会暨海峡两岸机械科技学术论坛论文集，2017（10）.

务净利润贡献率处于0%~10%的区间，而2017年，仅有11%的受访企业处于这个区间，而41%的企业其智能制造利润贡献率在11%~30%。利润贡献率超过50%的企业，由2013年受访企业占比14%提升到2017年的33%。智能制造利润贡献率明显提升，利润来源包括生产过程中效率的提升和产品服务价值的提升。第三，在典型应用方面，中国已成为工业机器人第一消费大国，需求增长强劲。根据国家统计局数据，2015年我国工业机器人产量为32 996台，同比增长了21.7%。按照中国机器人联盟（China Robot Industry Alliance，CRIA）统计的数据，中国工业机器人市场高速发展，2015年自主品牌工业机器人共生产销售22 257台，同比增长了31.3%；2017年，中国工业机器人销量增速达到历史新高，全年累计销售14.1万台，同比增长58.1%，其中，国产机器人销售3.78万台，同比增长29.8%，外资机器人销售10.3万台，同比增速71.9%。与2016年相比，国产工业机器人销售增速基本稳定，外资品牌销售比重为73.2%，比上年提高5.9个百分点，增速明显加快。根据相关部门统计，截至2018年，中国工业机器人销量连续第六年位居世界首位。从应用行业看，电气电子设备和器材制造连续第三年成为中国市场的首要应用行业，2018年销售4.6万台，同比下降6.6%，占中国市场总销量的29.8%；汽车制造业仍然是十分重要的应用行业，2018年新增4万余台机器人，销量同比下降8.1%，在中国市场总销量的比重回落至25.5%。此外金属加工业（含机械设备制造业）机器人购置量同比明显下降23.4%，而应用于食品制造业的机器人销量增长33.1%。

近年来，工信部以及各地方政府相关机构为应对新一轮产业革命，颁布并实施了一系列推动智能制造技术以及智能制造产业发展的政策措施。2010年颁布实施《关于加快培育和发展战略性新兴产业的决定》，指出应加快培育并发展高端装备制造业、新能源汽车、新材料等七大战略性新兴产业，同时提出智能制造是高端装备制造业的重点发展对象。2011年颁布“十二五”规划，指出鼓励企业进行技术改造，提高装备制造业的智能化水平，并淘汰落后的产品设备以及工艺。2012年制定并颁布《高端装备制造业“十二五”规划》，提出将智能制造装备产业作为优先发展的产业之一，围绕工业机器人、智能化控制系统等关键技术设备实现开发和产业化。2013 年 12 月颁布《关于推进工业机器人产业发展的指导意见》，指导机器人产业的快速发展。2015 年 5 月颁布《中国制造 2025》，将制造业的发展提高到国家战略层面，旨在应对全球制造业竞争格局的变化，指导我国制造业的发展方向及任务。2016 年颁布《智能制造发展规划（2016—2020 年)》，对于我国智能制造的发展任务、发展目标等进行了详细的规划，同年颁布《智能制造试点示范 2016 专项行动实施方案》《机器人产业发展规划（2016—2020 年)》。随着这一系列政策措施的颁布与实施，已经明确了我国智能制造发展的方向以及目标，也已经形成了一个清晰的政策框架（见表 6-2)①。

**表 6-2　　2020 年我国智能制造发展目标**

| 主要目标 | 智能制造技术与装备实现突破 | 发展基础明显增强 | 智能制造生态体系初步形成 | 重点领域发展成效显著 |
|---|---|---|---|---|
| 具体指标 | 研发一批智能制造关键技术装备，具备较强的竞争力，国内市场满足率超过 50%；突破一批智能制造关键共性技术；核心支撑软件国内市场满足率超过 30% | 智能制造标准体系基本完善，制（修）订智能制造标准 200 项以上，面向制造业的工业互联网及信息安全保障系统初步建立 | 培育 40 个以上主营业务收入超过 10 亿元、具有较强竞争力的系统解决方案供应商，智能制造人才队伍基本建立 | 制造业重点领域企业数字化研发设计工具普及率超过 70%，关键工序数控化率超过 50%，数字化车间/智能工厂普及率超过 20%，运营成本、产品研制周期和产品不良品率大幅度降低 |

资料来源：根据《智能制造发展规划（2016—2020 年)》整理。

从地区分布来看，国内东部地区的制造业发展始终处于国内领先地位，制造业发展要素结构不断优化，开始进入了技术创新驱动发展的阶段，与智能制造发展相统一，东部地区率先制订发展智能制造产业的计划、颁布智能制造发展政

① 王友发，周献中．国内外智能制造研究热点与发展趋势［J］．中国科技论坛，2016（4）．

策。例如，浙江省于2012年开始实施5 000亿“机器换人”项目，2017年浙江省规模以上智能装备产业总产值达到3 000亿元，达到了年均15%的增长率；预计到2020年，全省范围内研发推广300项智能制造产品与技术；预计到2020年，实施省级以上智能制造应用试点示范项目达到100项以上。江苏省2016年工业机器人年产量达到6 000台，自主研制的重大智能装备及智能生产线达到60个以上，全省规模以上企业关键工序数控化率达到50%以上，创建了150个示范智能车间。东部发达地区智能制造的实施，有利于全国范围内的智能制造产业发展。①

目前，国内领先制造业企业已基本实现了智能制造布局。工信部在全国范围内推出了207家（至2017年）智能制造试点示范企业，通过智能制造试点示范企业的探索，实现智能制造模式的创新，并在全国范围内进行推广。例如，海尔集团于2012年开始着手建立数字化工厂，目前已经建成众创汇用户交互定制平台及海达源模块资源平台等两大支撑平台，形成了全国范围内的四大互联工厂，通过大规模定制模式创新实现智能制造的升级。海尔集团对于智能制造理念的应用颠覆了传统家电产业的生产方式以及商业模式。又如，奇瑞集团成立机器人公司，并形成了一定规模的工业机器人产业化基地，将自主研发的200台机器人投入汽车生产，实现了智能制造与制造业的有效融合。智能制造在领先企业中实现，有利于探索不同行业的智能制造发展模式，中小企业可以凭借领先企业的经验降低自身实施智能制造战略的风险。②

### （二）典型行业之一：汽车行业

随着我国制造业的迅速崛起，工业机器人在我国应用数量得以迅速提升。工业机器人凭借其高效率、高精度、低风险等优势，在传统制造业特别是劳动密集

① 吴阳芬，“互联网+”时代制造业转型升级新模式、路径与对策研究［J］. 特区经济，2016（7）.

② 黄群慧. 论中国工业的供给侧结构性改革［J］. 中国工业经济，2016（9）.

型产业的转型升级中发挥了重要作用。根据维科网提供的数据，截至 2017 年，工业机器人常见的应用领域主要覆盖了汽车行业、电器机械和器械制造业以及家电制造业。

由图 6-3 可以看出，在机器人技术的具体应用行业中，汽车、电子行业仍为主要应用领域。以 2015 年工业机器人在各行业的销量占比数据为例，汽车行业占比 33%，电子行业位居第二位，家电制造业和其他行业位居第三位。汽车行业仍是机器人技术在制造业应用的主流领域。我国国内一些大型制造企业，如富士康、比亚迪已经大量使用工业机器人自动化生产线，利用机器人技术提高了生产水平。伴随着技术进步，工业机器人在未来更多领域的应用也将逐步展开，机器人技术将会显示出不可替代的作用和优势。

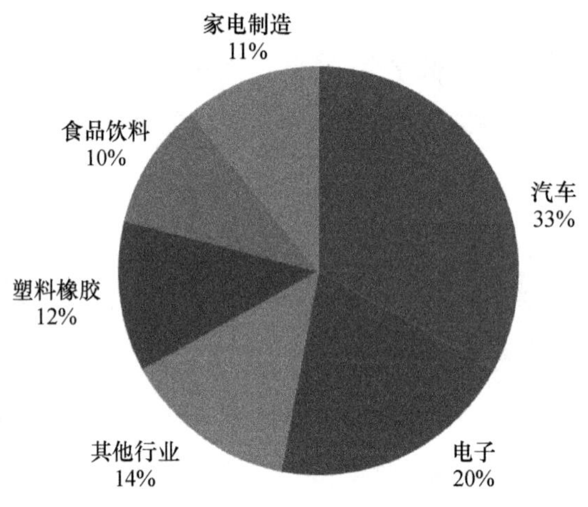


图 6-3 智能制造行业应用情况分布（2015 年）

1. 汽车行业智能制造发展状况

汽车工业自诞生以来，汽车制造业逐渐由小批量手工生产向大批量流水线生产、柔性化、自动化、数字化精益制造转变。从 2012 年开始，工业互联网、工业 4.0、智能制造等理念掀起了一股工业创新与变革的浪潮，汽车制造业迅速成为智能制造领域的排头兵。近年来，从整体上看，全球汽车产量保持稳步增长，

2002 年全球汽车产量为 5 899. 43 万辆，2015 年全球汽车产量增长至 9 078. 06 万辆，2017 年全球汽车产量为 9 730. 25 万辆。但 2018 年后出现了下降，2018 年全球汽车产量为 9 323 万辆，2019 年则进一步下降到 9 178. 69 万辆。

智能汽车是汽车产业面临的一场新的“革命”。目前全球智能汽车产业市场规模已突破 300 亿元，发达国家加快发展智能汽车抢占技术及市场制高点，美、德、日等国的智能汽车产业正处于快速发展阶段，谷歌、沃尔沃、博世等部分技术领先企业的有条件自动化驾驶汽车已开始路测。根据中投顾问的预测，2020 年将成为无人驾驶汽车商业化元年，并从此进入爆发增长期。2025 年全球无人驾驶汽车销量将达到约 20 万辆，2035 年将达到约 1 100 万辆，届时无人驾驶汽车保有量将达到约 5 000 万辆，其中北美市场上的份额将达到 29%，中国为 24%，西欧为 20%。预估其潜在经济影响 2025 年可高达 1. 9 万亿美元，将成为极具诱惑力的市场。谷歌、苹果、百度、三星和特斯拉等，纷纷宣布进军无人驾驶领域，而且其中不少企业还陆续公布了自家无人驾驶汽车上市时间表，智能汽车曙光初现，并正越来越受到互联网企业和传统造车企业的追捧。

目前，中国乘用车市场进入稳健增长期，预计未来仍有一定的增长空间。随着汽车在城镇家庭的逐渐普及，乘用车行业已基本告别高速增长期，转而进入稳健增长时期。长期来看，我国汽车保有量提升空间仍然极为广阔。目前我国汽车普及度与发达国家相比差距仍然巨大，同期美国千人汽车保有量在 800 辆以上，日韩也已达到 350 辆以上，而我国仍然不到 150 辆水平，长期来看仍具备翻倍空间。

2. 汽车行业人力资源需求现状与岗位变化

据《中国汽车工业年鉴》2017 年版的统计，我国汽车制造业规模以上整车和零部件企业的从业人数从 2001 年的 150 万达到 2016 年的 483 万人。近几年来，随着汽车拥有量逐渐饱和，汽车行业从业人员在 2011 年达到高峰，此后便出现了较大的回落。

随着智能制造技术的发展，汽车行业也面临着人才短缺的问题。根据《中华人民共和国职业分类大典（2015 年版）》的定义：汽车人才是指从事汽车产品、工艺、汽车商务研发、设计，指导汽车产品生产和再制造的工程技术人员。在汽车产业快速发展的今天，中国汽车产业崛起的背后是人才的崛起、人才的发展、人才的成长。中国汽车产业的发展核心是技术，关键是人才。2015 年年底发布的《制造业人才发展规划指南》中指出，我国规模以上的制造业人才总量是 809 万人，其中，十大重点领域之一的节能与新能源汽车人才是 17 万人，需求预测数据显示，2020 年要达到 85 万人，缺口有 68 万人；2025 年要达到 120 万人，缺口有 103 万人。据《中国汽车工业年鉴》及汽车人才研究会的统计调研，2016 年我国汽车行业研发技术人员占比从 2001 年不足 14%提高到 23%以上，约 110 万人，增幅虽快，但总量仍不足。

人才流动频繁是我国汽车行业面临的另一个挑战。根据汽车人才研究会近四年的行业对标数据统计：自 2013 年起，行业整体入职率以平均每年 18%的速度下降，离职率逐年递增。至 2017 年，行业整体人员的离职率与入职率基本持平，人员扩张速度明显放缓。在自主乘用车及合资乘用车领域，四年来首次出现了行业整体人员的离职率高于入职率。这些都反映出行业核心领域人才竞争激烈、流动频繁的情况，相比 2014 年，2017 年研发离职率增加 50%，工艺离职率增加 49%，销售离职率增加 35%。

### （三）典型行业之二：电子行业

#### 1. 电子行业智能制造的发展现状

自改革开放尤其是近几年来，我国电子行业突飞猛进迅速崛起，电子产品的生产、销售数量都在逐年快速增加，电子产业已经成为我国国民经济的一大支柱产业，大量新技术、新工艺不断应用于生产实际，大量高、新、精产品层出不穷，成为大众的必需品，渗透到人们生产和生活的各个领域。伴随着“工业 4. 0”成为全球制造业的发展趋势，中国正在成为全球电子制造的主要生产基地之一。据统计，2020 年 1~11 月，规模以上电子信息制造业实现营业收入同比增长 7.8%，利润总额同比增长 15.7%（上年同期增长 4.1%），营业收入利润率为 4.84%，营业成本同比增长 7.7%。工业互联网通过连接各生产环节，应用综合的智能生产技术，为电子产业生产中的供应、制造、销售等环节信息数据化、智能化提供了更大可能。近年来，在国内电子产业市场中，许多更具适应性、实现高效配置资源的智能工厂在电子企业中不断出现，电子行业的整体智能化程度已经处于行业领先地位。

以富士康为例。富士康作为当前我国电子产业发展中的领头企业，工厂主要以生产电子化产品为主，其智能制造发展水平在整个电子行业中具有较强的代表性。富士康是专业从事计算机、通信、消费性电子等 3C 产品研发制造，广泛涉足数位内容、汽车零组件、通路、云运算服务及新能源、新材料开发应用的高新科技企业。富士康在中国从珠三角到长三角再到环渤海、从西南到中南再到东北建立了 30 余个科技工业园区，在亚洲、美洲、欧洲等地拥有 200 余家子公司和派驻机构。富士康作为全球最大的电子产业科技制造服务商，其智能制造的发展具有以下几个特征。

（1）以点带线，逐步引入自动化生产技术

富士康已在中国大陆的工厂部署了 4 万台机器人，这些机器人中的一部分被分派到了郑州的生产基地，同时昆山和嘉山的电脑外设工厂也已经大量安装。在许多工厂车间中，已经有不同数量的机器人出现在生产加工线上，在不需要工人额外操作的情况下，机器人可以通过完成指定动作实现独立生产。目前富士康的自动化应用现状主要表现为以点、线引入自动化生产技术。一方面，在现有生产线的基础上逐步引入新的机器人替代一部分岗位，提高自动化率；另一方面，通过进一步升级现有的机器人生产技术，实现柔性化生产，从而使产品质量和生产效率得到提升。富士康现有的机器人，主要应用于搬运、喷涂、焊接、装配工序中。

（2）自主研制，不断增加机器人数量

目前，富士康工厂中除了某些零部件，如电机和减速器，其他大部分机器人基本都是由本厂自主加工生产的。但随着未来智能制造的加速发展，除了自主制造机器人，富士康也将收购其他机器人制造公司纳入了发展规划当中。富士康现有机器人及自动化的发展由不同的产品制造流程需求驱动，其目的之一就在于持续提升产品品质。同时，机器人数量的增加还需考虑机器人的研发与保全成本以及投资回报率等因素。就整体趋势来看，当前富士康工厂的机器人数量处于上升趋势，在未来，工业机器人的引入速度和规模将会进一步增加。

（3）以人为本，有针对性替换部分岗位

富士康航空港厂区主要以生产高端智能手机、消费性电子零组件为主，生产线中的许多岗位在机器人使用方面还是具有局限性的。以手机配件组装为例，智能手机主板上的螺丝安装动作对灵活度和精准度要求非常高，机器人由于欠缺灵活性与精度，还很难完成这类操作，因此在短时间内此类岗位将很难被机器人替换。目前，机器人及相关创新设备主要运用在动作单调、重复性高甚至工作环境具有一定危险性的岗位。富士康工厂车间内所采用的机器人主要有两类：一类是用于完成搬运、翻转设备等繁重作业的机器人或机器手臂，另外一类是专门完成喷涂、制造模具工作的机械加工类机器人。

2. 电子行业人力资源需求与岗位变化

智能制造对电子行业的人力资源需求产生了较大的冲击。以富士康航空港厂区为例，厂内在岗工人总数在 15 万人左右，随着每年生产周期的变动，产量高峰时期工人最多可以达到 25 万人左右。厂区内工人中有 50% 为一线操作员工，高级技能人员占 20%，技术管理人员占 20%，其他人员占 10%。劳动者的平均学历为高中或中专，工人平均年龄为 25 岁，男女工人的比例为 6∶4。目前工厂主要通过校招、合作招生、社会招聘等方式实现工人招聘。根据往年数据统计，该厂的员工流失率大概在 10%，尤其是一线操作工人的流失率较高。按照工人的职业技能类别分类，一线操作人员可以分为冲压技术人员、表面冲压人员、SMT 技术人员、自动化技术人员四大类。按照管理层级划分，员工又可以分为基层管理人员、中层管理人员和高层管理人员。

随着近些年智能制造设备的引入，富士康工厂内的部分岗位出现了“机器换人”的情况。但大部分由于“机器换人”而离开原有岗位的工人并未失业，而是通过工厂内部的教育培训系统实现二次转岗。富士康人力资源部门的统计数据显示，随着智能制造程度的提高，工厂生产自动化率的逐渐上升，其直接导致替换岗位的工人失业人数增加不明显，即直接由于机器人技术引入而导致的原岗位工人失业的员工数量不大。与此同时，为帮助内部员工实现转岗，富士康专门设立了 CAA 教育培训平台，通过公共课、专业课、知识加油站等不同版块的教学资源，专门针对转岗工人进行再教育，提高个人的再就业水平和专业技能。针对机器人技术的引进和开发方面，厂内也成立了专门的研发团队，团队在近两年不断壮大。

核心技术开发、产品设计、生产模具制造等工作都要求从业人员具有高水平的通信、硬件、网络知识，以及丰富的研究和制造经验。我国电子通信网络应用的专业教育起步较晚，专业技术人员相对缺乏，高端技术人员的稀缺成为行业企业实现快速突破的障碍之一。满足智能制造需要的人才，必然是具备多种能力的跨学科、跨专业复合型人才。因此，原有适合培养窄口径、专门人才的传统专业细分培养模式，将不再适应智能化人才的培养要求，应用性强、关联性强、灵活度高的专业群培养模式，则更加适应智能制造的培养要求。

人才培养的转变和投资是一项长期过程，以富士康为例，当前企业在完成人力资源需求升级的过程中也面临众多挑战。

（1）机械类等岗位面临招工难境遇

与大部分劳动力密集型企业相同，富士康同样面临着周期性缺工、人力成本走高等问题。在岗位招聘方面，目前需求较为迫切的岗位主要包括机械类和自动化类岗位。这类岗位员工缺失的原因一方面在于技工教育培训的发展目前难以适应市场，一些大学专业及课程设置未能完全以市场需求为导向进行，从而造成了供给小于需求的现状；另一方面，此类岗位对工人的技能水平要求偏高，较差的工作环境也会导致该类工作岗位出现空缺。此外，随着工厂智能制造生产水平的提高、客户需求的日趋复杂化，工厂对于复合型人员需求明显增加。

（2）基层员工岗位流失率居高不下

富士康工厂的员工中有很多80后、90后员工，其中大多为独生子女，父母宠爱、没有生活压力等问题，造成了他们工作稳定性不如上一代人高，且这些年轻人大多处于职业浮躁期，换工作比较频繁和随意，这就导致了基层工人的较大流动性。而且因为目前的机器人技术只能替代部分单调重复、对体力或精度要求过高的工作，所以一部分岗位仍然存在周期性的流失率过高现象。

（3）培养"智慧型技工"长期成本高

企业应该重点通过技能提升培训，通过集中在高附加值制造环节，如研发、流程管理及品质管理方面的培训实现工人综合能力提升。可以说，未来的工厂所需要的是"智慧型技工"，而对这类高级人才的培养需要较高的人力成本。以富士康车间的自动化调机操作为例，每台机器的使用都要求工人具有至少两年至三年的操作经验，这意味着企业对工人技能长期培养需要付出较高的成本，而高级技工的人员流失也将对企业造成较大的损失。

从未来的发展来看，电子信息产业是我国国民经济的重要支柱之一，也是吸纳就业的主要阵地。按照《信息产业人才队伍建设中长期规划（2010—2020年)》，到2015年，我国信息产业人才资源总量达到1 500万人左右，其中，电信业人才资源总量达到200万人左右，电子信息产业人才资源总量达到1 300万人左右。到2020年，信息产业人才资源总量达到1 800万人左右，其中，电信业人才资源总量达到300万人左右，电子信息产业人才资源总量达到1 500万人左右。到2020年，信息产业本科及以上人才资源占全行业比例达到35%左右；高层次专业技术人才和高技能人才占全行业人才资源总量的比重提高，中级及以上人才占专业技术人才队伍的比重达到40%左右，高技能人才在技能劳动者中所占的比重提高1至2个百分点。

电子行业人才短缺问题较为突出。《中国集成电路产业人才白皮书（2016—2017)》显示，中国集成电路从业人员总数不足30万人，人才缺口达

40 万人。和欧美发达国家相比，从业经验为 10 年以上的人员则更少。巨大的人才缺口，成为制约中国集成电路产业发展的关键之一。软件人才短缺是电子行业人才短缺的另一个短板。国内 IT 软件研发人才缺口超过百万，其中软件应用类研发人才缺口至少 60 万人，各大招聘平台每天平均发布 10 万个左右的软件开发职位。《2017 年全球人工智能白皮书》显示，仅中国人工智能人才缺口，就至少在 100 万人以上，预计到 2020 年，新一代信息技术人才缺口将达 750 万人。另据前程无忧统计，国内 120 万软件从业人员中，真正能担当软件测试职位的不超过 5 万人，软件测试人才缺口已超过 30 万人。在许多软件企业，测试人员和开发人员之比平均在 1∶8 左右。而在软件发达国家，这个比例则至少是 1∶1。

### （四）典型行业之三：家电行业

1. 家电行业智能制造发展情况

随着制造业转型升级的推进，家电行业作为传统制造业正在经历互联网新时代下的生产模式颠覆与升级。海尔、美的、格力等中国家电领军企业积极优化工厂布局，打造全新制造生产体系，坚定智能制造之路，建设了一批颇具代表性的智能工厂。总体而言，我国家电产业在自动化和信息化方面经历了由点到线及面、由技术引入到技术研发的转变过程，其智能制造水平也随着生产力水平的提高进入新的重要发展阶段。以海尔为例。海尔以智慧采购、智能制造、智慧物流、智慧服务、智慧生活为核心，逐步搭建企业智能制造平台。目前，海尔在国内已建成 8 个互联工厂，包括沈阳的冰箱工厂、青岛的热水器工厂、中央空调互联工厂等，并逐步在全球 108 个工厂内复制推广。据企业内部人士介绍，海尔开展互联工厂模式转型为集团带来了明显的经济效益，运营成本降低 20%，产品开发周期缩短 20%，年产值增加 10%，年利润增加 39%。我国代表性家电企业的智能设备应用情况汇总见表 6-3。

表 6-3　　我国代表性家电企业的智能设备应用情况

| 企业名称 | 智能设备应用情况 |
| --- | --- |
| 海尔 | 海尔自 2012 年开始互联工厂的实践，打造出了柔性选配产品、扩展加工能力的自动化生产线，目前企业拥有世界级工业互联网平台 COSMOPlat。以海尔沈阳冰箱工厂为例，将 100 多米的传统生产线改装成 4 条 18 米的智能化生产线，一条生产线可支持 500 多个型号的柔性大规模定制 |
| 美的 | 美的从 2012 年开始大举投入自动化改造用于减员增效，目前应用机器人近 2 200 套，在工厂自动化领域的投资已高达 60 亿元，促使生产效率每年提升 15%以上。今后计划在工业机器人和生产自动化领域每年投资 10 亿元，到 2022 年旗下工厂安装 7 000 个机器人 |
| 格力 | 格力在 2003 年开始引入自动化思想，对生产车间进行系列机器换人改造。2012 年，格力进一步制定自动化发展规划，决定以“3 年至 5 年实现无人车间”为目标，重点突破，分期实施，计划通过三年时间投入 38 亿元对格力所有生产工厂进行自动化升级和改造 |
| 方太 | 方太于 2015 年在宁波工厂启用 ABB 自动化冲压线，打造供应链全网络信息协同制造模式，设计多款厨电行业首创的智能设备，生产效率提高 20%，运营成本降低 20%，产品升级周期缩短 30%，单位产值耗能降低 10% |
| 万和 | 万和 2016 年引进生产信息化管理系统 MES，通过信息化、自动化的深度融合，打通企业在计划、采购、物流、制造、仓储等各个环节的业务数据链，打造一个具有更低成本、更高性能、更大柔性的生产管理体系 |
| 海信 | 海信自 2007 年引进车间冲孔机器人，每年投入 2 亿~3 亿元打造“智能工厂”，2011 年发布智能化产业战略，2012 年开始系统推动工厂信息化再造、自动化及装备智能化进程，多环节采用自动化设备。以黄岛工厂为例，三年累计节省人工费用超 14 亿元 |
| 创维 | 创维 2012 年提出并实施“机器人战略”，2014 年年底家电行业第一条全自动线在创维正式投产，单线由 40 人缩减至 6~7 人，至 2015 年 5 月就为企业节省 1 900 名作业人员和 20%人工成本 |

资料来源：新战略机器人网。

2. 家电行业人力资源需求与岗位变化

据统计，2019 年，中国家电制造业总产值超过 1.5 万亿元，预计到 2025 年将达到 3 万亿元。目前，我国家电行业直接吸纳的就业人数为 180 万人左右，家电流通业大概有 300 多万人，加上产业前端、产业后端的研发、制造、服务、传播整个产业链，直接和间接带动的就业总量达到 1 000 多万人。

目前，我国的家电制造业正在向智能家电转变，生产智能化、销售网络化已成为各家电企业发展的主攻方向。受到家电行业技术复杂程度相对较低的历史影响，家电行业的研发人才储备与保持一直不太理想，家电行业的激烈竞争也让企业之间互相挖人的现象屡屡出现。

随着人工智能技术的发展，传统的家电行业正在向智能家居方向过渡。自智能家居走进中国以来，在短短的几年里，智能家居生产商由最初的几家公司增加到如今的百余家企业，多家大型企业如海尔、格力以及阿里等也都纷纷进军智能家居领域，整个行业发展迅速、竞争激烈，继而人才紧缺的问题也明显呈现。物联网是实现家居智能化的技术基础，工信部的统计数据显示，我国物联网产业规模已从 2009 年的 1 700 亿元跃升至 2016 年超过 9 300 亿元，年复合增长率超过 25%。据预测，2020 年我国物联网产业规模将突破 1.5 万亿元。

与此同时，智能家居与物联网方面的人才短缺问题十分突出。据预测，未来五年，物联网人才需求量将达到 1 000 万人以上。在国务院正式批准无锡建设国家传感网创新示范区之后的 2010 年，教育部新增物联网工程专业。同年 7 月，北京理工大学、北京科技大学等 30 所高校成为首批获准开设物联网工程专业的高校。未来几年，智能领域的人才需求量在 20 万人以上。目前全国开设物联网专业的院校有 1 000 多所，但每年毕业生规模不足 10 万人，供不应求态势很明显。

总体而言，我国家电行业智能制造在工厂的运用已较为普遍，大多数企业都能够通过系统将生产数据、质量数据、人员数据与产品数据做好绑定，以便追溯与管控，从而控制生产过程。但在数据的分析运用方面则刚刚起步，尚不深入。

在人员岗位需求方面，由于自动化机械的参与及运用，工厂总人员数量减少，单班用人数量减少，但在设备保养维护、操作以及信息化方面的人员需求提升，用工结构发生变化。以海尔为例，目前工厂的岗位包括研发、质保、制造、检测、物流配送等。总体来看，与生产线产品绑定的岗位，有作业人员、检验人员；不与具体岗位绑定的有设备维修人员、工艺人员、作业指导人员等。工厂信息化部门人数较少，主要为采集信息，采集后上交到公司总部，再由专门成立的公司承担数据分析工作。

与电子行业的“招工难”问题类似，家电行业对高级员工需求的缺口也较为突出。从相关数据来看，工人流失率为3%~5%，操作人员流失率最高。操作人员多为大专生，较大部分为通过校企合作尚未毕业的实习大专生，同时包括通过社会招聘途径招聘的员工。就业市场中的年轻求职者不愿进车间工作，这主要是因为工厂工作较为单调，相比较而言，他们更喜欢进入服务业工作。另外，自动化操作人员学历要求大专以上，工厂高学历人员较少，总部研发部门高学历人员较多，硕士博士更为集中，而且总部对外联络较多，英文要求较高。系统开发和应用人员也较为难招，工厂的工作环境对此影响较大。

## 三、智能制造人力资源需求预测

人才是人力资源的重要组成部分和精英团体，在实现中国从制造大国向制造强国转变过程中发挥着排头兵和引领作用。为了实现我国从制造业大国向制造业强国的转变，必须尽快改变制造业从业人员整体素质偏低、人才严重不足的状况。2010年党中央、国务院颁布的《国家中长期人才发展规划纲要》和《国家中长期教育改革和发展规划纲要》都提出，到2020年“全国主要劳动年龄人口受过高等教育的比例达到20%”“专业技术人才总量达到7 500万人，占从业人员的10%左右”。在《中国制造2025》的配套文件《制造业人才发展规划指南》中，提出了“重点领域人才供给能力明显提高。到2020年，制造业从业人员平均受教育年限达到11年以上，制造业从业人员中受过高等教育的比例达到22%，高技能人才占技能劳动者的比例达到28%左右，研发人员占从业人员比例达到6%以上，人才的分布和层次、类型等结构更加优化”的要求。

2011年7月，中组部、人力资源社会保障部发布了《高技能人才队伍建设中长期规划（2010—2020年)》，提出的发展目标是：到2015年，全国技能劳动者总量达到1.25亿人，其中高级工以上的高技能人才达到3 400万人（高级技师 140 万人，技师 630 万人，高级工 2 630 万人），占技能劳动者的比例达到 27%左右。高技能人才每两年参加技能研修和知识更新不少于 15 天，拥有特殊操作法或技能革新、发明专利的高技能人才占所在单位高技能人才的比例不低于 50%；到 2020 年，全国技能劳动者总量达到 1.4 亿人，其中高级工以上的高技能人才达到 3 900 万人（高级技师 180 万人，技师 820 万人，高级工 2 900 万人），占技能劳动者的比例达到 28%左右，高技能人才每两年参加技能研修和知识更新不少于 30 天，拥有特殊操作法或技能革新、发明专利的高技能人才占所在单位高技能人才的比例不低于 80%。使高技能人才数量同经济和社会发展目标基本相适应，高技能人才结构和素质同产业、行业发展需求基本相适应。

### （一）智能制造人力资源需求宏观预测

1. 人力资源需求预测的基本模型

人力资源预测的方法有很多，使用最多的是灰色预测模型、时间序列模型、回归预测模型、人力/人口比值预测法以及组合预测模型。灰色预测模型、回归预测模型和人力/人口比值预测是 20 世纪 80 年代开始使用至今的预测方法，时间序列模型和组合预测模型是 20 世纪初开始使用至今的预测方法。近年来新兴的预测方法有人工神经网络模型和系统动力学模型等。例如，郑赤建等使用灰色预测模型应用于旺旺集团人力资源预测，预测出了 2015 年和 2016 年旺旺集团的平均人力资源总数，并进行了精度检验，模型符合二级精度，适合做中长期的预测，为人力资源规划和人力资源管理提供依据。① 王宗武等使用 GM（1，1）模型对 2020 年北京市某核心功能区卫生人力资源进行预测分析，为政府部门科学合理配置卫生人力资源提供参考。② 高建等针对不同时间道路车流量变化下轨迹

① 郑赤建，龚平，童小蕾．灰色预测模型在人力资源预测中的应用研究——以旺旺集团为例［J］．市场论坛，2015（4）．

② 王宗武，石学峰，袁淑婷，马晨骋，王丹．基于 GM（1，1）模型的北京市某核心功能区卫生人力资源预测分析［J］．中国医学装备，2018（5）．

预测误差变化大的问题，提出了基于概率分布模型的高斯混合-时间序列模型（Gauss Mixture Time Series Model，GMTSM），对海量车辆历史轨迹进行模型回归和路段车流量的分析，实现车辆轨迹预测。① 张茵等以2001—2012年宁夏卫生人员的数据为基础，采取曲线估计方法，选择二次曲线作为最优曲线模型，对未来10年宁夏卫生人力资源需求量进行预测，为该地区卫生人力资源规划提供理论依据。② 沈肖和陆方根据2009—2014年南京市高淳区常规统计资料，运用人力/人口比值法预测2020年南京市高淳区乡村医生需求量。③ 徐达奇、曹安照在其研究中建立自适应神经模糊推理系统（ANFIS）预测模型，通过对某集团公司的人力资源进行预测来探讨自适应神经模糊推理系统在这一领域的应用前景，并将预测结果与普通FUZZY模型进行比较，结果表明，前者预测误差较小，满足精度要求，具有很高的理论价值和实际应用价值。④ 王文富将企业人力资源分为管理人员、科技人员和普通员工，根据这三类人员的影响因素，采用人工神经网络理论建立了预测模型，并以中国船舶重工集团公司为实例，对其人力资源结构进行了预测。结果表明，相对误差较小，预测精度达到了要求。⑤

在本章中，主要使用的是灰色GM（1，1）预测模型。灰色系统理论是中国学者邓聚龙教授于1982年创立的一种研究少数据、贫信息、不确定性问题的新方法，其最大的特点是样本量要求低，不要求样本服从任何分布。灰色系统预测是其理论体系的一部分，是以灰色GM（1，1）模型为基础进行的定量预测。人

① 高建，毛莺池，李志涛．基于高斯混合时间序列模型的轨迹预测［J］．计算机应用，2019（3）．

② 张茵，曹黎涛，李林贵，李正直．基于曲线估计的卫生人力资源需求量预测——以宁夏为例［J］．卫生软科学，2015（10）．

③ 沈肖，陆方．基于人力人口比值法的乡村医生需求分析及预测研究［J］．中国农村卫生事业管理，2016（3）．

④ 徐达奇，曹安照．ANFIS在企业人力资源预测中的应用［J］．安徽工程科技学院学报（自然科学版），2009（4）．

⑤ 王文富．企业人力资源结构的神经网络预测［J］．天津大学学报（社会科学版），2005（1）．

力资源与组织环境、组织发展程度、员工素质和结构等因素密切相关，具有层次复杂性、信息的不完全确知性、动态变化的随机性、指标数据的不完全和不确定性，符合灰色系统预测理论应用的条件。

灰色 GM（1，1）模型是基于原始序列，对原始序列进行累加，累加后建立一阶线性微分方程进行求解，实现系统变量的预测。灰色模型因其预测精度高、效果好的特点，已被广泛运用，被很多专家认为是最具有发展前景的人力预测方法之一。灰色 GM（1，1）预测模型建立步骤如下。

（1）建立微分方程

设原始序列 $x^{(0)}$ 包含 $n$ 个观测值：

$$x^{(0)}=\{x^{(0)}(1),x^{(0)}(2),x^{(0)}(3),\cdots,x^{(0)}(n)\}$$

为了弱化其随机性和波动性，对其进行一阶累加生成新序列：

$$x^{(1)}=\{x^{(1)}(1),x^{(1)}(2),x^{(1)}(3),\cdots,x^{(1)}(n)\}$$

则 GM（1，1）模型相应的微分方程为：

$$\frac{\mathrm{d}x^{(1)}}{\mathrm{d}t}+\mathrm{a}x^{(1)}=\mathrm{b}$$

其中，a 称为发展灰数，b 称为灰作用量或内生控制灰数。

（2）利用最新二乘法估计参数 a 和 b

设 a=（$\bar{\mathrm{a}}$，b），根据最小二乘法原理，得到参数列：

$$\bar{\mathrm{a}}=(\mathrm{B}^{\mathrm{T}}\mathrm{B})^{-1}\mathrm{B}^{\mathrm{T}}\mathrm{Y}_n$$

$$B=\left\{\begin{array}{cc} -\frac{1}{2}\left[x^{(1)}(1)+x^{(1)}(2)\right] & 1 \\ -\frac{1}{2}\left[x^{(1)}(2)+x^{(1)}(3)\right] & 2 \\ \cdots & \cdots \\ -\frac{1}{2}\left[x^{(1)}(n-1)+x^{(1)}(n)\right] & n \end{array}\right\}$$

$$Y=\begin{Bmatrix} x^{(0)}(2) \\ x^{(0)}(3) \\ \cdots \\ x^{(0)}(n) \end{Bmatrix}$$

解出 a、b 后，得到灰色 GM（1，1）模型：

$$\hat{x}^{(1)}(t+1)=[x^{(0)}(1)-\frac{b}{a}]e^{-at}+\frac{b}{a},\ t=1,\ 2,\ 3,\ \cdots,\ n。$$

当$-a<0.3$时，表明模型可以做中长期预测；当$-a\in(0.3,\ 0.5)$时，表明模型可以做短期预测；当$-a\in(0.5,\ 1)$时，表明需要对模型的残差进行修正后才可以做预测；当$-a>1$时，表明不适合使用 GM（1，1）做预测。

（3）进行模型精度检验

以往文献中使用较多的是通过平均相对误差对模型的拟合程度进行检验。设模拟值的残差序列为：

$$\varepsilon^{(0)}(t)=x^{(0)}(t)-\hat{x}^{(0)}(t)$$

其中，相对误差序列为：

$$\Delta=\left\{\left|\frac{\varepsilon^{(0)}(1)}{x^{(0)}(1)}\right|,\ \left|\frac{\varepsilon^{(0)}(2)}{x^{(0)}(2)}\right|,\ \cdots,\ \left|\frac{\varepsilon^{(0)}(n)}{x^{(0)}(n)}\right|\right\}=\{\Delta_t\}_1^n$$

平均相对误差为：

$$\bar{\Delta}=\frac{1}{n}\sum_{t=1}^{n}\Delta_t$$

当$\bar{\Delta}<0.01$时，表示该模型拟合非常理想；当$0.01<\bar{\Delta}<0.05$时，表示该模型拟合比较理想；当$0.05<\bar{\Delta}<0.10$时，表示该模型拟合合格；当$0.10<\bar{\Delta}<0.20$时，表示该模型拟合不理想，模型不适用。

2. 总量预测

近些年，我国城镇单位制造业就业人员数由 2011 年 4 088.33 万人下降到 2019 年的 3 832.00 万人，降幅为 6.69%，年均减少约 30 万人。随着产业结构的不断调整，以及技术进步的影响，特别是机器人、人工智能技术的广泛应用，制造业的智能化程度将不断上升，对劳动力需求也有可能继续缓慢下降。

下面我们运用灰色 GM（1，1）预测模型，对制造业人力资源需求总量进行预测，原始数据来源为《中国劳动统计年鉴》，指标为城镇单位制造业就业人数，具体包括国有单位、城镇集体单位以及联营经济、股份制经济、外商投资经济、港澳台投资经济等单位就业人数。具体步骤如下：

（1）建立原始数据矩阵 $x^{(0)}$，构造累加生成序列 $x^{(1)}$

设 $x$ 为我国制造业 2011—2019 年职工人数，则可组成原始数列，记为 $x^{(0)}$；$x^{(1)}$ 是实数数据的累加生成数列，即将同一数列的前 $i$ 项元素累加后生成新数列的第 $i$ 项元素。

则原始数据列为

$$x^{(0)}=\{4\,088.33,\ 4\,262.39,\ 5\,257.94,\ 5\,243.14,\ 5\,068.70,\ 4\,893.84,\ 4\,635.004\,178.00,\ 3\,832.00\}$$

累加生成数列为：

$$x^{(1)}=\{4\,088.33,\ 6\,816.97,\ 10\,251.23,\ 13\,743.13,\ 17\,380.28\cdots,\ 46\,194,\ 42\}$$

（2）构造数据矩阵和数据向量 $Y_n$

$$B=\begin{Bmatrix} -\frac{1}{2}\left[x^{(1)}(1)+x^{(1)}(2)\right] & 1 \\ -\frac{1}{2}\left[x^{(1)}(2)+x^{(1)}(3)\right] & 2 \\ \cdots & \cdots \\ -\frac{1}{2}\left[x^{(1)}(n-1)+x^{(1)}(n)\right] & n \end{Bmatrix}=\begin{Bmatrix} -5\,084.29 & 1 \\ -8\,534.10 & 1 \\ \vdots & \vdots \\ -43\,747.50 & 1 \end{Bmatrix}$$

$$Y_n=\begin{Bmatrix} 3\,456.36 \\ 3\,434.26 \\ \vdots \\ 4\,893.84 \end{Bmatrix}$$

（3）利用最小二乘法求得待估参数 $\bar{a}=(B^TB)^{-1}B^TY_n$，$\bar{a}-(a, b)$

$$B^TB=\begin{bmatrix} 6\ 769\ 628\ 835.1 & -228\ 685.2 \\ -228\ 685,2 & 10.0 \end{bmatrix}$$

$$\bar{a}=(B^TB)^{-1}B^TY_n=\begin{pmatrix} -0.052\ 985\ 2 \\ 3\ 072.587\ 785\ 8 \end{pmatrix}$$

（4）建立灰色预测模型

模型相应的微分方程为：

$$\frac{dx^{(1)}}{dt}+ax^{(1)}=b$$

其中，a 称为发展灰数，b 称为灰作用量或内生控制灰数。根据灰色理论，当 a 为负值是，且绝对值越大，系统发展就越快；反之越慢。由计算可知 a=-0.052 985 2，b=3 072.587 8。根据上述微分方程得到灰色 GM（1，1）预测模型：

$$\hat{x}^{(1)}(t+1)=[x^{(0)}(1)-\frac{b}{a}]e^{-at}+\frac{b}{a},\ t=1,\ 2,\ 3,\ \cdots,\ n。$$

$$=61\ 341.158e^{0.052\ 985\ 2t}+57\ 989.548$$

（5）还原数据列并预测

将 $\hat{x}^{(1)}(t+1)$ 的值递减还原为 $\hat{x}^{(1)}(t+1)-x^{(1)}(n)$，得出 2020 年和 2025 年我国制造业人力资源需求量，见表 6-4。

表 6-4 人力资源预测结果

| 年份 | 实际值（万人） | 预测值（万人） | 绝对误差（万人） | 相对误差（%） |
|---|---|---|---|---|
| 2011 | 4 088.33 | 4 088.33 | 0 | 0 |
| 2012 | 4 262.19 | 4 350.30 | 88.11 | 2.07 |
| 2013 | 5 257.94 | 4 587.01 | 670.93 | 12.76 |
| 2014 | 5 243.14 | 4 636.61 | 606.53 | 11.56 |
| 2015 | 5 068.70 | 4 868.32 | 200.38 | 3.95 |
| 2016 | 4 893.84 | 5 012.14 | 118.3 | 2.42 |
| 2017 | 4 635.00 | 4 989.58 | 354.58 | 7.65 |
| 2018 | 4 178.00 | 4 564.32 | 386.32 | 9.24 |
| 2019 | 3 832.00 | 4 168.14 | 336.14 | 8.77 |

续表

| 年份 | 实际值（万人） | 预测值（万人） | 绝对误差（万人） | 相对误差（%） |
|---|---|---|---|---|
| 2020 | | 3 875.64 | | |
| 2021 | | 3 662.27 | | |
| 2022 | | 3 507.53 | | |
| 2023 | | 3 467.36 | | |
| 2024 | | 3 395.58 | | |
| 2025 | | 3 345.37 | | |

（6）进行模型精度检验

以往文献中使用较多的是通过平均相对误差对模型的拟合程度进行检验。由表 6-4 可知，相对误差最大为 12.76%，其余相对误差基本没有超过 10%，平均相对误差为 7.30%，拟合结果很好。从上面预测结果来看，我国制造业未来人力资源需求总体来说有可能出现下降。和 2019 年相比，预计 2025 年城镇单位制造业就业人数将达到 3 345.37 万人，减少 486.63 万人，见表 6-5。

**表 6-5　　我国制造业人力资源需求预测（1）**

| 年份 | 人数（万人） | 比上年减少人数（万人） |
|---|---|---|
| 2019 | 3 832 | — |
| 2020 | 3 875.64 | 43.64 |
| 2021 | 3 662.27 | 213.27 |
| 2022 | 3 507.53 | 154.74 |
| 2023 | 3 467.36 | 39.89 |
| 2024 | 3 395.58 | 72.06 |
| 2025 | 3 345.37 | 50.21 |

3. 平均受教育年限

从 2006 年到 2016 年，我国制造业从业人员平均受教育年限从 9.54 年增长到 10.07 年，十年间增加了 0.53 年。而随着我国各级教育特别是高等教育规模的不断扩大，制造业从业人员的受教育程度提升幅度将会有所提高。按照《制造业人才发展规划指南》的预计，到 2020 年，制造业从业人员的平均受教育年限将从 2016 年的 10.07 年提升到 11 年，五年间提升约 1 年。依此速度，预计 2025

年制造业从业人员的平均受教育年限将达到 12 年。

4. 受高等教育比例

在 2011—2019 年期间，我国高等教育迅速发展，制造业从业人员中具有大专及以上学历的劳动者数量增加明显，比重提升较快，共提升了 10 个百分点。预计到 2020 年，制造业从业人员中接受过高等教育的比重将达到 22%，2025 年将达到 27%左右，这也意味着届时将有超过 1/4 的制造业从业人员都接受过高等教育。

5. 高技能人才占技能劳动者比例

高技能人才是指获得高级技工资格和高级技师资格的劳动者在全部获得职业技术资格劳动者中的比重。从 2006 年到 2016 年，我国高技能人才占技能劳动者比例从 14.9%提高到 21%，增长了大约 6 个百分点。到 2020 年要提高到 28%，也就是在 2016 年的基础上，再提高 7 个百分点。预计到 2025 年将达到 35%的水平。相比之下，我国的高技能人才与发达国家仍存在着较大的差距，如德国高技能人才在技能劳动者中的比重在 50%以上，日本则为 40%左右。①

6. 研发人员占从业人员比例

按照《制造业人才发展规划指南》的要求，到 2020 年，我国制造业的研发人员占从业人员的比例将达到 6%。根据武汉大学质量发展战略研究院中国企业调查数据中心公布的调查报告，2015 年，广东省和湖北省被调查制造业企业平均研发人员占比为 6.2%。由此可见，《制造业人才发展规划指南》中确立的该目标在东中部不少企业中已经实现。根据我们对智能制造企业的调查，海尔现有的 6 万多员工中，研发人员约有 1 万人，占比为 16%左右。宇通客车员工有 3.5 万，研发人员超过 3 000 人，占比接近 9%。考虑到这些企业在国内属于相对比较发达的制造企业，以此为依据，我们预测到 2025 年，我国智能制造企业研发人员占从业人员的比例至少应该达到 10%以上的水平，见表 6-6。

① 王吉平. 别再“委屈”技能人才［J］. 中国电力企业管理，2017（18）.

表 6-6 我国制造业人力资源需求预测（2）

| 年份 | 平均受教育年限（年） | 受高等教育比例 | 高技能人才占技能劳动者比例 | 研发人员占从业人员比例 |
|---|---|---|---|---|
| 2006 | 9.54 | 7.6% | 14.9% | — |
| 2016 | 10.07 | 17.6% | 21% | — |
| 2020 | 11 | 22% | 28%左右 | 6%以上 |
| 2025 | 12 | 27% | 35% | 10%以上 |

资料来源：根据历年《中国统计年鉴》及《中国劳动统计年鉴》计算；2020 年为《制造业人才发展规划指南》的预测值。

## （二）智能制造企业人力资源岗位需求预测

1. 智能制造发展对岗位需求的变化和要求

随着我国智能制造的推进，智能制造企业的岗位设置正发生着变化，一些传统岗位，如工时审核员、晒图员等正在消失，而设备维护维修人员、数控操作编程人员则需求旺盛。具体来说，智能制造发展对岗位需求主要体现在三个方面：一是智能设备制造厂商需求，包括智能设备的组装、销售、售后支持的技术和营销人才；二是智能系统集成商需求，包括智能设备工作站的开发、安装调试、技术支持等专业人才；三是智能设备和技术的应用企业需求，包括智能设备工作站调试维护、操作编程等综合素质较强的技术人才，特别是智能设备现场编程调试人员更是缺口巨大。

智能生产对复合型人才有着巨大需求。随着数字化研发设计管理工具的普及，员工需要具备应对工业 4.0 的基本素质，传统的工艺类岗位也面临着数字化改造，智能设备调试和管理程序软件如 CAD（计算机辅助设计绘图软件）、CAM（计算机辅助制造模块）、CAE（计算机辅助分析软件）、ERP（企业资源计划系统）等工具的运用已经成为一般员工的基本能力要求。此外，智能装备对机电复合型人才有着巨大需求。随着国家有计划地对传统企业进行数控化、信息化和智能化改造，高端数控机床、工业机器人、增材制造等智能制造装备将会普及应用，需要大量操作、调试、维护、维修和改造方面的专业人才。

智能生产企业和智能装备制造企业的岗位职业能力呈现不同的发展趋势。

在智能生产企业，产品设计岗位依然占据重要地位。对于CAD、CAM的应用能力要求越来越高，同时对CAE的需求日益凸显，越来越多的企业更加重视CAE在产品设计中的重要地位。企业对机械制造岗位专业能力的需求也更高。机械制造岗位能力需求进一步升级，越来越多的企业更加看重多元、复合型人才。CAM编程能力将成为普遍性要求，对数据信息化管理的要求也会普及。更多的操作岗位被智能机器人替代之后，工艺技术人员将分离出来，更多关注工艺布局、工艺实施、工艺优化，因此，CAPP（计算机辅助工艺过程设计）、PDM（产品数据管理软件）、加工过程动态仿真这些新的岗位技能要求被具体定义出来。同时，精益生产管理岗位需求加大，精益专员岗位空缺增多。此外，数字化工厂和无人车间的出现，对工厂现场布局与优化也提出了新的要求，更多的仿真平台被采用来辅助无人车间的正常运行，如人机工效仿真、生产物流系统仿真、制造企业生产过程执行管理系统、零件流的静态分析与动态分析等。

在智能装备企业，对机械、电气等基础知识的要求，如机械制图及计算机辅助制造、电工电子技术、精度检测与公差配合、液压与气动技术应用等十分强调，必须人人过关；工业自动化领域的核心技术PLC（可编程控制器软件）、伺服电机、步进电机、传感器、C语言等应用依然是所有岗位必备技能，工业网络控制、组态技术也成为普遍性要求；机械、电气制图依然是必备的基本功，并且需要掌握计算机辅助绘图的高效工具；除日常维护维修类岗位外，其他智能装备相关岗位对计算机辅助绘制电路图提出了要求；岗位需求人数以设备制造、维护维修岗位需求人数居多，而现场编程调试、系统集成、设备改造功能开发等岗位人数虽然较少，但岗位要求明显较高，属于技术含量较高的岗位。

2. 智能制造企业岗位需求分析

为了了解智能制造企业对人力资源需求的现状和未来趋势，笔者通过大型招聘网站一览英才网发布网络调查问卷，调查时间为2018年8月20日至9月10

日，参与调查的制造业企业共 62 家。按照各个岗位的职责不同，将岗位划分为研发、操作、监控检查、维修调试、数据分析及其他（见表 6-7）。

表 6-7　　智能制造企业岗位划分

| 岗位名称 | 岗位描述 |
| --- | --- |
| 研发 | 主要负责系统开发、产品开发、工艺设计及技术支持 |
| 操作 | 主要为各生产线的一线工人 |
| 监控检查 | 主要负责进度控制、设备安全防护、质量保证、产品检验 |
| 维修调试 | 主要负责定期维修维护、设备故障维修、原因分析、参与改善对策的制定以及新设备调试 |
| 数据分析 | 负责数据的统计、分析、挖掘等 |
| 其他 | 除上述岗位外的其他岗位，如管理、规划等 |

（1）人力资源满足状况

在全部调查企业中，37.6%的企业认为现有的人力资源可以满足企业发展需要，62.4%的企业存在着人力资源的缺口。其中，21.34%的企业人力资源缺口在 10%以下，4.6%的企业人力资源缺口在 10%~30%，而 30.25%的企业人力资源缺口在 30%~50%，还有 6.21%的企业人力资源缺口超过了 50%，如图 6-4 所示。这就意味着将近 2/3 的制造企业存在着人力资源的缺口，部分企业的用人需

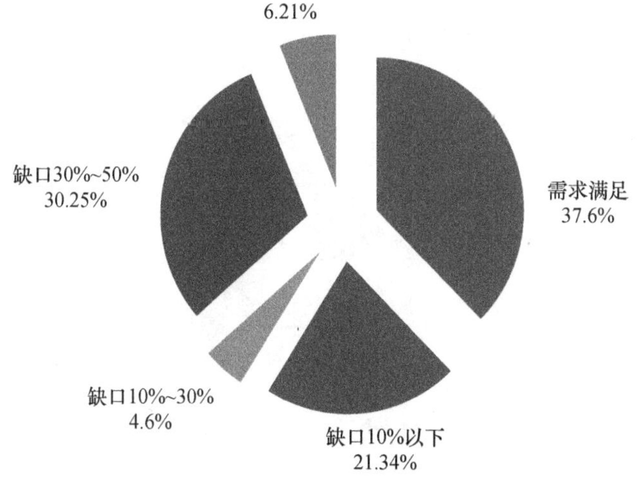


图 6-4　人力资源满足状况

求缺口较大。

（2）岗位需求

在参与到智能制造环节的各类岗位需求中，40%企业的操作岗位需求所占比例最大，39%企业的研发岗位需求所占比例最大，13%企业的数据分析岗位需求所占比例最大，8%企业的其他岗位需求所占比例最大，如图 6-5 所示。综合参与调查的所有企业，智能制造环节需求所占比例最高的三种岗位类型为操作岗、研发岗、数据分析岗。

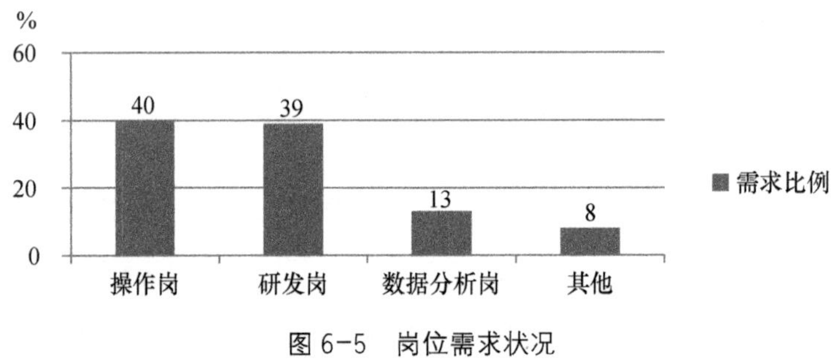


图 6-5 岗位需求状况

（3）岗位要求

在对自动化、智能化操作人员的学历要求上，69%企业要求最低学历为本科，26%企业要求最低学历为高职高专，5%企业要求最低学历为研究生及以上，如图 6-6 所示。

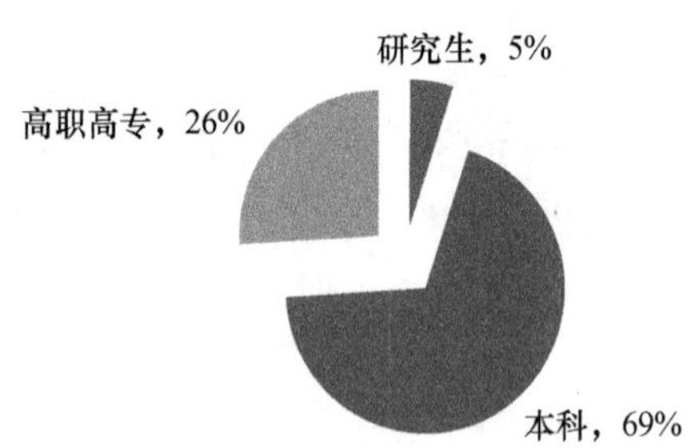


图 6-6 员工学历要求

在对智能制造人员的能力素质要求上，44%企业认为有相关工作经验最重要，24%企业认为具有一定管理能力最重要，19%企业认为具有生产线控制设计能力最重要，13%企业认为较强的智能机器操作能力最重要，如图 6-7 所示。综合参与调查的所有企业，智能制造人员的能力素质要求按重要性依次排序为：有相关工作经验、具有一定管理能力、具有生产线控制设计能力、智能机器操作能力强。

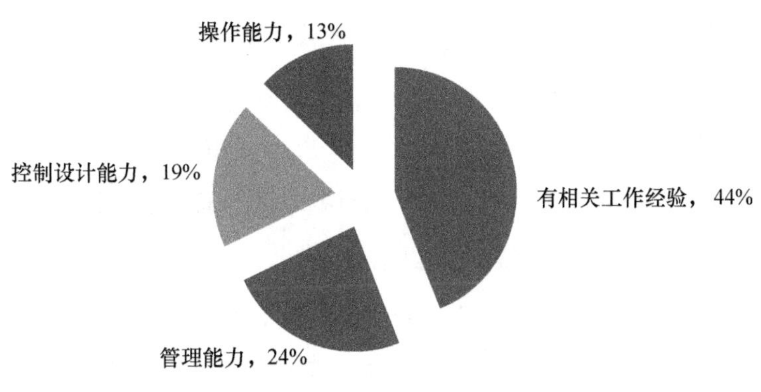


图 6-7　岗位能力需求

下面我们来总结一下智能制造企业人力资源需求的基本情况，见表 6-8。

表 6-8　企业人力资源需求基本情况

| | |
|---|---|
| 总体需求 | 近 2/3 的制造企业存在着人力资源的缺口，部分企业的用人需求缺口较大 |
| 岗位需求（按需求比例排序） | 1. 操作岗<br>2. 研发岗<br>3. 数据分析岗<br>4. 其他岗 |
| 岗位学历要求（按需求比例排序） | 1. 本科<br>2. 高职高专<br>3. 研究生<br>4. 高中/中专 |
| 岗位能力要求（按需求比例排序） | 1. 相关工作经验<br>2. 管理能力<br>3. 生产线控制设计能力<br>4. 智能机器操作能力 |

3. 未来智能制造企业岗位需求预测

到 2025 年，47 家企业（75.8%）预计其智能制造人力资源的需求总量将会上升，其中，预计上升幅度 5%的有 8 家，10%的有 10 家，15%的有 12 家，20%的有 6 家，7 家企业预计上升幅度为 25%，8 家企业预计上升幅度为 30%。另有 15 家企业（24.2%）的智能制造人力资源的需求总量将会下降，6 家企业预计下降幅度为 5%，3 家企业预计下降幅度为 10%，2 家企业预计下降幅度为 20%。

岗位需求预测：未来五到十年间，19 家企业（30.6%）预计对数据分析岗位的需求量最大，12 家企业（19.4%）预计对 PLC 编程岗位的需求量最大，12 家企业（19.4%）对软件应用岗位的需求量最大，9 家企业（14.5%）对生产线维护岗位的需求量最大，7 家企业（11.3%）对智能机器维修岗位的需求量最大，3 家企业（4.8%）对生产线操作岗位的需求量最大，如图 6-8 所示。综合各家企业未来五到十年间对各类岗位的需求情况，需求程度排名前三的岗位为数据分析、PLC 编程、软件应用。

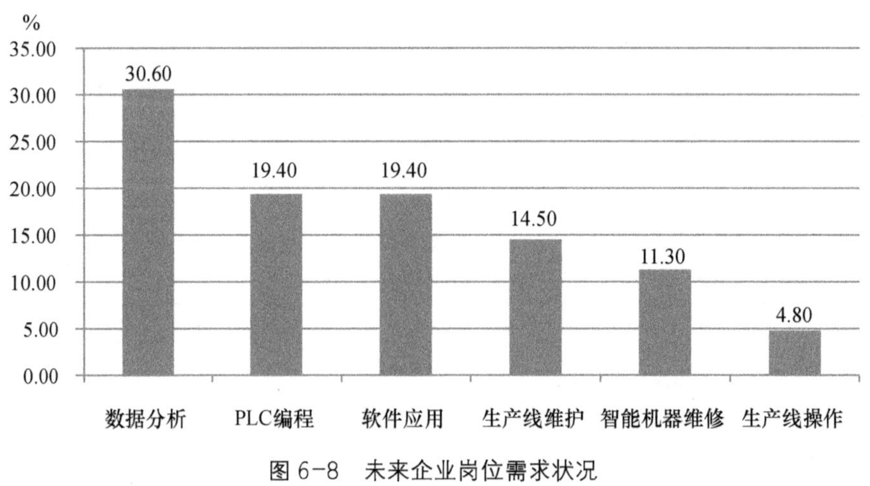


图 6-8 未来企业岗位需求状况

下面我们将上述分析列出表格进行归纳总结，见表 6-9。

表 6-9　　未来企业岗位需求状况

| 总体需求 | 2025 年，75.8%企业预计其智能制造人力资源的需求总量将会上升 |
|---|---|
| 岗位需求（按需求比例排序） | 1. 数据分析<br>2. PLC 编程<br>3. 软件应用<br>4. 生产线维护<br>5. 智能机器维修<br>6. 生产线操作 |

为了更好地了解我国智能制造发展过程中企业岗位需求的趋势，笔者还利用前程无忧网站中十大制造企业①发布的招聘信息，并对招聘岗位进行了统一分类，从而有利于对相关岗位进行预测。在十家制造业企业的 1 012 个岗位中，人力资源需求总量为 1 550 人，招聘信息中未提及招聘人数的按招聘人数≥1 处理。其中，研发岗招聘人数为 581 人，占招聘总人数的 37%；操作岗招聘人数为 256 人，占招聘总人数的 17%；监控检查岗招聘人数为 220 人，占 14%；维修调试岗招聘人数为 365 人，占 24%；数据分析岗招聘人数为 39 人，占 2%；其他岗位招聘人数为 89 人，占 6%（见表 6-10）。

表 6-10　　岗位需求比例

| 岗位名称 | 需求数量（人） | 占总需求比例（%） |
|---|---|---|
| 研发岗 | 581 | 37 |
| 维修调试岗 | 365 | 24 |
| 操作岗 | 256 | 17 |
| 监控检查岗 | 220 | 14 |

① 根据中国企业联合会、中国企业家协会正式发布的 2017 中国制造业企业 500 强榜单，由于一些企业并未在该网站上发布招聘信息，故只统计前 20 强中的前 10 个企业关于智能制造岗位的招聘情况。具体包括：中国石油化工集团公司（排名第一）、上海汽车集团股份有限公司（排名第二）、东风汽车公司（排名第三）、华为投资控股有限公司（排名第四）、中国第一汽车集团公司（排名第七）、中国兵器工业集团公司（排名第八）、北京汽车集团有限公司（排名第九）、中国航空工业集团公司（排名第十一）、中国船舶重工集团公司（排名第十七）、广州汽车工业集团有限公司（排名第十八）十家公司及其子公司。

续表

| 岗位名称 | 需求数量（人） | 占总需求比例（%） |
|---|---|---|
| 其他岗位 | 89 | 6 |
| 数据分析岗 | 39 | 2 |
| 合计 | 1 550 | 100 |

按照本章给出岗位分布比例，我们可以以此推测未来企业人力资源需求的大致状况，具体方法就是用《制造业发展规划指南》给出的2020年和2025年十大制造业重点领域的人才缺口总量，分别乘以各岗位人力资源需求状况的百分比，从而得到在2025年，我国十大制造业重点领域预计需求预测：研发人员1 104.7万人，操作人员507.6万人，监控检查人员418万人，维修调试人员686.7万人，数据分析人员89.6万人，其他岗位179万人（见表6-11）。

表6-11　未来智能制造企业岗位需求预测

| 岗位名称 | 岗位比例（%） | 2025年缺口（万人） |
|---|---|---|
| 研发人员 | 37 | 1 104.7 |
| 操作人员 | 17 | 507.6 |
| 监控检查人员 | 14 | 418 |
| 维修调试人员 | 24 | 686.7 |
| 数据分析人员 | 2 | 89.6 |
| 其他岗位 | 6 | 179 |
| 总计 | 100 | 2 985.6 |

## 四、国外经验借鉴

### （一）美国

美国是智能制造强国，制造业也是美国经济最大、最有活力的部分。美国工厂每年创造的价值超过2万亿美元，相当于日本、德国和韩国的总和。美国制造业的总产值在2015年达到6.2万亿美元，相当于GDP的36%左右。制造业仍然是美国经济的中心，与交通、零售、矿业、公共事业等大多数行业联系密切，制造企业花在研发上的钱占私营企业总量的77%。从结构上来说，美国的制造业结构也比较优化，据统计，2013年，美国制造业总产值中，化工产品（包括制药）+塑料橡胶占全部制造业产值的19.5%，食品饮料占10.8%，电脑电子占9%，金属材料占8.7%，机械产品占7.8%，汽车产品占6.1%，航天运输占5.9%，其他产品占4.5%，石油煤炭占4.4%。

从发展历程来看，美国制造业经历了一个从高峰到衰落，再到意图重新振兴的过程。1950年，美国制造业占全球制造业的比重高达40%，美国制造业占GDP的比重高达30%以上，创造就业最高峰时的1979年，制造业就业人数接近2 000万人，占总就业人数的比重也接近30%。而现在，美国制造业占全球的比重不到19%，占美国GDP的比重不过13%左右，创造的就业占总就业人数的比重甚至不到10%。在奥巴马政府时代，就提出了重振制造业的口号。到特朗普上台后，采取了一系列较为强硬的措施鼓励制造业回归和重新复苏。根据乐观的估计，美国制造业还可在当前趋势基础上增加240万个工作岗位，其积极影响将波及服务业，创造另外1 700亿美元的直接附加值及近100万个就业岗位。加上制造业和上游效应，振兴制造业对经济整体的潜在效益或达每年新增7 000亿美元及330万个净就业岗位。美国竞争力委员会与德勤联手公布的全球制造业竞争力指数显示，美国是世界上第二大有竞争力的制造业经济体，仅次于中国；到2020年，美国将超越中国，成为头号制造业强国。

随着人工智能和机器人技术的逐渐成熟，越来越多的制造业会从劳动密集型向科技密集型转换升级。高素质的劳动力队伍是美国制造业复兴的最大希望。据统计，2012年，近20%的制造业工人拥有学士学位，高于2000年的16%，高中学历的工人不到10%，低于2000年的14%，近9%的制造业劳动者拥有硕士学历。人工智能AI是当今智能制造发展的核心技术之一。根据Linkeln的相关数据分析，全世界大约有22 000名拥有博士学位的AI从业人员和研究人员，几乎一半（9 010人）都在美国生活和工作。大多数专家的研究领域为计算机科学

(12 856 人) 或计算机工程 (3 879 人)。还有包括数学 (2 592 人), 物理学 (2 157 人) 和 IT (1 175 人) 等领域。这些专家中有相当一部分曾为谷歌 (756 人), 微软 (357 人) 或 IBM (265 人) 工作, 并且有 3~10 年的工作经验。在最近一项对 AI 人才进行的研究中发现, 美国一年预计约有 6.5 亿美元用于与人工智能有关的薪水上, 同时还与几家巨头公司一起筹集额外 10 亿美元以推动人工智能的发展, 这使得小国难以与美国竞争。

在智能制造时代, 美国生产线工作转向需要更加专业化的技能。以波音飞机制造为例, 工人们控制使用室内 GPS 和激光定位系统的高科技机器组装 787 先进复合材料部件, 机器人操控维护、复合材料工作、精密工艺、计算机操作和部件射频识别等专业技能对工人而言越来越重要。相反, 由重复性人工技能组成的制造工作将大幅减少。波音预计目前涉及钻铝和铆接加工等简单任务的工作将继续减少, 代之以新科技实现的高技能工作。

受自动化影响最大的工人为承担生产、操作、文职和销售职务等中等技能岗位的工人, 而私人服务等低等技能工作的就业率和工资则出现上升。中等技能工作多为重复性、程序性的工作, 因此较易实现自动化, 而卡车司机和家庭保健护理等由人工完成的工作较难自动化, 这一情形有望在不远的将来改变。种种趋势表明, 未来 20 年将出现卡车包装等机器人, 代替执行该类人工任务的工人。除非工人们提升个人技能, 否则他们很可能面临工资下降和失业的局面。

智能制造的发展关键是人才。在苹果、微软、谷歌等高科技公司中, 争夺人才的战争日趋激烈。以苹果公司为例。作为一家全球性的大公司, 苹果公司在全球有 13 万名员工, 其中美国就有 83 000 名员工。为了激励公司员工大胆创新, 苹果公司创立了“苹果公司研究员计划”。“苹果公司研究员”是苹果公司给予电子科学家的最高荣誉, 授予那些为苹果公司做出杰出贡献的员工。“苹果公司研究员”不仅仅是一项荣誉, 同时也意味着高额的薪酬和大量的股票期权。而且,“苹果公司研究员”拥有自由做事的权利, 可以做任何感兴趣的事情, 从而最大限度地激发研究员的创造性。通过实施“苹果公司研究员计划”，苹果公司给研发人员提供工作、生活上的一切便利。因为苹果公司知道，稳住这些技术人员，不让他们跳槽，是苹果公司将来研发新产品的关键。

为了解决智能制造发展过程中面临的人才短缺问题，美国政府和企业共同努力，加强对员工的教育和培训，提高他们的职业素质。例如，除了与高中和高等教育机构合作外，制造企业对低技能和专业员工的培训也是提升员工技能的重要组成部分。尽管用人单位可以从培训计划中取得可观回报，但用人单位和员工均表示目前员工培训水平并不充分，特别是小企业面临许多无法充分开展培训计划的障碍。由于分摊固定成本的员工数量不多，小企业每名员工的培训成本较高。员工流动率通常较高，用人单位不愿为员工技能投资，唯恐他们离开公司。另外，员工接受培训造成的时间和短期生产力流失对于小型企业而言更加艰难。

政策和合作组织可以解决许多培训障碍。政府可以向用人单位提供培训补贴，合作组织或中介组织也可以协调用人单位、员工和政府以提供员工培训。合作组织需要用人单位、员工和政府共同投资，由三者共同确定培训课程，培训习得的技能须经认证，确保在用人单位之间具有统一的质量标准和可移植性。

## （二）日本

日本是世界制造业强国之一，在智能制造发展过程中，在不少领域保持了世界顶级水平。如大数据云计算、新材料、资源再利用能源存储、机器人等领域，日本的某些科研已经做到了世界第一。2017 年 3 月，在德国汉诺威召开的信息通讯展览会上，日本明确提出“互联工业”的概念，发表了“互联工业：日本产业新未来的愿景”的演讲，其三个主要核心就是：人与设备和系统相互交互的新型数字社会，通过合作与协调解决工业新挑战，积极推动培养适应数字技术的高级人才。

日本是至今为止世界上制造和出口工业机器人最多的国家，截至 2017 年，日本在世界工业机器人供应市场份额占比已达到 52%。然而，造就日本成为工业机器人供应大国的原因之一却是劳动力短缺的社会背景。

日本制造业在人力资源方面的软实力主要体现在研发人才方面。根据德勤全球制造业竞争力报告，日本每百万人口中研究人员的数量为 7038 人，居世界第一。日本制造业每个劳动力创造的 GDP 居于世界第六位。但是，日本的劳动力成本却大大高出世界平均值的水平。密集型研发和短缺型劳动力使日本的工业机器人发展区别于其他国家。因此，日本工业机器人的发展对就业的影响也与其他国家存在差异。

日本是世界上最先进入少子老龄化社会的国家，技术劳动力供给不足、科技型人才缺失一直是其棘手的社会问题。为此，日本出台了旨在培育制造业人才的一系列政策，以期从基础教育抓起，激发全社会人才潜力。例如，日本于 2014 年启动的“超级职业高中（SPH）计划”，通过将农业、工业等应用知识融入基础教育，加速专业人才的培养，使专业技术职业生涯成为学生的梦想，旨在培养一批适应产业发展动向、具备高水平知识与技能、活跃在生产一线的专职人才。同年，日本文部科学省批准实施更富有实践性的“职业实践专业课程”制度，通过校企密切合作，一年内在全国 670 余所学校、2 000 余学科开设了职业实践专业课程。

日本不仅基础教育充分体现制造内容，还围绕制造业需求建立人才供给体系。一是加强骨干专业人才培养，由大专院校与企业联合组织产学研的国际性财团，开展某一具体领域的科研项目；构建终身职业学习系统，使待业人员、实习生等能够掌握专业知识、技术、技能。二是开展青年人才海外见习派遣，为培育适应新一轮技术革命的制造业人才，促进中小企业人员开拓国际视野，日本开展了派遣青年人才到工业强国的政府机关、大型企业等机构见习的活动。

以丰田公司为例。丰田公司作为日本著名的汽车制造公司，在智能制造背景下，丰田公司目前的人力资源需求集中在技术类岗位上，主要是对自动驾驶及人工智能、新能源研发、材料、电子技术、动力设计、排放测试等技术员和研发工程师的需求上，对行政类（如人事、设备主管）的需求有所下降，各分公司较为缺乏技术类人才。丰田公司历来注重对人才的多方面培养，实行模糊管理，以人为核心，根据每个员工的特点和能力，逐步增加工作的内容，让员工到不同的岗位轮换，使员工能够随时为整个企业工作。但是，在创新的大背景下，丰田公司对人力资源的需求除了需要综合性人才，更需要具有突出专业技术的人才，这一转变更有利于丰田公司在未来的发展中稳步立足。

### （三）德国

20 世纪 70 年代后，德国推行“改善劳动条件计划”，开辟了机器人应用的市场，以机器代替短缺的劳动力进行生产。德国提出“工业 4.0”构建智能工厂的战略，对机器人的使用已不仅局限于弥补劳动力的短缺或获得大规模的生产，而是用机器人代替人力完成危险的、有毒的、对人体有危害的工作。

截至 2016 年 12 月，德国制造业拥有雇员 542 万人，合计占制造业雇员总数的 40%以上。制造业的发展带来了相关行业的快速兴起，随着人们对服务需求的不断提升，越来越多的服务供应商成为制造业的上游供应商，其产品及服务在制造业产品和设施的营销中日益增长，信息通信、电子商务、研发设计等以制造业为主要服务对象的生产性服务业发展迅猛。具体来看，2016 年贸易运输、信息通信和商业服务就业人数分别增长 13 万人、22 万人、134 万人，合计占总新增就业人口的 50%以上。① 带动传统行业升级、政府资助及鼓励高新技术产业和构建智能型工厂政策是德国制造业就业率不降反增的原因。

波士顿咨询的一项研究认为②，从现在到 2025 年，德国工业 4.0 将推动现有的工业劳动力结构发生巨大的转变。数字化工业技术将会削减一定数量的工作

① 德国制造业发展近况、政策举措及启示，中国经贸导刊，2018 年第 2 期。

② 未来十年工业劳动力结构将如何改变?，http://www.ck365.cn/news/9/42659.html.

岗位，但同时也将带来更多的就业机会。此外，对劳动者的技能要求与过去相比将会有极大的差别。到2025年，德国将净增约35万个工作岗位。应用愈加广泛的机器人和计算机技术将削减约61万个组装和生产类岗位。与此同时，在信息和数据技术领域将会相应增加96万个新的就业机会。因此，想要顺利过渡到工业4.0，企业需要对员工进行再培训，改进组织架构，并制定战略性的人才计划。教育系统应努力提供更广泛的技能培训，弥合在IT技能方面的人才缺口。政府可以通过不同方式更好地发挥自身的中央协调功能，以进一步促进更多就业机会的产生。

在岗位技能方面，德国尤其需要具备IT和软件开发技能的人才。IT和数据整合领域的岗位数量将翻倍，新增工作岗位将达到11万个，占据了这一类型工作岗位增长的96%。研发和人机界面设计领域的工作岗位将增加约11万个。考虑到数据在工业4.0使用场景和商业模式中的重要性，工业数据科学家将成为增速最快的工作岗位，新增岗位将达到约7万个。对软件和IT界面的更多应用也会导致对IT解决方案架构师和用户界面设计师的需求激增。随着机器人的日益普及，制造型企业将需要一个全新的工作岗位，也就是机器人协调员，从而有望带来4万个新增岗位。企业将减少对从事简单、重复性工作的人员需求，因为它们可以利用机器来从事这些工作并实现标准化操作。此类工作岗位的减少将主要源于机器人在生产车间的应用以及常规工作实现计算机化操作。生产类岗位将减少12万个（相当于4%），质量管理类岗位将减少2万个（相当于8%），维护类岗位将减少多达1万个（相当于7%）。常规的认知型工作也将会受到影响，如2万多个生产计划岗位将被取消。

以大众公司为例，大众公司的人才需求偏向于专业和新型科技人才。大众公司将专业人才的培养建立在“准时制”的生产管理上。“准时制”生产管理即生产过程无滞留时间，减少半成品的库存与积压，而要达到“准时制”的生产效果，则对员工提出了较高的专业性工作要求，因此大众公司每年投入大量的成本进行人力资源的招聘与培训，吸纳专业和创新能力尖端人才，以满足同步化生产的需求和公司人力资源的可持续发展。对于人力资源的需求，大众公司主要集中在产品研发类（产品、试验及试制工程师）及 IT 类（IT 开发工程师、系统支持工程师等）。产品研发类主要负责对整车前期预可研阶段的总体布置、产品开发认可、内饰零件的国产化及开发、安全试验、底盘开发匹配及试验、电子功能开发及测试、电池系统开发管理、发动机标定等工作；IT 类人才需要分析业务需求、流程和 IT 系统的规划方案，进行 IT 系统开发、实施和调试等。

### （四）国外经验对我国的启示

我国智能制造发展正处于重要阶段，需要对制造业人力资源进行整合和规划。通过借鉴国外制造业先进国家对工业机器人和人力资源整合的经验，可总结为以下几点。

第一，政府与企业紧密合作，出台支持智能发展所需的人力资源政策。智能制造发达国家虽然有较好的人力资源基础，但依然要利用强大的教育和培训基础，重视智能制造发展带来的对人力资源数量和结构上的挑战，并通过吸引全球人才为其服务。

第二，技术升级推动智能制造与就业共同发展。从国外经验来看，智能制造对人力资源的需求均建立在技术的更新和升级之上，通过技术的升级带来新的人力资源需求。同时，通过技术升级可获得新的贸易机会，获得经济增长的同时带来新的就业机会。

第三，新型人才的培养推动制造业人力资源可持续发展。各大制造企业在生产发展中，皆注重对员工的培养。不同的企业对员工培养的侧重点各有不同，但总归都是配合企业自身的生产模式和未来发展的方向。目前，智能制造的发展对高新技术人才的需求量巨大，技术升级同时也带来了人力资源结构的升级，对人员提出新的需求。

## 五、智能制造发展中人力资源存在的问题

### （一）智能制造人力资源面临着数量与质量的双重挑战

目前，我国的劳动力结构正在发生较大的变化，这对制造业的劳动力需求必然会产生显著的影响。随着劳动力“刘易斯拐点”的提前到来，从 2012 年起，我国劳动力年龄人口总量出现净减少，劳动力的无限供给状态彻底改变，也意味着人口红利逐渐消失。劳动力供给绝对量的减少，还会引发劳动力成本的进一步上升，进而助推制造业向智能制造的转变步伐，包括机器人更加广泛地使用。此外，由于劳动力供给数量的减少，也使得提高劳动力素质的任务更加紧迫和艰巨，在当前劳动力整体素质仍不高的情况下，加快教育和培训一支能够适应智能制造发展的劳动力队伍势在必行。目前，我国新增劳动力平均受教育年限已超过 13 年，相当于大学一年级水平。但是，作为制造业重要劳动力组成部分的农民工素质低下问题突出。国家统计局发布的 2017 年农民工监测报告显示，在全部 28 652 万农民工中，从事制造业的农民工比重为 29. 9%，总量达到 8 567 万人。但是在全部农民工中，未上过学的占 1%，小学文化程度占 13%，初中文化程度占 58. 6%，高中文化程度占 17. 1%，大专及以上文化程度仅占 10. 3%。换句话说，全部农民工中依然是以中等教育为主。

### （二）教育与市场脱节使得人才培养不能适应智能制造发展的需求

长期以来，教育与市场脱节是我国整个教育体系存在的一个较为突出的问题。这主要表现在：

一方面是教育结构不合理，职业教育发展滞后。师资力量薄弱、生源差、学非所用导致我国职业教育缺乏吸引力。高等教育尚未实现从“纺锤形”向“金字塔形”的合理转变。根据教育部发布的 2019 年教育统计数据，我国普通高校

当年研究生在校生数为 286. 37 万人，本科在校生数为 1 750. 82 万人，专科在校生数为 1 280. 71 万人，三者折算比例为 8. 6：52. 8：38. 6。这也表明我国以高职高专为主体的专科教育还有很大的发展空间。高等教育需要大量的高层次人才，但作为高等教育体系中的高职高专和民办高校在高层次人才培养方面严重短缺，如 2019 年，在全部 757 所民办高校（含独立学院 257 所，成人高校 1 所）中，硕士研究生在校生仅有 1 865 人。

另一方面是高校缺乏与产业的结合，使得许多技术与人才都无用武之地，人才供给与市场需求不匹配。在文凭为导向的情况下，许多大学盲目追求学术型建设，高校之间同质化现象严重。许多大学的课程仅仅在想象的模型中进行控制器模型的设计，而以论文考核为主的方式也成了导向偏差的重要原因，各种各样的学术论文发表了很多，但有许多并没有经过产业实际的验证。在调研中发现，许多企业都反映，新招的大学生不能适应新技术的发展需要，不少普通高校毕业的大学生甚至研究生还不如高职高专学生好用。在专业性人才方面，智能制造中的专门技术人才和复合型人才不足。从总量上来说，我国的人力资源依然十分庞大。但与现代智能制造发展的要求相比，则存在着明显的结构性矛盾。特别是专门技术人才和复合型人才有明显的不足，从理论研究和实际调研的结果来看，绝大多数企业都反映对智能制造领域的专门技术人才有强烈的需求，包括软件工程师、数据分析师、设备维修维护人员等，也是大规模招聘的主要对象。复合型人才供给不足是智能制造发展的另一个短板。许多企业在细分专业人才招聘上有难度，智能制造领域已经发生了巨大的变化，但是高校的专业设置没有发生相应的改变，导致某些人才需求无法有对口的专业予以满足，企业只能招一些通用型专业的人才加以替代。复合型人才、“一专多能”人才受到企业青睐，但是这类人才供给严重短缺。

### （三）培训体系不健全、项目不精准导致培训不足和培训效果不高

许多企业内部培训动力不足、时间短，社会培训力量又缺乏目标和兴趣，使

得我国智能制造企业中的员工培训普遍比较欠缺。根据调查，智能制造岗位上57%的工作人员平均年龄在20~25岁，97%的工作人员平均年龄在20~30岁。在对自动化、智能化操作人员的学历要求上，约70%企业要求最低学历为本科，智能制造员工呈年轻化、高学历态势。40%企业的智能制造员工每年接受相关专业培训的时间为一周至半个月，仅有5%的企业超过一个月。大多数企业认为培训方式重要程度排名前三的依次为内部培训、外部机构培训、员工自己花钱在外培训。虽然企业重视内部培训，但存在员工相关专业培训时间不长、培训质量不高等问题。此外，制造业从业人员中农民工接受培训的比例也不高，国家统计局公布的2017年农民工监测报告数据表明，全部农民工中接受过非农职业技能培训的只占30.6%，近70%没有受到过非农职业技能培训。

### （四）人员不稳定、跳槽现象严重影响了员工队伍稳定和人力资本提高

目前，人员流动频繁、跳槽现象严重是企业在人力资源需求中最主要的问题，一些员工质量不高、不能适应企业需求，培训效果不佳且流于形式也影响着企业的人力资源状况。不少制造企业工人工资待遇不高、工作环境差、上升空间窄、社会地位不高，导致年轻人不愿意做产业工人。一些企业为了保持足够的工人数量，不得不常年处于招聘状态。人员流动频繁对企业造成最大的损害是难以形成一支稳定的人才队伍和熟练工人队伍，这也是我国绝大多数制造企业难以产生和培养“大国工匠”的重要原因所在。

### （五）人才地区分布不平衡，中西部地区智能制造企业难以吸引足够的人才

目前，人才数量不足、招聘不到技术工人成为部分企业的主要问题。除了总量供给上出现难题外，人才队伍地区分布不均也对中西部地区制造企业形成很大挑战。在对中部地区智能制造企业调研过程中，企业普遍反映无法招聘到足够的智能制造人才，原因是这些人才大都集中到发达的东部地区去了。中西部地区由

于发展大环境的制约，在智能制造发展过程中很容易成为人才的“洼地”。

## 六、应对智能制造发展的人力资源政策

### （一）加强智能制造人力资源队伍建设的顶层设计，突出预测的科学性和前瞻性

随着《中国制造 2025》的实施和智能制造的不断发展，对智能制造行业人力资源的需求现状分析和未来预测就显得格外必要。目前，我国已经出台了包括《制造业人才发展规划指南》在内的《中国制造 2025》配套文件，相关的人才规划也基本形成体系，顶层设计基本成型。在具体工作中，如何将各项政策相互协调并落实到位，将是发挥政策效能的关键。突出预测的科学性和前瞻性，一方面，要紧跟智能制造发展的最新进展，密切跟踪产业发展趋势，并以此作为预测研判的基本依据；另一方面，必须从我国人口与劳动力的基本国情出发，准确把握人口与劳动力未来发展的趋势，通过人口与劳动力政策进行干预和调节，使人口与劳动力形势变化适应产业发展的变化。劳动力需求是产业发展的引致需求，政府可以通过人口生育政策、产业转移政策、教育培训政策等，从数量和质量两个方面满足产业发展对人力资源的迫切需求。

### （二）推进高校分类改革，加快建立多层次的人才培养体系

无论是普通教育还是职业教育，都需要围绕经济社会发展的人才需要来进行。加快高等教育体制改革的步伐，引导部分地方普通本科高校向应用型转变。加强制造业人才发展统筹规划和分类指导，组织实施制造业人才培养计划，加大经营管理人才、专业技术人才和高技能人才的培养力度，完善中国制造从研发、转化、生产到管理的人才培养体系。注重发挥市场的主导作用，完善以企业为主体、职业院校为基础，学校教育与企业培养紧密联系，政府推动与社会支持相结

合的高技能人才培养培训体系。强化校企合作机制，支持企业或行业组织全方位参与职业教育。

### （三）提高产业发展急需岗位培训的精准性，改变教育培训“撒胡椒面”的做法

目前，我国已经出台了一系列鼓励和扶持职业教育和职业培训的政策和措施，在实践中也取得了一定的效果。但总体来看，无论是劳动者还是企业，都对培训不太感兴趣，导致培训效果大打折扣。国家扶持的培训项目存在着面太广、项目太多、类型太杂的问题，这种“撒胡椒面”的做法并没有发挥出培训资金的最大效应来。现有的研究表明，有针对性的培训特别是与工作相关的培训，更有利于劳动者工资性收入的提高，一些技能性较强的培训如电子电器、焊工、汽车维修等职业培训，更有助于受训者工资的提高。费用由谁来支付也是影响培训效果的重要因素，其中费用由个人支付的培训效果最大，费用由企业支付的培训效果居中，而费用由国家支付的培训效果最小。这就意味着增强培训效果关键还是提高企业和劳动者个人参与的积极性。因此，未来的培训政策应改变这种大面积撒钱的做法，围绕着智能制造发展过程中的急需岗位和工种，以部分补贴为主，充分调动企业和个人参与的积极性，实现培训效果的最大化。

### （四）努力提高就业质量，尽快建立一支稳定的人力资源队伍

针对制造业人员流动频繁、人才流失严重的问题，必须努力提高就业质量，大力提高劳动者的就业满意度，这是建立一支稳定的智能制造劳动力大军和人才队伍的根本之道。在努力提高待遇的同时，还要打通劳动者的晋升通道，让工人特别是技工这个工种得到社会认同，受到更多尊重。建立劳动者技术技能水平与薪酬挂钩制度，逐步弱化以学历等级为标准确定薪酬。完善技能劳动者培养使用、考核评价、竞赛选拔政策体系。国家设立“大国工匠奖”，企业设立“行业工匠奖”或“企业工匠奖”，营造培育“工匠精神”的良好土壤和尊重技能劳动

者的社会氛围。

### （五）注重人力资源配置的地区平衡，大力扶持中西部地区智能制造的发展

人力资源是智能制造发展的基础和关键因素。针对我国人力资源分布不均衡的问题，国家应充分发挥“逆向调节”的作用，将更多的注意力集中到中西部地区的智能制造企业中去，实现人力资源配置均衡发展的目标。中西部地区地方政府和企业应采取多种措施，增强本地和企业的吸引力。一方面，在人才和科技实力上开展对接帮扶。由国家层面统筹协调，制定中长期的东中西部人才交流计划，协调东部省份同中西部省份结对，围绕中西部省份企业发展所需的关键技术、基础研究课题共同组建项目团队进行共同开发，技术共享，以此培养中西部优秀科技人才。另一方面，加大中西部地区扶持政策的灵活度和操作空间。例如，在户口、住房分配、福利待遇、职称评审和技术等级鉴定等方面，给予更优厚的待遇。在科技创新激励政策上，给予科研人员更大的倾斜等，吸引更多的人才到中西部地区发展。

# 第七章

# 贸易摩擦对中国就业的影响研究[①]

自美国特朗普政府上台以来，全球贸易秩序受到严重冲击。在“美国优先”的口号下，特朗普政府意图通过挥舞贸易大棒，重构以美国利益第一的世界贸易新格局。在这场贸易战中，作为世界最大贸易国的中国成为美国的重点遏制对象。贸易战的背后是就业战。激烈的中美贸易博弈将对我国就业结构的转型升级产生持续且较为明显的影响。在新的对外贸易形势下，我国的就业战略必须牢牢守住“就业是最大民生”的底线，继续实行就业优先战略和更加积极的就业政策，实现就业结构与经济结构的同步调整和优化。

## 一、自由贸易与贸易保护主义的冲突及其后果

贸易保护主义是与贸易自由主义相对立的一种经济思潮，历史十分悠久。大多数的理论认为，贸易保护主义会阻碍经济增长，并导致失业率的攀升。在西方

① 原文发表在2018年第3期《中国劳动关系学院学报》，内容根据需要进行了补充和修改，作者为李长安、高春雷。

国家开始工业化的早期阶段，为了将剩余产品销往他国，自由贸易思想占据了主流。随着大量商品销往世界各地，以英国为代表的西方国家迅速崛起，最早进入现代发达国家行列。美国作为西方国家的后起之秀，在贸易自由主义和贸易保护主义之间经历过多次反复。特别是在历次经济危机期间，贸易保护主义的思潮总能占据上风。此时期最为典型的就是斯姆特—霍利关税法。1930 年 6 月，为了应对日益严重的经济危机，时任美国总统胡佛不顾上千名经济学家的联名反对，签署并颁布了该法案，宣布将 2 000 多种进口商品的关税提升到历史最高水平。但是，美国的一意孤行迅速引发了其他国家的强烈反弹，从而引发了一场全球性的贸易大战。在该法案通过后，加拿大率先采取反制措施，此后英国、法国、德国等许多国家纷纷跟进，相继对美国采取了报复性关税措施。贸易战对正处危机中的各国可谓是雪上加霜。雅克布·麦德森的研究表明，在 1929—1932 年经济危机期间，全球主要的 17 个经济大国由于贸易壁垒的提高，世界贸易规模实际上萎缩了 33%，其中 14%是由各国国民生产总值的下降造成的，8%是由于名义关税税率的提高，5%归因于通货紧缩导致的实际关税税率的增加，而 6%则是由于非关税壁垒的设置。① 除此以外，此次贸易大战还加重了经济危机的程度，导致失业率大幅上升。就在斯姆特—霍利关税法通过时的 1930 年，美国的失业率为 7. 8%，而到 1931 年已经骤升至 25. 1%。

第二次世界大战之后，随着美国全球霸权的确立，以自由贸易为主旨的国际贸易秩序在美国的主导下开始建立。但是与此同时，各种形式的贸易保护主义也开始成为打击竞争对手的一种常用手段。最典型的例子是在 20 世纪 80 年代，由于日本的崛起有可能对美国经济霸权形成挑战，美国毫不犹豫地对日本发动了贸易战，在十余年的时间里，总共对日本发动了 15 次“301 条款”调查，并逼迫日元大幅升值。在美国的贸易大棒下，日本此后步入了长期的经济萧条阶段，至

① MADSEN J B. Trade Barriers and the Collapse of World Trade during the Great Depression [J]. Southern Economic Journal, 2001, 67 (4).

今未能完全恢复元气。

2017 年 1 月，美国特朗普政府上台后，贸易保护主义思想迅速抬头。由于美国一意孤行的贸易战，全球经济与就业形势由此变得更加不确定。多个国际组织及研究机构发表的预测报告，都对未来的经济与就业形势表示了悲观。经济合作与发展组织（OECD）发布的全球经济展望报告中预测，2018 年的全球经济增长将达到近期 3.7%的峰值，而 2019 年全球整体的实际经济增长率为 3.5%，比 2018 年有所下跌。世界银行发表的半年度预测报告则认为，受金融市场无序波动可能性增加、贸易保护主义情绪上升、政策不确定性和地缘政治风险居高不下的影响，未来十年将是 20 世纪 90 年代以来经济潜在增速最慢的十年。

经济增长的不确定性直接影响就业机会的增加。国际劳工组织发布的《2018 年全球劳动力就业趋势》中预计，虽然 2018 年全球失业率有望比 2017 年的 5.6%略微降低到 5.5%，但全球失业人口总量仍有近 2 亿人左右。而且弱势就业群体的数量不降反升，2017 年全球劳动力中有约 42%（14 亿人）处于弱势就业状态，其中发展中国家的比例甚至高达 76%。令人担忧的是，2018—2019 年还将进一步增加，每年预计增加的弱势就业人口数约为 1 700 万人。①

美国发动的贸易战除了对全球经济及就业产生负面影响外，实际上对自身的发展也留下了后患。从美国的经济数据来看，2018 年全年经济增速达到 3%，要明显高于 2010—2017 年期间年均 2.2%的增速。在就业形势方面，2019 年，美国的失业率已经降低到 4%以下，最低失业率低至 3.7%，创造了近 50 年来的最低水平。不过，无论是美国的经济增长还是就业形势，在贸易战的冲击下极有可能出现逆转。美国经济短期走强主要是受到特朗普政府出台的大规模减税和不断增加政府支出等财政刺激政策的推动。随着减税增支的政策红利逐步消退，美联储持续加息的货币紧缩效果进一步显现，经济学家普遍认为美国经济增长将明显减

① ILO. World Employment and Social Outlook: Trends 2018 [R]. https://www.ilo.org/global/research/global-reports/weso/2018/WCMS_615594/lang--en/index.htm.

速，回到2%左右的增速区间。不仅如此，考虑到美国目前的低失业率有赖于低劳动参与率，美国的实际失业水平事实上要高得多。例如，里根时代后期美国的劳动参与率近66%，克林顿时代美国的劳动参与率超过了67%。而自2008年经济危机以后，美国的劳动参与率基本不超过63%。

## 二、贸易战的本质是“就业战争”

特朗普上台后，一直以增加就业岗位、恢复美国制造业辉煌为口号。从历史上来看，美国制造业的辉煌时期是20世纪70年代。那时有超过1 950万美国人在制造业工厂中工作，此后就开始经历了一个相当稳定的下降期。到如今，只有大约1 240万名工人留在制造业当中。从比例上来看，目前大约只有8%的美国工人在制造业就业，而1970年则达到22%。但是，美国制造业的相对衰落，只是经济结构调整的结果。随着科学技术的发展以及生活质量的提高，美国的就业市场出现了比较典型的“极化”现象。美国劳工局将职业分成四大类别，其中“非常规脑力”（non-routine cognitive jobs）包括经理、计算机科学、建造设计、艺术家等职业，“非常规体力”（non-routine manual jobs）包括食品准备、个人护理、零售等职业，“常规脑力”（routine cognitive jobs）包括行政、销售等职业，“常规体力”（routine manual jobs）包括建筑业、制造业、生产等职业。在过去几十年，美国劳工市场的技术工种构成已经明显转变，“非常规”种类职业的就业比例迅速增加，而“常规”职业的就业比例大幅减少。

在新冠肺炎疫情暴发之前，事实上，美国的就业形势可以称得上“非常好”，基本实现了“充分就业”的目标。美国劳工部公布的数据显示，2019年年底，美国失业率继续维持在3.5%的低水平，已连续超过一年多维持在4%及以下，为35年来的低位。2018年，衡量在职和求职人口总数占劳动年龄人口比例的劳动参与率上升0.3个百分点至63%，为2010年以来最大单月增幅。而且美国员工时薪也有了持续性的增加。

但即便如此，美国国内的贸易保护主义者和民粹主义者一直指责中国“抢”了美国人的饭碗。他们固执地认为，通过提高关税或其他贸易压制，就能够从中国手中抢回失去的就业岗位。特朗普执政后，一直鼓吹“移民和海外工厂抢走美国人工作”，并表示要为底层劳动者创造更多就业岗位。而这其中，重振制造业就是一条重要的途径。换句话说，美国虽然就业形势好转，但底层劳动者的就业形势并未发生根本性的变化，而且长期失业者数量减少有限。根据美国劳工部的统计，2017 年年底，美国 15 周以上的中长期失业率仍比 20 世纪 90 年代经济繁荣时期要高 0.75%。这也表明美国仍有相当数量的失业劳动力被排除在劳动力市场之外。不仅如此，收入分配差距扩大，也加剧了底层劳动者的生活困境。根据 OECD 的一项研究，2017 年，美国的基尼系数为 0.39，位列 OECD30 个成员中第三位，仅次于最高的智利（0.47）和第二的墨西哥（0.46）。另据美国智库布鲁金斯学会的一项研究表明，2016 年美国收入排名前 1%的人其财富占比达到居民财富总额的 24%，创历史新高。与此相对应，收入最低群体中后 20%家庭的实际收入非但没有上升，反而下降了。当然，特朗普通过贸易战想把就业岗位抢回美国的想法也太单纯简单了。例如，在服装生产方面，美国生产线劳动人口从 1990 年以来已萎缩超过了 90%，电子行业减少近 40%就业。如今，中国国内不少劳动密集型产业也开始转移到南亚、东南亚和非洲等劳动力成本更低的地方。在这种情况下，试图通过向中国发动贸易战达到就业回流美国的目的就变得很难实现。

## 三、贸易战是未来中国必须面对的一种“常态”

改革开放以来，中国与包括美国在内的其他国家贸易摩擦从未中断过。特别是 2001 年中国加入 WTO 后，贸易摩擦开始变得日益频繁。据商务部统计，从 1995 年 WTO 成立至今，中国遭受到的反倾销案件总数约占全球 1/4，反倾销调查案件占23%，反倾销措施案件约占25%。仅在2017年，中国共遭遇了来自21个国家（地区）发起的贸易救济调查就达到75起，涉及金额达到110亿美元。在WTO的产品分类中总共有18大类，除了动植物油脂之外的17类产品都遭受过程度不同的反倾销调查。到2018年，中国已连续23年成为全球遭遇反倾销调查最多的国家，并连续12年成为全球遭遇反补贴调查最多的国家。

美国不仅是世界上最大的经济体，而且与中国还互为贸易第一大国。2018年，中美两国之间仅货物贸易就已经超过了6 300亿美元，双向投资累计金额超过2 400亿美元。但是，随着中国经济的不断崛起，美国对中国的贸易政策也出现多次调整，但贸易摩擦从未停过。早在改革开放之初的20世纪80年代，美国发动的对华反倾销调查案件就有17次，平均征收的关税税率超过40%。20世纪90年代以后，美国又向中国发动了多次特别“301条款”调查。商务部统计显示，在1995—2016年期间，美国对中国发起反倾销调查数量达到141起，占同期中国遭受反倾销调查总数的11.6%。

2017年8月，美国贸易代表办公室宣布对中国重启“301条款”调查。2018年4月4日，美国政府宣布了加征关税的商品清单，将对我国1 333项总计金额达500亿美元的商品加征25%的关税。紧接着，特朗普又要求美国贸易代表办公室依据“301条款”，额外对1 000亿美元的中国进口商品加征关税。2018年9月，中美贸易战再度升级，美方宣布自当月24日起将对2 000亿美元中国商品加征关税，税率为10%，2019年1月1日起上升至25%。不仅如此，美方还威胁如果中方不能按照美方的要求达成新的贸易协定，或者采取报复措施的话，那么将对剩余的2 670多亿美元的中国输美产品加征新的关税。

在此过程中，中国除了对等地采取措施反击美国的无端指责外，也一直强调用谈判解决双方分歧的立场。在经过多次博弈之后，双方终于在2020年1月达成了第一阶段贸易协定。但是，在疫情期间，中美贸易摩擦不但没有减少，反而呈愈演愈烈之势。几乎可以肯定的是，中美贸易摩擦并不会因此而止步。相反，随着中国经济的持续增长，中国崛起已成为全球新兴发展力量的代表，以美国为首的西方国家绝不会就此而罢休。特别是在经贸领域，双方的冲突加剧乃至重燃贸易战火并非是不可能的事情。从历史经验来看，一旦一国的经济力量接近美国之时，就是美国举起贸易战大棒之时。20 世纪 90 年代，日本的 GDP 总量最高时达到美国的 71%，人均更是美国的 2 倍，但经过美日贸易战后，日本经济与美国的差距越来越大。另一个典型案例是苏联，一般估计，20 世纪 70 年代末期，苏联的 GDP 总量一度达到美国的六成，但此后经济增长乏力，特别是 1991 年苏联解体后，如今的俄罗斯在经济上基本上不能与美国相提并论。2019 年，中国的 GDP 总量按美元计已超过 14 万亿美元，美国则超过 20 万亿美元，中国的 GDP 总量业已接近美国的 70%。从未来的发展来看，中国进一步缩小与美国的差距几乎是可以确定的大概率事情。而根据世界银行等国际组织按照购买力平价来测算的经济总量，中国已经达到甚至超过了美国的水平。在这种情况下，以美国为首的西方国家呈现出对中国崛起的“集体焦虑”，以经贸为武器打压中国，必将成为一种“常态”。

## 四、贸易战背景下中国经济转型升级与就业结构调整

目前，中国经济发展正处在转型升级的关键时期，就业结构的调整也正在加速进行。在贸易战的背景下，我国的经济发展和就业将遭受一定程度的冲击，面临着诸多的挑战。

首先，经济下行对扩大就业提出挑战。全球金融危机爆发以来，我国的经济增长速度出现了逐级走低的态势。2010 年，经济增速高于 10%。但到 2019 年，经济增速已经低于 7%，该年四个季度的经济同比增速依次为 6.4%、6.2%、6.0%、6.0%，经济放缓苗头明显。还有一些关键指标也显示当前中国经济有可能存在着进一步降速的风险。国家统计局的数据表明，2019 年城镇固定资产投资同比仅增加 5.1%，其中工业投资、基建投资、民间固定资产投资均创近 20 年

来的新低。消费增速也明显放缓，2019 年社会消费品零售总额同比增长不足 10%，这是自 2003 年以来的最低增速。以上可见，在拉动经济增长的“三驾马车”中，最重要的投资和消费已经出现了一定程度的走低，这对未来的经济增长提出了巨大的挑战。经济增长下行压力增大，保持就业稳定和就业扩大的任务就更加艰巨。

其次，与贸易战直接相关的制造业及其就业形势不容乐观。在中美贸易战中，围绕“中国制造 2025”的相关行业贸易争端是其中的主要内容之一，也是美国等西方国家刻意打压的主要对象。面对摩擦不断的贸易冲突，虽然我国的对外贸易依然保持了平稳增长，但未来的前景有不甚明朗的地方。此外，2018 年 12 月全国制造业采购经理人指数（PMI）只有 49.4%，不仅降至荣枯线下，也创下 2016 年 3 月以来新低、2009 年以来同期新低。我国制造业景气状况明显转差，这无疑会增大近 1 亿制造业领域劳动力的就业压力。按照比较优势理论，国际贸易的发生主要是各国依据本国的比较优势来进行的。对于中国而言，劳动力比较优势是改革开放的起点。经过 40 多年的发展，虽然劳动力成本有了较大的提高，但总体而言，劳动力比较优势依然存在。以中美为例，根据北京师范大学收入分配研究院 2016 年发布的《中国劳动力成本问题研究》数据，2005 年，中国劳动力小时工资为 0.92 美元，美国为 30.13 美元，后者是前者的 32.8 倍；到 2013 年，中国劳动力小时工资迅速上升到 3.88 美元，美国也提高到 36.34 美元，两者的差距缩小到 9.4 倍。但即便如此，中国劳动力成本也仅有美国的不到 11%。如果再考虑到劳动生产率的差异，那么中国制造业单位劳动力成本（每小时劳动力成本/小时产出）也仅有美国的 60%左右。反映在两国的贸易上，据海关统计，中美贸易顺差有所扩大。2018 年我国对美国进出口总额 4.18 万亿元人民币，占进出口总额的 13.7%，同比增长 5.7%。其中，对美出口总额 3.16 万亿元，增长 8.6%；自美进口总额 1.02 万亿元，下降 2.3%；贸易顺差 2.14 万亿元，扩大 14.7%。具体而言，中国对美国贸易顺差主要来自劳动密集型为主的商品贸易，但知识和技术密集型为主的服务贸易却存在着明显的逆差。根据商务部公布的数据，2017 年中国对美的商品贸易存在着 2 758 亿美元的贸易顺差，但是在服务贸易方面，中美之间却存在着超过 400 亿美元的逆差。2006—2016 年期间，中美服务贸易总额增长 3. 3 倍，而逆差却增长 33. 7 倍。具体来看，根据海关部门的统计，2017 年全年，中国出口到美国的计算机和电子产品最多，占出口额的 36. 5%；其次为电气设备，占比 8. 6%；杂项制品第三，占比 8. 3%；电气以外的机械设备第四，占比 6. 9%；服饰第五，占比 5. 8%。这其中，中国外贸很大部分是加工贸易，即从别国进口用于组装成品的零部件，加工完毕后再次出口到世界其他地区，而电子产品是加工贸易的主力军，以苹果手机为例，中国是苹果全球最大的组装基地，但获得的组装费仅占苹果手机全部利润的 2%左右。

最后，国内经济结构调整导致摩擦性失业增多。在经济转型升级加速的情况下，就业领域的结构性矛盾日益突出。目前，我国正处在新旧动能转换、产业结构升级的关键时期，就业结构的加速调整造成了摩擦性失业现象的产生。一方面，大量产能过剩、技术落后的企业遭到淘汰。在去产能、去库存的过程中，产生了一大批“僵尸企业”需要处理，由此也涉及不少职工的转岗和再就业。根据学者们的估计，在我国的工业企业中，“僵尸企业”的比例大约占到了 7. 51%。① 另一方面，以人工智能、机器人等为代表的技术进步对就业的短期负面影响不容忽视。由于劳动力成本的上升，越来越多的企业倾向于用机器人替代工人。美国著名经济学家阿西莫格鲁和雷斯特雷波经过研究得出结论，在美国经济中，每增加一台机器人就会减少 5. 6 名工人的就业，而且工资还会下降 0. 25%至 0. 5%。② 根据 2016 年工信部等部门发布的《机器人产业发展规划（2016—2020 年）》，到 2020 年，我国的自主品牌工业机器人年产量要达到 10 万台，其中六轴及以上工业机器人的年产量必须达到 5 万台以上。从短期来看，机器人的大量应用，对低

① 黄少卿，陈彦. 中国僵尸企业的分布特征与分类处置［J］. 中国工业经济，2017（3）.

② ACEMOGLU D，RESTREPO P. Robots and Jobs：Evidence from US Labor Markets［R］. NBER Working Paper No. 23285，2017.

端劳动力具有较强的替代作用，由此产生的摩擦性失业也会增多。

## 五、应对贸易战对经济与就业影响的主要对策

### （一）加快贸易发展方式转变，从传统的劳动力比较优势向技术优势转换

改革开放之初，我国充分利用劳动力数量庞大、工资水平低的比较优势，大力发展劳动密集型出口产品。实践证明，劳动力比较优势是我国取得对外贸易巨大成就、迅速成长为世界贸易大国的重要经验之一。但是，在当前激烈的贸易战中，随着我国人口与劳动力红利的逐渐消退，单纯地依靠劳动力比较优势已经不能适应外贸环境的变化。因此，有必要加快从传统的劳动力比较优势贸易模式向以技术引领的贸易模式转变的步伐。经过 40 多年的发展，我国的技术水平有了很大的提高，技术积累也有了扎实的基础。我国已经连续多年成为世界上专利申请量最多的国家，技术进步对国民经济增长的贡献率达到 60%左右，远超劳动力投入对经济增长的贡献率。在我国的出口产品中，具有一定技术含量和知识产权的产品数量越来越多。大力发展技术密集型企业，高度重视技术在国际竞争中的核心作用，有利于打破贸易摩擦中被人“卡脖子”的被动局面，从而掌握国际贸易的主动权。

### （二）实施主动进口的贸易政策，合理加大对外投资力度

扩大进口有助于提高发展质量和就业结构升级。随着经济发展和人民生活水平的提高，从国外进口更多更好的产品，不仅是国民经济进一步高质量发展的需要，也是推动国内消费升级的必要途径。目前中国拥有的外汇储备超过 3 万亿美元，并已成为全球最大市场之一，进口占全球份额十分之一左右。统计数据显示，全球金融危机爆发后的 10 年时间里，中国的进口额增加了 5 800 多亿美元，占到全球增量的近 20%。此外，我国还是服务贸易的进口大国，引进国外智力资

本和技术资本，对推动国民经济可持续发展发挥了十分积极的作用。引进国外大量的高质量进口商品和服务，也会提供不少的就业机会，包括进口商、销售商、代理商等，对提高劳动者就业质量有积极作用。通过对外投资，转移到他国生产或者到贸易国当地生产，是有效回避贸易摩擦的途径之一。根据统计，截至2019年年底，中国对外直接投资的存量已经达到2.2万亿美元，排名全球第三位。从投资领域来看，中国对外直接投资涵盖了国民经济几乎所有行业大类，其中主要流向商务服务、制造、批发零售、金融领域的投资均超过了一百亿美元，占比八成以上。存量规模超过千亿美元的行业有6个，分别是租赁和商务服务业、批发和零售业、信息传输/软件和信息技术服务业、金融业、采矿业和制造业，占中国对外直接投资存量的86.3%。此外，2019年中国企业共实施对外投资并购共有467起，涉及全球68个国家和地区。对外投资固然能够在一定程度上规避贸易摩擦，绕开各种贸易壁垒，但对于仍处于发展中国家的中国来说，尚需保持一定的警惕和慎重。因为资本外流容易导致本国的产业空心化，对本国就业的影响也需要认真评估。

### （三）进一步扩大实施"一带一路"倡议，减少对少数国家的外贸依存度

目前，我国"一带一路"倡议得到大多数国家的认可，取得了丰硕的成果，这为我国对外贸易的多元化，进而减轻对少数国家的外贸依存度，发挥了十分积极的作用。"一带一路"倡议的实施扩大了中国劳动力市场半径，改善了中国的就业环境，使中国劳动者的就业在很大程度上不再局限于地域差异和固定的岗位；同时，在一定程度上使得中国劳动者的就业观念发生相应转变，促使其形成正确的就业观。应该将促进要素市场发展和国际人才交流纳入"一带一路"倡议框架建设之中，在推动企业"走出去"的同时，也推动人力资源"走出去"。首先，强化对外劳务合作的广度和深度，实现在全球范围内对中国人力资源的整合。加快中国对外劳务合作转型，一方面，引导中国企业在高端劳务方面积极与其他国家合作，实现劳务输出人员从熟练工人为主逐步向大中专以及职业技术学

校毕业生为主的转变；另一方面，适当调整对外劳务输出结构，努力向发展前景好、有利于发挥中国劳务优势的国别市场转移，有效推动与欧洲发达国家的人力资源国际合作。其次，继续保持传统优势，尽快弥补关键短板。发挥中国工人勤奋刻苦、技能熟练、生产率高的优势，通过传帮带的方式帮助当地工人提升技能水平，同时，积极提升自身综合竞争力，强化自身语言能力，主动与当地社会经济环境相融合，重视中国传统文化的交流。推动校企合作模式，建立院校海外实训基地，实现高端劳务的培养和品牌的建立，进而促进中国对外劳务交流合作的转型。再次，增强行业规范管理服务，为对外劳务合作发展创造良好的平台。创新人力资源服务模式，借助“互联网+”平台，提供信息匹配、咨询和培训等服务。促进行业协会和商会积极发挥作用，推动对外劳务输出模式由传统外派劳务向国际劳务合作的有效转变，建立和完善利于对外劳务合作的有序竞争的中介服务市场。建立健全对外劳务合作相关的管理制度，加强相关部门之间的沟通，妥善解决和清除签证等方面的障碍，同时，加强动态监测和研究，合作共建专门智库，针对热点问题提出应对策略。最后，加强政府之间的谈判和沟通，尽早获得与劳务合作相关的市场准入资格、优惠国待遇、国民待遇；及时解决和消除劳务合作中存在的问题和障碍，主动磋商不合理、过于苛刻的属地用工制度和政策，保障国际劳务合作的顺利开展。

### （四）充分利用和熟悉国际贸易规则，鼓励企业在面临各种贸易争端时积极应诉

目前，国际贸易摩擦的手段和方式多种多样，既包括常规的关税手段，也包括各种非关税手段，如绿色壁垒、技术标准、劳工标准，以及某些国家的国内法规定。在面对各种国际贸易诉讼时，国内企业必须积极主动进行应诉，争取在国际贸易的框架范围内（如 WTO 机制）解决争端，保护自身的权益，从而维护劳动者的根本利益。但在现实中，有不少国内企业不熟悉国际贸易规则，对冗长的贸易申诉产生畏难心理，企业不抱团取暖，各自为政，这就使得一个企业遭到反

倾销诉讼，连累同行业一大批企业遭殃。为此，政府可以加大对企业国际贸易规则方面的培训力度，组织专业的国际贸易规则和国际贸易法专家对企业进行指导和帮助。企业也必须克服畏难心理，积极主动地走出国门去维护自身合法的权益。

### （五）高度重视对劳动力的教育和培训，增强劳动者的就业适应能力

从根本上来说，一国贸易竞争力主要取决于本国的劳动力素质。改革开放以来，特别是20世纪90年代末期开始的大学扩招，使得我国劳动力素质有了很大提高。目前，我国6岁以上人口的人均受教育年限超过了9年，基本达到了初中毕业水平。而新增劳动力的受教育程度上升明显，超过了13年，达到了大学一年级的水平。此外，劳动力接受培训的比例也大幅提高，技能型人才队伍不断壮大。但是，与发达国家相比，我国劳动力素质要明显偏低，无论是平均受教育程度，还是技能型人才的比例依然存在着很大的差距。例如，德、日等发达国家高级技工占技工的比例有20%~40%，而中国还不到4%，缺口总量超过1 000万人。在这种情况下，我国不少出口产品质次价廉，在全球价值链中大多处于微笑曲线的下端，利润微薄，竞争力不足，可替代性强。因此，从“贸易大国”向“贸易强国”迈进，必须高度重视劳动力素质的提高。除了大力发展正规教育外，还应该对劳动力开展长期有效的终身职业技能培训，这是提高我国对外贸易竞争力的根本之道。

### （六）尽快建立应对贸易冲突的就业应急机制

从目前的形势看，美国频繁发动贸易战以遏制中国崛起势必成为一种常态，而且不排除部分国家跟风的可能性。面对美国在贸易方面咄咄逼人的攻势，如何在严峻的形势下攻守自如，确保“中国优先”“就业优先”，是一项亟待解决的重大课题。很显然，在我国劳动密集型出口企业依然占据重要地位的情况下，贸易冲突对我国的就业冲击将会变得十分明显。因此，有必要尽快建立相应的就业

应急机制，防止短时期内因贸易冲突而出现较大规模的失业现象。特别是应加强对涉美出口贸易企业的经营情况和用工情况监控，要求企业内部也必须建立起相应的用工应急机制。国际劳工组织为应对重大突发事件对劳动者及其家庭造成的灾难制定了就业应急机制，形成了比较健全的就业应急体系，有许多有益的做法和经验值得中国参考和借鉴。1999 年，为了整合各类资源促进危机应急参与各方实施就业干预，进而应对危机的负面影响，国际劳动组织制定了《危机应急与重建主体计划》。该计划主要包括就业应急的协作机制、就业应急的评估机制和就业应急项目的制定机制三个方面的主要内容。其中，在就业应急项目的制定机制方面，将应急项目分为上游活动和下游活动两类，前者是指将就业与民生恢复措施融入国家与社区的重建战略与政策中，后者是指针对受灾人口的就业岗位创造的具体项目。国际劳工组织还将危机应急区分为救援阶段、恢复阶段、恢复性重建阶段、发展性重建阶段四个阶段，并对在各个阶段参与的方式和发挥的作用都进行了详细阐释，各阶段的侧重点与措施策略有很大的差异。总体而言，就业应急机制的重点是实施危机环境下促进就业的各种措施，如促进就业密集型重建与恢复工程、促进受灾群体的社会经济融合、开展技能培训、实施地方经济发展计划、扶持小微企业发展等。

# 第八章

# 新冠肺炎疫情对就业的影响分析①

2020 年年初开始流行的新冠肺炎疫情，对全球经济社会产生了重大冲击。根据世界卫生组织的统计，截至 2020 年年底，全球新冠肺炎确诊病例超过 2 300 万例，死亡病例则超过 183 万例。疫情对中国的冲击也十分明显。数据显示，中国的新冠肺炎感染者达到近 10 万人，累计死亡 4 700 多人。此次疫情是新中国成立以来在我国发生的传播速度最快、感染范围最广、防控难度最大的一次重大突发公共卫生事件。根据医学专家的判断，相较于 2003 年暴发的非典型肺炎（SARS）疫情，此次新冠肺炎疫情具有传染性强、致死率低的特点。但在现代交通体系和网络通信技术日益发达的背景下，这些特点使得疫情给全社会带来的恐慌情绪更强烈，对经济社会以及就业产生的冲击力更大、波及面更广。除了民众普遍关心的疫情对健康的影响外，疫情对中国经济与就业的冲击也需要引起高度的重视。迅速调整政策，确保中国的各项经济社会发展目标顺利实现，兜牢就业这个最大的民生底线，无疑是政府必须高度重视的重大事情。

① 原文发表在 2020 年第 3 期《中国劳动》，内容根据需要进行了补充和修改，作者为李长安、徐宁。

# 一、疫情对我国就业产生多方面的冲击

## （一）经济明显下滑增加稳就业的困难

此次新冠肺炎疫情对经济增长的影响究竟有多大，一些国际组织和专家学者在借鉴 2003 年非典型肺炎疫情的经验基础上，对此进行了初步的估计。突发疫情造成经济损失不可避免，之前 SARS 暴发时期，Hanna 和 Huang 估计 SARS 的总成本约为中国 GDP 的 1.5%，而实际仅为 0.5%，比预估要好。① Beutels 等研究发现，北京的休闲、运输及旅游业在 SARS 期间受挫较重，旅游业中无法弥补的损失就约 14 亿美元，为 SARS 治疗费用的 300 倍。② 此次新冠肺炎疫情对世界经济也带来了连锁反应。Brodzicki 认为，该疫情将对工业生产、全球贸易流以及全球物流网络带来严重干扰。③ 上海国际问题研究院提到，该疫情将会使服务贸易短期下降，还可能影响全球产业供应链的稳定。④ Nguyen 指出，该疫情带来的旅游减少和供应链破坏已影响到东南亚国家的经济。⑤

事实上，如今的经济增长背景与 2003 年存在着较大的差异。如果说 2003 年

---

① HANNA D, HUANG Y. The Impact of SARS on Asian Economies [J]. Asian Economic Papers, 2004, 3 (1): 102-112.

② BEUTELS P, JIA N, ZHOU Q Y, et al. The Economic Impact of SARS in Beijing, China [J]. Tropical Medicine & International Health, 2009, 14 Suppl 1 (s1): 85-91.

③ BRODZICKI T. Impact of COVID-19 on the Chinese and Global Economy [EB/OL]. https://ihsmarkit.com/research-analysis/impact-of-covid19-on-the-chinese-and-global-economy.html,2020-02-18.

④ 上海国际问题研究院. Revitalize China's Economy: Winning Another Battle Against COVID-19 Epidemic [EB/OL]. http://www.siis.org.cn/UploadFiles/file/20200224/20200224224310_[SIIS%20Report%20III]-Revitalize%20China%E2%80%99s%20Economy%20Winning%20Another%20Battle%20Against%20COVID-19%20Epidemic.pdf,2020-02-24.

⑤ NGUYEN T. The Economic Fallout of the Coronavirus in Southeast Asia [EB/OL]. https://carnegieendowment.org/2020/02/13/economic-fallout-of-coronavirus-in-southeast-asia-pub-81070,2020-02-13.

还处于经济高速增长时期的话，那么近些年来我国经济增速明显减缓，下行压力明显增大。其中 2019 年经济增长率从一季度的 6.4%回落到四季度的 6.0%。在这种情况下，疫情的暴发无疑会加快经济进一步下滑的可能性。

经济增长是拉动就业扩大的主要力量，2019 年，我国 GDP 每增长 1 个百分点，城镇新增就业岗位能够增加 200 万人左右。换句话说，如果 GDP 增长率受疫情影响下降 1 个百分点，那么将会使城镇新增就业减少 200 万人左右。因此，应对疫情冲击。实现稳就业的前提，就是要恢复和稳定经济增长。

### （二）对相关行业特别是服务业的冲击加剧结构性就业问题

新冠肺炎疫情暴发以来，出于公共卫生安全的考虑，许多地方采取了“封城”的严厉措施，人员流动受到了极大的限制，大多数的行业都受到了不同程度的影响。这其中，尤对交通运输、餐饮娱乐、旅游等服务业的冲击最大。当年 SARS 使得 2003 年旅客周转量增速为-2.3%，国内旅游人次下降 0.9%，旅游总收入下降 11.2%。而此次新冠肺炎疫情暴发后，为了应对疫情所采取的举措则远比 SARS 时期严厉，大量服务企业停止服务。目前，服务业对国民经济的贡献率已经大大超过了 SARS 时期，2019 年达到 54%。因此，服务业的大幅下滑，必将对整个经济增长带来更大的冲击。不仅如此，服务业已成为吸纳就业最重要的阵地，服务业的就业人数已达到 3.6 亿人左右，占全部就业人数的比重超过了 46%。这就是说，即使疫情影响到了 1%的服务业从业人员就业，那么就会有 360 万人出现就业困难。毫不夸张地说，服务业是稳就业的“定海神针”，假如服务业不稳，稳增长、稳就业就会失去基础。

### （三）对外贸易形势更加严峻抑制出口型企业用工需求

随着新冠肺炎疫情的蔓延，许多国家和地区采取了关闭边境或者其他限制人员流动的做法，人流、物流都受到了极大的阻碍，国与国之间的经贸往来受到很大冲击，对外贸易形势更加严峻。根据海关总署发布的数据，2020 年上半年，我国进出口总额14.24万亿元，下降3.2%。其中，出口总额7.71万亿元，下降3%；进口总额6.53万亿元，下降3.3%。目前，我国已经是世界上贸易额最大的国家之一，与外贸有关的企业吸纳就业有数千万人之多。因此，外贸的大幅度萎缩必将对与此相关的进出口企业产生影响，并由此对关联的就业产生冲击。此外，我国每年对外劳务输出约50万人左右，这部分劳动力也有可能受到疫情的影响而缩减。

### （四）对中小企业特别是小微企业的巨大冲击削弱其就业吸纳能力

中小企业不仅占全部企业数量的99%以上，也是就业和创新创业的主要阵地。由于承受风险能力普遍较弱，中小企业特别是小微企业受到疫情的打击尤为严重。受延期开工的影响而造成的延迟复工会增加经营成本、减少营业收入，从而增加经营的困难。对于许多实体经济来说，疫情的冲击也将会使规模性失业的风险大大增加。

从重点群体来看，做好大学生就业工作是我国就业政策的重要一环，而新冠肺炎疫情对应届大学生就业的冲击需要引起高度重视。2020年，应届大学毕业生总数达到874万人，创历史新高。应届大学毕业生大约占城镇新增就业的60%，相较于2003年暴发的非典型肺炎疫情，此次新冠肺炎疫情给经济社会带来的影响程度更深，对应届大学生就业产生的冲击力更大、波及面更广。农民工是我国就业工作的另一个重点群体。如今，非农收入已经成为农民收入的一个重要组成部分。但是由于疫情影响，很多农民工没办法出去打工，导致他们的工资性收入直接减少。与此同时，物流的中断也使得大量农产品销售不畅，农业收入也大打折扣。

### （五）疫情减少农民工就业机会

2020年是实现现有标准下贫困人口全部脱贫、贫困县全部摘帽、消除区域性整体贫困的决胜之年，也是全面建成小康社会目标实现之年。由于此次暴发的新冠肺炎疫情持续时间长、波及面广，已经对我国的经济社会发展产生了明显的冲击，特别是2020年一季度GDP增长率跌落到-6.8%，创近60年来的最低，这对于完成脱贫攻坚目标无疑增添了困难。不仅如此，经济减速还会削弱地方政府扶贫资金的投入能力，使得扶贫攻坚工作必要的资金保障有可能出现缺口。

此外，人流、物流中断使得贫困人口减收问题比较突出。一方面，疫情的持续将使农村居民的农业收入减少。在疫情期间，由于交通运输中断，农产品的物流渠道遭遇巨大困难，许多地方出现了农产品滞销的情况。农产品滞销使得贫困人口雪上加霜，收入大打折扣。另一方面，由于企业复工推迟和中小企业经营困难，将使贫困人口转移就业更难，进而减少他们的工资性收入。非农收入是贫困人口增收的重要途径，目前务工收入在贫困地区农民的收入中占到1/3强，是他们主要的收入来源之一。但是，受疫情影响，许多企业被迫延迟复工，而不少企业特别是中小企业由于经营困难减少招工人数或者降低工资水平，使得贫困人口的就业机会大大减少，收入水平也有可能降低。而为了防疫许多村庄又实施封闭式管理，使得贫困人口短时期内无法走出去务工，增收减贫大受影响。

防疫与扶贫不能兼顾导致一些地方扶贫工作放松。毫无疑问，防疫是疫情期间最重要的工作，各地将重心放在防疫方面也无可厚非。但是，不少地方不能正确处理防疫与扶贫的关系，片面地将两者对立起来。特别是由于疫情持续时间较长，不少村庄封闭日久，村干部又忙于防疫抗疫，扶贫工作没有多大进展，被隔离的贫困人口的状况得不到改善，特别是那些重度残疾或患病的贫困人口如果缺乏关爱和照顾，基本生活都有可能陷入困境。这些无形中都增加了疫后扶贫工作的难度。

脆弱人群“因疫致贫”“因疫返贫”的风险有所增加。虽然已有大量的贫困人口摆脱了贫困，但处于贫困边缘的脆弱人口依然十分庞大，其中包括重度残疾人、大病或慢性病患者等。国务院扶贫办的调查数据显示，目前在全国已经脱贫的9 300多万建档立卡贫困人口中，近200万人存在返贫风险。另外在边缘人口中，有近300万人存在致贫风险。这些脆弱人口一旦遇到意外冲击，极容易重新陷入贫困之中，“因疫致贫”“因疫返贫”问题比较突出。

### （六）疫情对劳动关系也产生不利影响

自新冠肺炎疫情暴发以来，为了打赢疫情防控阻击战，各地纷纷采取了包括隔离、封城、交通管制、延长春节假期、推迟复工时间等各种防控措施。应该说，这些措施对缓解并最终化解疫情是十分必要的。但是，由于疫情的严重性和扩散性远远超过了2003年的SARS时期，对经济社会的影响也更为广泛。特别是对于劳动关系的冲击，容易引发各种劳动纠纷，需要予以特别的关注。

具体来说，疫情对劳动关系的影响是多方面的，最主要的是部分企业可能因经营困难而裁员对劳动关系的冲击。疫情对经济社会发展产生了不可忽视的影响，特别是对交通运输、餐饮娱乐、旅游等服务业的冲击尤为明显。大量中小企业由于承受风险能力普遍较弱，因而受到疫情的冲击尤为严重。如果服务业及中小企业出现了经营困难，一些企业就会采取裁员、减薪等措施加以应对，那么劳动关系较为集中的紧张局面就会形成。此外，还必须高度重视新冠肺炎患者和被隔离者的权益如何保障可能引发的劳动纠纷。对新冠肺炎患者、疑似病人、密切接触者等被隔离或治疗期间不能提供正常劳动的职工，如何确保他们的劳动权益，显然是一个现实而又紧迫的问题。此外，在未来的企业招聘过程中，如何确保已康复患者不受歧视，也是一个需要解决的问题。

需要特别关注的是，疫情还有可能对部分劳动者形成就业歧视。2020年3月，国务院办公厅正式发布了《关于应对新冠肺炎疫情影响强化稳就业举措的实施意见》。该意见明确了支持企业特别是中小微企业的新举措，全力稳住就业基本盘。

随着疫情在全国范围内的逐步缓解，企业复工复产的速度在加快，员工的复岗率也在快速上升，而且企业在劳动力市场上的招聘规模也在不断扩大。但与此同时，用工市场上的一些不和谐现象也频频出现。例如，有些企业不愿招聘来自湖北特别是武汉的劳动者，有些企业以各种理由辞退来自湖北的员工。事实上，就业不公平不仅仅针对上述人员，一些湖北以外的新冠肺炎确诊患者，也有不少在治愈出院后接到了用人单位解除劳动合同的通知。

众所周知，自疫情暴发以来，处于疫情中心的湖北特别是武汉采取了最为严格的隔离和封城措施，以阻断疫情的蔓延，这也为其他地区的防疫争取了时间。客观地说，在疫情汹汹的时候，出于对病毒的恐惧，每个人都有远离病毒、保障安全和健康的需求，这也是人之常情。但是，对于来自疫情严重地区但身体健康的劳动者，或者即便感染但已痊愈的劳动者采取就业歧视的做法，就不仅不合理，更有可能触到法律的底线。

就业公平是世界上大多数国家都奉行的一条准则，我国也不例外。《中华人民共和国劳动法》第三条规定：劳动者享有平等就业和选择职业的权利。《中华人民共和国就业促进法》第三条规定：劳动者依法享有平等就业和自主择业的权利。劳动者就业，不因民族、种族、性别、宗教信仰等不同而受歧视。第二十六条规定：用人单位招用人员、职业中介机构从事职业中介活动，应当向劳动者提供平等的就业机会和公平的就业条件，不得实施就业歧视。第三十条规定：用人单位招用人员，不得以是传染病病原携带者为由拒绝录用。但是，经医学鉴定传染病病原携带者在治愈前或者排除传染嫌疑前，不得从事法律、行政法规和国务院卫生行政部门规定禁止从事的易使传染病扩散的工作。

因此，对于用工单位来说，虽然有招工用工的自主权，但自主权并不意味着不受约束，更不等同于可以对劳动者实施隐性的甚至是明目张胆的就业歧视。很显然，来自疫情严重地区的劳动者并不等于病毒携带者，自然也不能视同于病毒传播者。只要他们的身体健康，且在求职前、复工前满足了安全隔离的需求，他们就是安全的。用人单位依照有关防控要求对来自疫情严重地区的劳动者采取体温监测、体检等措施，或者要求他们度过隔离观察期，能够有效排除病毒传播风险。那么，来自疫情严重地区的劳动者和其他地区的劳动者一样，就应该享有平等的就业权利。

对于劳动者来说，如果在求职的过程中遇到就业歧视问题，也应该拿起法律的武器，维护自身的合法权益。《中华人民共和国就业促进法》第六十二条规定：违反本法规定，实施就业歧视的，劳动者可以向人民法院提起诉讼。而由于就业歧视被无故或借故解雇的劳动者，可以向工会组织求助，或者向当地劳动仲裁部门申请仲裁。如果还不能纠正用人单位的错误行为，也可以到人民法院起诉。

对于政府部门来说，政府应该加强对就业市场歧视行为的监管，劳动行政管理部门要加大执法监管力度，对故意实施就业歧视的企业进行惩罚，尽快形成公平合理的就业环境。

## 二、各国应对疫情冲击的就业政策

### （一）疫情对全球经济与就业产生重大冲击

国际劳工组织的报告显示，目前全球有六分之一的年轻人因新冠肺炎疫情失去工作，即使在岗的青年劳动者，其工时也缩短了23%，可见疫情对就业的冲击之重。具体来说，新冠肺炎疫情对就业的影响涉及不同的行业和领域，不同国家由于疫情发展态势不同，受到的打击也存在着差异。

1. 行业分析：全球贸易、制造业与航空旅游业的失业增加

目前，新冠肺炎疫情已经蔓延到200多个国家和地区，冲击着全球经济社会的方方面面，贸易、制造业、交通运输等领域波及较重，影响不断深入。

全球贸易所受的冲击相当明显。世界贸易组织（WTO）预计，由于新冠肺炎疫情打乱了正常的经济活动和生活，2020年世界商品贸易额乐观估计将下降12.9%，悲观估计下降幅度将达到31.9%，仅次于第二次世界大战时期的衰退程度。其中北美洲和亚洲所受到的出口影响较大，整个美洲的进口将遭受较为严重的冲击。随着后续企业复产复工，预计将在2021年商品贸易实现复苏，全球商品贸易额将上升21.3%~24.0%，逐步好转（见表8-1）。

表 8-1　　2018—2021 年商品贸易额年度变化率及估计

| | 过去年份 | | 乐观预计 | | 悲观预计 | |
|---|---|---|---|---|---|---|
| | 2018 | 2019 | 2020 | 2021 | 2020 | 2021 |
| 世界商品贸易量 | 2.9 | -0.1 | -12.9 | 21.3 | -31.9 | 24.0 |
| 出口 | | | | | | |
| 北美洲 | 3.8 | 1.0 | -17.1 | 23.7 | -40.9 | 19.3 |
| 南美洲和中美洲 | 0.1 | -2.2 | -12.9 | 18.6 | -31.3 | 14.3 |
| 欧洲 | 2.0 | 0.1 | -12.2 | 20.5 | -32.8 | 22.7 |
| 亚洲 | 3.7 | 0.9 | -13.5 | 24.9 | -36.2 | 36.1 |
| 其他地区 | 0.7 | -2.9 | -8.0 | 8.6 | -8.0 | 9.3 |
| 进口 | | | | | | |
| 北美洲 | 5.2 | -0.4 | -14.5 | 27.3 | -33.8 | 29.5 |
| 南美洲和中美洲 | 5.3 | -2.1 | -22.2 | 23.2 | -43.8 | 19.5 |
| 欧洲 | 1.5 | 0.5 | -10.3 | 19.9 | -28.9 | 24.5 |
| 亚洲 | 4.9 | -0.6 | -11.8 | 23.1 | -31.5 | 25.1 |
| 其他地区 | 0.3 | 1.5 | -10.0 | 13.6 | -22.6 | 18.0 |

注：2020 年和 2021 年的数据为预测数据，出口和进口以平均水平衡量，其他地区包括非洲、中东和独立国家联合体（CIS，包括准成员国和前成员国）。

数据来源：WTO，https://www.wto.org/english/news_e/pres20_e/pr855_e.htm.

制造业中的商品贸易颇为频繁，尤其在经济全球化的形势下，国与国之间的贸易撑起了制造业发展的很大比例，也供养了大量的劳动者群体。就中国来说，2017 年，93.7%的中国制造业商品用于出口，占绝大多数，进口中制造业占到64.9%，超过六成；而作为发达国家的美国，其制造业的商品出口接近 75%，进口额中，制造业商品仍占绝对优势，近八成。因此，全球贸易的不景气将直接冲击制造业的发展，而制造业属劳动密集型行业，聚集了大量的劳动者，为广大的劳动者提供了广泛的就业岗位，这些岗位也受损严重。但从全球制造业采购经理指数（PMI）来看，自 2020 年 1 月起，全球制造业就呈现出总体下滑的趋势，在4月则出现大幅度的下滑，低于40%，已连续3个月处于50%的枯荣线以下水平，存在经济衰退的担忧，如图8-1所示。从2020年3月至4月，大部分国家的制造业PMI出现了回落，其中，印度环比最高，下降24.4%，其次是澳大利亚和印度尼西亚，分别为17.9%和17.8%，日本、韩国、美国下降幅度较小，如图8-2所示。

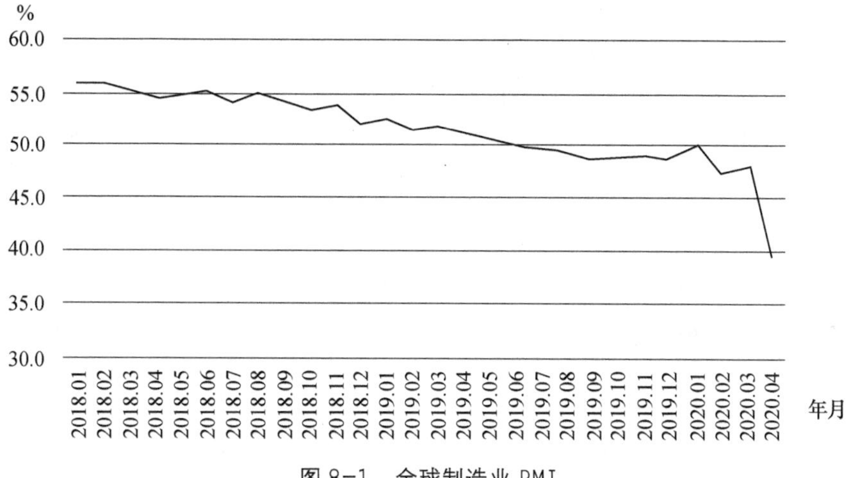


图8-1　全球制造业PMI

资料来源：中国物流与采购联合会，http://www.chinawuliu.com.cn/lhhzq/202005/06/501555.shtml.

与此同时，航空运输业也因此次疫情的暴发受损颇重，大量裁员正在发生。如今德国汉莎航空公司每日客运量已不足3 000人次，而疫情前的平均水平高达35万人次，是现在的100多倍，有些航空公司已被迫宣布破产。为了减少亏损，航空公司收缩成本，减薪裁员也随之而来。在2020年第一季度，英国航空公司可能会因母公司的严重亏损解雇高达1.2万名员工，汉莎航空大约有1万个岗位将会因此流失，北欧航空公司可能将裁掉5 000人左右，其他航空公司也不容乐观。

航空业停滞也影响到了旅游业，与旅游业密切相关的工作岗位堪忧，涉及餐饮、酒店、零售等多个领域。2020年第一季度，国际旅游的全球总人数比上年减少

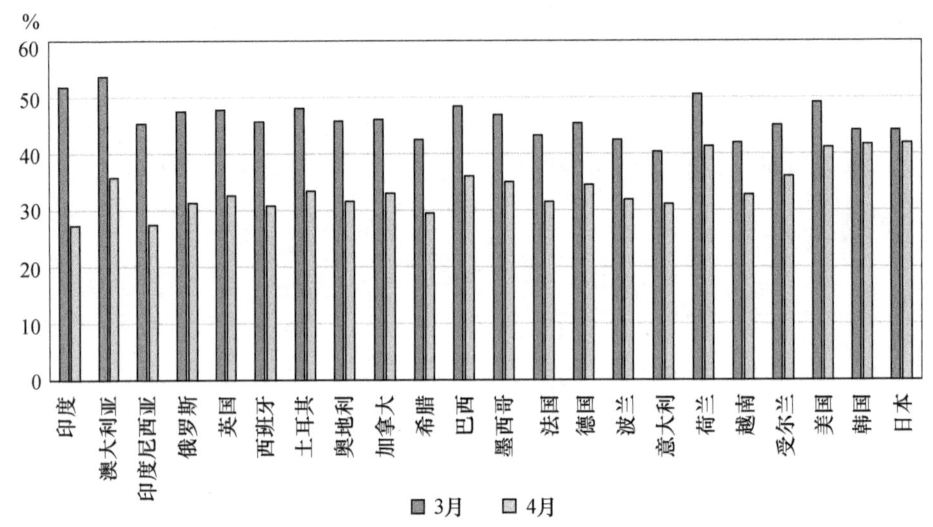


图 8-2　2020 年全球部分国家 3 月至 4 月的制造业 PMI

资料来源：中国物流与采购联合会，http://www.chinawuliu.com.cn/lhhzq/202005/06/501554.shtml.

了 22%，收入也随之损失了 800 亿美元。旅游业中工作岗位较为密集，上到大型公司，下到零散的个体经营户，波及数百万人的就业与生计，因而旅游业的衰荣背后，是广大劳动者的生存与否。世界旅游组织的研究表明，预计新冠肺炎疫情对国际旅游业的打击较大，最后可能会导致 1 000 万~1 200 万的相关劳动者失去工作。

2. 国别比较：美国失业突出，其他国家失业普遍上升

美国是受新冠肺炎疫情影响最严重的国家之一，由于疫情而造成的失业问题也尤为突出。从美国劳工部 2020 年 4 月的报告中可以看出，美国的非农就业人数在 4 月一个月内减少了 2 050 万，失业率已上升至 14.7%，仅次于大萧条时的记录。而 Coibion 等在研究中指出，当前美国的失业人口统计与实际失业人口数之间存在一定差距，自疫情暴发以来，劳动人口所占总人口比例下降了 7%，许多失去工作的人并不积极寻找新的工作，因为他们在官方统计中已被视为退出劳动力市场，

所以就不再归入“失业人口”中。① 美国劳工部数据显示,2020 年 3 月中旬以来,已有约 5 000 万人申请了失业救济金,也就是说,这段时间至少 5 000 万人失去了工作。

从其他国家来看,大部分国家的失业率都出现了一定幅度的上涨。图 8-3 表明,位于欧洲的意大利、瑞典失业率较高,2020 年 3 月已达 8.4%和 7.19%,荷兰与德国失业率虽有上升但较为平稳,均在 3%~4%。巴西的失业率在 2019 年 12 月降到了 11%,但进入 2020 年后逐步上升,3 个月的时间内达到了 12.2%。加拿大和马来西亚的涨幅较大,加拿大一个月内失业率上涨了 2.2%,马来西亚与巴西基本持平,上涨了 0.6%。

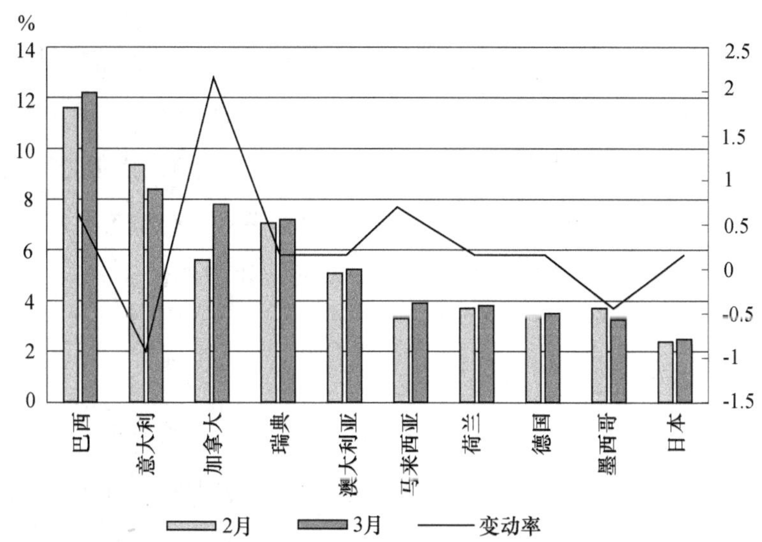


图 8-3 部分国家 2020 年 2 月至 3 月失业率及其变化

资料来源:CEIC,https://www.ceicdata.com/zh-hans/indicator/unemployment-rate.

新冠肺炎疫情给全球就业带来的冲击涉及面广,影响程度深,对劳动密集型的制造业、旅游业以及航空运输领域带来正面冲击,大量失业已经发生;从国别

① COIBION O,GORODNICHENKO Y,WEBER M,Labor Markets During the COVID-19 Crisis:A Preliminary View[R].NBER Working Paper,No. 27017,2020.

来看，美国的失业形势最为严峻，其他国家的就业压力也不同程度地存在。各个国家均面临着不同的困境与艰难，在防控疫情的同时，稳定就业已成为各国重要而又迫切的工作重点。

### （二）各国为应对疫情冲击就业采取的主要措施

面对新冠肺炎疫情的影响，各国纷纷在防控疫情与稳定经济上寻找着可以突破重围的平衡点，以期达到稳经济、保就业的目的。由上述分析可知，美国是受疫情影响最严重的国家，劳动力市场的压力最大，因而美国采取的应对措施颇具有典型性。另从欧洲和亚洲来看，欧洲是第二波疫情的“震中”，各国因疫情的受损状况不一，南欧形势更为严重，损失较大，部分国家如德国等审时度势，坚持科学防控，成绩突出；韩国、日本均属于第一波暴发国，紧随中国之后暴发，与中国有着更为相近的发展情形。在控制住疫情蔓延的同时，欧洲与日韩更将复产复工提上工作日程，加快恢复生产，稳经济稳就业，一系列纾困措施也陆续出台，为复产复工保驾护航。因此，出于典型性和借鉴性，本章选取美国、欧盟和日韩较具有代表性的应对措施进行研究，以期为我国的就业政策提供启示和思考。

1. 美国：注重中小企业的就业稳定，提供信贷支持

美国的小型企业提供了美国工人近一半的工作岗位，而疫情中，小型企业比大型企业更为脆弱，更易受到较为致命的冲击，甚至会因融资困难等直接威胁到自身的生存。为维护好小型企业以及其背后超过半数的美国工人就业岗位，美国通过了《新冠病毒援助、救济和经济安全法案》（即“CARES 法案”），该法案是美国 2 万亿美元的一揽子计划，于 2020 年 3 月颁布。其中，小型企业工资保护计划就是该法案下着重针对小型企业就业问题而展开。这个计划会通过贷款的形式为小型企业提供资金支持，若这笔资金是用于支付工资、抵押贷款利息、租金和水电等公用事业，并保证其中的 75%用于员工的工资支付，则该笔贷款就会被免除，也不需要抵押或个人担保。换句话说，政府通过支付这笔资金来帮助小

型企业渡过难关，但免除贷款的目的是为了企业维持或重新雇用员工，并保持工资水平的相对稳定，若企业的全职工人数减少，或员工的工资下滑，那免除的意义就大为削减，相应的免除也会减少。

就 CARES 法案的效果来看，相关研究表明，其收入乘数为 1.33，就业乘数为 1.30，理论上对稳定就业和收入起到了作用。① 但在实际的操作过程中，却遭到了很多小企业主的质疑，认为很多银行对小企业存在着歧视行为，对于贷款的审批会优先考虑申请金额更大或高净值的客户，而普通小型企业的客户不仅手续更为烦琐，审批通过的比例也更低。因此，实际效果可能与预期存在一定差距。

除小型企业工资保护计划外，经济伤害灾难贷款也是一项重要举措。这项举措规定，美国的所有州、华盛顿特区和地区的小企业主，都有资格申请最高 10 000 美元的经济伤害灾难贷款。这项预付款将为目前暂时失去收入的企业提供经济救济，且不必偿还。这也是政府的直接支持项目，直接帮扶了小型企业。

2. 欧盟：启用欧盟结构基金，增加流动性与短时用工

欧盟结构基金再次启动，从中划拨 370 亿欧元以缓解欧盟国家当前面临的经济与就业危机。欧盟结构基金全称为“欧洲结构和投资基金”，是欧盟为缩小其内部区域经济发展的不平衡，首创的一种全新的产业政策工具。它算是欧盟财政的专项支出，来源于欧盟的预算。它涵盖的成本份额各不相同，如果一个项目涉及欠发达地区，那欧盟的捐款将达到总金额的 85%。该基金在就业问题的缓解上成效突出，2019 年，与之相关的各项目直接创造 30 万个就业岗位，帮助 2 300 万人解决就业问题。②

同时，一项名为“SURE”（Support to mitigate Unemployment Risks in an Emergency）的临时实施计划也被提出，用以保护受疫情严重冲击行业的就业。在

① CASTRO M F E. Fiscal Policy during a Pandemic [R]. Federal Reserve Bank of St. Louis Working Paper 2020-006D, 2020.

② 中华人民共和国商务部，欧盟发布《2019 年欧盟结构与投资基金战略报告》，http://www.mofcom.gov.cn/article/i/jyjl/m/201912/20191202924669.shtml.

该计划中，欧盟将以贷款形式向申请的成员国提供优惠财务援助，为国家短时工作制、失业救济金和类似的工作保护措施提供资金。所有 27 个成员国最多可获得 1 000 亿欧元。

短时工作制在德国已有百年历史，一般是在陷入经济困难时，为保住员工就业岗位而实施。企业申请成功后，员工的工时将被暂时压缩，企业支付由实际工作时长决定的工资，政府发放津贴来弥补就业者的收入损失。短时工作制在 2008 年金融危机时，就被德国运用，事实证明颇为有效。对劳动者来说，保住了工作岗位，收入水平相对稳定，可维持基本生计；对企业来说，也有利于经济恢复时迅速投入生产，降低了再招工的成本。

此外，中小型企业的流动性问题也是工作重点。欧盟委员会已从欧洲战略投资基金（EFSI）拨出 10 亿欧元作为担保，以激励银行和其他贷方为至少 10 万家受疫情打击的欧洲中小型企业提供流动性，估计可用资金为 80 亿欧元。意大利、法国等也出台了相应的措施，意大利将以国家担保贷款的形式向意大利企业提供 4 000 亿欧元流动资金，同时减免了 4 月、5 月共 100 亿欧元的税收；法国也通过国家担保贷款、延迟税收和向小企业补贴等给予经济支持。

3. 日韩：扶持支柱产业生存发展，推行休假补贴

随着疫情进入稳定期，韩国开始进入日常性防疫阶段，大量经济与就业的挽救措施也相继颁出。截至 2020 年 5 月，韩国通过直接的补助政策，或者通过放宽缴费、允许债务延期等间接手段，共发放近 500 万亿韩元，总规模相当于 2019 年韩国 GDP 的 26%。

韩国是外贸型国家，汽车、电子产品等是其支柱产业，也是受全球疫情扩散影响甚大的领域，供应链断裂，国外需求低迷，经济体遭遇重创，许多中小企业危在旦夕。韩国央行紧急将基准利率下调至 0. 75%，比之前降低了 0. 5%。韩国央行还决定自 2020 年 4 月起向国内金融机构提供为期 3 个月的“无限量”流动性支持，这是从未有过的量化宽松措施。同时韩国宣布，将紧急设立支柱产业稳定基金，总额高达 40 万亿韩元，并将紧急金融支援资金的规模扩大到 135 万亿

韩元，以对因新冠肺炎疫情和国际油价暴跌而受到严重冲击、造成资金流动困难的航空、海运、汽车、造船和机械等七大产业提供帮助，缓解就业困境。

日本现已提出了两轮经济刺激计划，均为117万亿日元。第一轮主要是聚焦家庭，第二轮主要着眼于企业融资。为保住工作岗位和维持劳动者的基本生活，日本大力扩大“就业调整补助金”，企业可在保住员工就业岗位的前提下，让雇员临时休假，政府将会为其提供部分休假津贴，以维持其基本生活。目前该津贴的最高额已从每人每天8 330日元增加到15 000日元，每月增加到33万日元，同时将全额补贴保住就业岗位的中小企业。政府还将创建一个新的系统，实现请假津贴的直接支付。

韩国从宏观层面的支柱产业入手，日本则从微观家庭展开，都是基于本国国情制定的对策。保护支柱产业就是保护国家经济的发展框架和战略，在宏观经济中有着举足轻重的重要作用，当疫情重创国家支柱产业时，韩国对这些领域的倾斜使受挫企业得以缓解和喘息。而日本则以保就业保民生为先，其“就业调整补助金”虽与欧盟推行的短期工作制逻辑不一样，但实质都是为了保住就业岗位，减少岗位的损失。

## 三、我国应对疫情冲击的就业政策

我国应对新冠肺炎疫情对经济及就业的影响，需要尽早预案，统筹安排，及时应对，具体包括以下对策。

### （一）调整宏观经济政策，加大新基建投资力度，实现稳增长、保就业

面对疫情对国民经济发展以及就业产生的不利影响，应坚持“逆向调节”和“相机抉择”基本操作原则，增强宏观调控的灵活性和针对性。坚持就业优先政策，各项政策的实行都紧紧围绕着稳就业这个优先目标。在财政政策上，要实行

更加积极的财政政策，在保证财政安全的前提下，适当扩大财政赤字，发行应对疫情的特别国债。虽然近些年来我国的财政收入增速有所下降，但总体而言我国的财政状况比较健康，保持在安全警戒线之内。在特殊情况下适当提高财政赤字率，既有必要性又有可行性。在货币政策方面，在继续坚持稳健货币政策总基调的情况下，适当采取偏宽松的做法，除了继续采取降准措施外，也可以视情况进行降息，加大货币政策支持经济的力度。只有经济发展有所保障，稳就业的目标才能顺利实现。

为了应对疫情的冲击，中央适时提出了加大新基建投资应对就业风险的措施。随着疫情在中国得到基本控制，如何进一步稳增长、保就业就成为宏观政策的重中之重。为了保障复工复产工作的顺利开展，政府推出了一系列鼓励和支持性的政策。值得关注的是，进一步加大新基础设施建设的投资力度，正成为其中一项重要内容。而随着新基建投资项目的大规模展开，我国的就业结构升级也获得了难得的机遇和巨大的动力。新基建的概念最早是在 2018 年 12 月召开的中央经济工作会议上提出来的。这次会议重新定义了基础设施建设，把 5G、人工智能、工业互联网、物联网界定为“新型基础设施建设”。随后“加强新一代信息基础设施建设”被列入 2019 年政府工作报告。新冠肺炎疫情暴发后，尽快找到稳定经济发展和扩大就业的新动能、新抓手，成为一项现实而又紧迫的任务。2020 年 3 月，中共中央政治局常务委员会召开会议明确提出，要加快 5G 网络、数据中心等新型基础设施建设进度。随后，工信部召开了加快 5G 发展专题会，也提出了加快新型基础设施建设的具体思路。

按照国家发展改革委的解释，新基建指的是以新发展理念为引领，以技术创新为驱动，以信息网络为基础，面向高质量发展需要，提供数字转型、智能升级、融合创新等服务的基础设施体系。目前来看，新型基础设施主要包括三个方面内容。一是信息基础设施，主要是指基于新一代信息技术演化生成的基础设施，如以 5G、物联网、工业互联网、卫星互联网为代表的通信网络基础设施，以人工智能、云计算、区块链等为代表的新技术基础设施，以数据中心、智能计算中心为代表的算力基础设施等。二是融合基础设施，主要是指深度应用互联网、大数据、人工智能等技术，支撑传统基础设施转型升级，进而形成的融合基础设施，如智能交通基础设施、智慧能源基础设施等。三是创新基础设施，主要是指支撑科学研究、技术开发、产品研制的具有公益属性的基础设施，如重大科技基础设施、科教基础设施、产业技术创新基础设施等。当然，伴随着技术革命和产业变革，新型基础设施的内涵、外延也不是一成不变的，将持续跟踪研究。当前，我国的新基建正面临着巨大的投资风口，根据有关机构的测算，在2020—2025年期间，仅5G领域的直接投资就将达到1.2万亿元，如果加上各类5G应用带动的基础设施建设，如在线教育、在线办公、在线诊疗、政务信息化等领域，那么到2025年累计带动投资规模或将超过3.5万亿元。

新基建领域的大规模投资，将使我国的经济结构转型升级速度加快，而经济结构变动的同时，也会带动就业结构的优化升级。这主要表现在以下三个方面。

一是从就业的行业结构看，新经济领域特别是数字经济领域的就业数量将大大增加。近些年来，我国新经济取得了快速的发展。根据国家统计局的核算，2018年全国“三新”（新产业、新业态、新商业模式）经济增加值为145 369亿元，相当于GDP的比重为16.1%；按现价计算的增速为12.2%，比同期GDP现价增速高2.5个百分点。新经济的高速发展，使得我国的就业结构发生了很大的“位移”，新经济正在成为创造新就业岗位的“发动机”。根据中国社会科学院人口与劳动经济研究所的测算，2007年我国在新经济部门就业的人数大概是4 000万人，到了2016年，这种新就业人数已经达到8 000万人，直接贡献了整个就业的10.1%。同时，新经济部门的就业还带动了6.4%的传统部门的就业，两者加起来有16.5%。另据工信部中国信息通信研究院发布的《中国数字经济发展与就业白皮书（2019年）》，2018年，我国互联网平台雇用598万名正规就业者，同时还带动提供了共享服务的劳动者人数达到7 500万人。再以新基建的核心内容之一5G建设为例。据估计，2020年5G正式商用后将直接为社会创造约54万个就业机会；随着5G应用范围的扩展与应用领域的深化，2025年，5G将提供约 350 万个就业机会；到 2030 年，5G 将带动超过 800 万人就业，而间接带动就业的规模更是将达到 1 150 万个。

二是从就业的三次产业结构看，将使我国第三产业或服务业的就业比重进一步上升。与传统基建不同的是，新基建更侧重于高新技术的开发和应用，也将催生更多的新产业、新业态、新商业模式，而这些行业类型更多地集中在服务业领域。事实上，近些年来我国服务业取得了快速的发展，与新经济特别是数字经济的迅猛发展息息相关。从此次新冠肺炎疫情对我国经济与就业的冲击来看，受影响最大的就是服务业。因此，此次大力加强新基建的投资，除了增厚新经济的发展动力外，稳固服务业就业基本盘、进一步扩大服务业就业阵地，应该也是其中的考量之一。

三是从就业的素质结构看，将进一步提高对高素质劳动力的需求，进而优化就业人员的素质结构。目前，我国就业人员总规模有 7.75 亿人。近些年来，我国劳动力队伍的素质结构有了较大的提高，2016 年我国新增劳动力的平均受教育年限就达到了 13.3 年，相当于大学一年级的水平。而根据《国家中长期教育改革和发展规划纲要（2010—2020 年）》的要求，到 2020 年，我国新增劳动力平均受教育年限从 12.4 年提高到 13.5 年；主要劳动年龄人口平均受教育年限从 9.5 年提高到 11.2 年，其中接受高等教育的比例为 20%以上。但是，客观地说，与新经济及数字经济快速发展相比，我国劳动力素质和人才结构仍存在着较大的短板。以人工智能为例，有关部门预计，2020 年中国人工智能产业规模将超过 1 500 亿元，带动相关产业规模超过 1 万亿元。而根据教育部门的测算，我国人工智能的人才缺口超 500 万人，国内的供求比例约为 1∶10，供需比例严重失衡。此次国家加强对新基建的投资建设，必将使新经济领域的人才需求矛盾更加突出。但与此同时，这也会对我国的教育和职业技能培训体制改革施加更大的改革压力，对人力资源的重新配置和劳动力素质结构的优化起到积极的作用。

当然，加大对新基建的投资力度，也需要关注对传统产业及其就业模式带来的冲击。从技术发展的角度来看，技术的进步往往伴随着大量旧岗位的减少和新岗位的增加，从而增大摩擦性失业的风险。尽管从长期来看，最终会由于经济发展和结构转型使得就业总量并不会减少甚至增加，但短期的转型冲击仍需要引起高度重视。以机器人技术为例。世界经济论坛在《2018 未来就业报告》中认为，目前机器人可以完成的任务占到当前工作的 29%，但到 2022 年，预计机器人可以完成的任务将多达 42%，其中低技能和常规工作岗位的需求将大大减少。由此可见，加码新基建，不仅有利于缓解疫情对就业的暂时冲击，也会对我国就业结构的优化和转型升级带来更多的机遇。因此，有必要进一步加大就业优先政策的实施力度。在当前阶段，无论是财政政策还是货币政策，都必须以稳就业作为首要目标。在加大投资新基建的同时，推动扩大就业和就业结构的优化。增强劳动力市场应对重大外部冲击的韧性，努力使劳动力市场适应经济形势的变化与新技术的发展。同时高度关注转型当中对就业带来的各种挑战，从而为实现更充分更高质量就业奠定更为坚实的基础。

### （二）进一步加大减税降费的力度，加大对受疫情影响严重的中小企业的帮扶力度

在 2019 年减税降费数额超过 2 万亿元的基础上，进一步提高减税降费的额度，将减税降费政策更多地向受疫情影响严重的中小企业倾斜，增强它们的活力。对于面临经营危机的中小企业以及一些初创企业，可以继续减征或免征增值税和所得税，解决企业营运空摆、无所得却要缴税的不合理局面，帮助中小企业渡过疫情期间和后疫情期间的难关。发挥社保在稳定就业方面的积极作用，根据因疫情停工的情况，按比例减免五险一金等方面费用。此外，继续实施对稳岗企业予以更多优惠补贴和失业保险金返还等政策。当然，对市场主体来说，自身也需要调整生产经营战略，加强对市场环境变化的适应性。只有全社会共同努力，保市场主体进而保增长保民生的目标才能顺利实现。

### （三）进一步挖掘新经济的潜力，大力推行灵活用工

相对而言，新冠肺炎疫情对新经济的冲击较小，特别是绝大多数在线企业不但没有受到影响，反而获得了更大的发展机遇，如在线教育、网络视频直播、在线娱乐游戏等，都得到消费者的青睐。政府应出台更多的支持性政策，鼓励新经济的大力发展，创造更多的新岗位。与此同时，在疫情期间和后疫情期间，要更多地允许企业对劳动制度进行适时调整，根据其自身的经营状况灵活采取用工政策，让灵活就业形式更加多样化。

### （四）高度重视大学生和农民工群体的就业问题

此次疫情对大学生的校园招聘及企业面试带来了很大的冲击。受疫情的影响，许多招聘活动被迫推迟甚至取消。因此，应更多地利用网络招聘模式，解决企业用人和应届毕业大学生等求职群体的就业需求，同时延长就业报到、求职创业补贴办理时间，推迟启动乡村教师特岗计划、乡村振兴协理员招聘等工作。为了促进农民工群体的就业创业，2020 年 4 月，农业农村部、人力资源社会保障部印发了《扩大返乡留乡农民工就地就近就业规模实施方案》，要求各地在推动农民工有序返程返岗就业的同时，促进返乡留乡农民工就地就近就业创业。该方案中提出的五点目标任务非常具体，包括回归农业稳定一批，工程项目吸纳一批，创新业态培育一批，扶持创业带动一批，公益岗位安置一批。另外，从政策方面来说，该方案中提到了要落实吸纳农民工就业的财政、税收、信贷等援企稳岗政策，要求按照稳就业和返乡入乡创业工作要求，对首次创业正常经营一年以上的返乡、留乡创业的农民工给予一次性的创业补贴；在金融政策方面，要求按照普惠金融发展专项资金的管理办法，对符合条件的返乡、留乡农民工创业的担保贷款予以贴息。

### （五）多管齐下确保脱贫攻坚任务如期完成

第一，要从战略高度认识到疫情对脱贫攻坚带来的全方位冲击，尽快建立健全防止“因疫致贫”“因疫返贫”的机制。经济发展是脱贫攻坚最根本的动力。在疫情冲击下，面对经济发展下行压力的进一步加大，有必要调整各项宏观调控政策，从“稳增长”向“保增长”转变。实施更加积极的财政政策和货币政策。无论财政政策还是货币政策，都要向受疫情影响较大的贫困地区和贫困人口倾斜。加大扶持力度，确保受疫情较重地区脱贫攻坚资金的需要，帮助更多的贫困人口尽快摆脱疫情的影响。加强政策扶持的精准度，根据受疫情影响程度不同精准施策，分层施策。各地要因地制宜，从贫困人口的实际情况出发，在做好防疫工作的同时，努力为他们创造增收的机会，提高扶贫的实际效果。高度重视贫困人口的健康状况，加大对新冠肺炎感染的贫困人口的扶助力度。对确诊为新冠病毒感染者中的低保对象、特困人员、困境儿童以及农村建档立卡贫困人口等困难群体，按低保标准适当发放临时救助金，直到患者出院为止。对因感染新冠肺炎病毒造成家庭重大生活困难的其他人员，采取“一事一议”方式实施临时救助。

第二，充分利用网络经济重建农产品供应链。要充分利用“互联网+”的功效，重建农产品的供应链，解决农产品滞销问题。要采取措施鼓励淘宝、天猫、聚划算、盒马等网络平台发布各类农产品信息并在网上售卖，可以考虑优先采购和售卖贫困户的农产品，同时恢复各种快递业务，确保农产品能够进城市、进社区。

第三，发动慈善力量定向采购贫困地区农产品。充分利用社会各界的慈善爱心，通过定向采购贫困户农产品的方式，向疫区一线医务人员和防疫人员、养老院、福利院等输送农产品，这样既化解了农村地区贫困户农产品的滞销问题，还解决了上述群体在防疫期间的供应短缺问题，可谓一举多得。

第四，拓展就业创业渠道，增加贫困人口非农收入。增加非农收入对于扶贫攻坚有着重要的作用。积极利用疫情下基本民生物资生产和防疫用品生产紧缺的机会，组织贫困劳动力参加务工。随着疫情逐渐缓解和企业开始复工复产，各地要全面摸清当前贫困劳动力外出务工意愿，抓住重大项目建设和企业复工复产的时机，优先安排贫困劳动力务工就业。对于留在当地的贫困户，尽快恢复扶贫车间的生产，让他们就近就业。促进扶贫车间复工复产，吸纳贫困劳动力就近就业。加大财政金融政策扶持力度，鼓励贫困人口就近创业。加强创业培训和加大小额信贷支持力度，鼓励贫困劳动力就地创业，适当延长受疫情影响出现还款困难的贫困户扶贫小额信贷还款期限，减轻他们就业创业的负担。在一系列强有力的措施下，我国脱贫攻坚的任务克服了疫情的重大冲击，获得了圆满成功。经过8年持续奋斗，我们如期完成了新时代脱贫攻坚目标任务，现行标准下农村贫困人口全部脱贫，贫困县全部摘帽，消除了绝对贫困和区域性整体贫困，近1亿贫困人口实现脱贫，取得了令全世界刮目相看的重大胜利。

第五，坚持把稳定劳动关系作为一项重要的工作来抓。

首先，必须坚持以人民为中心的基本原则，切实保障劳动者的合法权益。面对突发性的疫情冲击，必须从保障就业就是最大的民生和维护和谐劳动关系的角度出发，从思想上高度重视，未雨绸缪，建立健全相关的就业和劳动关系预警机制，妥善处理疫情期间和疫情之后可能发生的各种劳动纠纷问题。

其次，尽快出台统一规定和标准，明确劳动关系各方的权利、责任和义务，夯实保障和谐劳动关系的法制基础。人力资源社会保障部发布了《关于妥善处理新型冠状病毒感染的肺炎疫情防控期间劳动关系问题的通知》，各地也都陆续出台了调整疫情期间劳动关系的相关规定。这些规定需要切实落实，扎实推进，才能使劳动关系更加稳定与和谐。同时要注重宣传，使企业和职工对相关规定和政策均有所了解，避免因理解不同产生冲突和纠纷。

最后，要充分发挥政府、企业和工会三方机制的协调作用，努力搭建劳资双方协商的平台。作为一种不可抗力，疫情带来的影响是多方面的，因此，需要政府、企业和工会组织凝聚力量，共同应对。一方面要充分考虑到职工的实际诉求，另一方面也要理解企业的实际困难，采取协商一致的方法，解决特殊时期劳动纠纷的难题。

# 第九章

# 城市“人才大战”的原因及影响研究[①]

党的十九大报告中指出，人才是实现民族振兴、赢得国际竞争主动的战略资源。在当前人才竞争日趋激烈的时期，如何更好地营造以实现大学生自我价值为中心的用人环境，是各地政府急需认真对待的一件大事。自 2017 年以来，随着大学毕业季的来临，各地的人才争夺战突然开始升温。特别是以西安、南京、杭州、成都等为代表的新一线城市全面加入进来，人才引进政策的力度之大前所未有，也将各大城市的“人才大战”不断推向高潮。人才竞争的背后，是各地经济发展的竞争，也是经济质量提升和产业结构转型升级的必然现象。为了吸引更多更优秀的人才到本地就业，各地出台了诸多优惠政策，主要集中在户籍政策、薪酬待遇、就业创业补贴、住房保障、职称评定等多个方面。应该清醒地认识到，吸引人才不能仅靠某些优惠政策就能一劳永逸。随着人力资源素质的不断提高，劳动者的职业价值观正在发生重大的变化。在当前人才争夺战日趋激烈的时期，更好地营造以实现大学生自我价值为中心的用人环境，是各地政府急需面对和解决的一件大事。引进人更要学会用好人，避免陷入重“引进”轻“使用”的陷

① 原文发表在 2018 年第 4 期《中国劳动关系学院学报》，作者是李长安、高春雷，内容根据需要进行了补充和改编。

阱，真正做到“人尽其才”，经济社会实现稳定发展才能获得持久的动力。

## 一、人才竞争本质与原因

人才是经济社会发展的第一资源。当前世界多极化、经济全球化深入发展，科技进步日新月异，知识经济方兴未艾，人才在经济社会发展中的基础性、战略性、决定性作用更加凸显，人才的竞争已经成为国家与地区间竞争的焦点。现代经济增长理论认为，人力资本是推动经济持续发展的主要动力。人力资本不仅有助于提高劳动者素质，还存在着导致经济增长的外部效应。Lucas 是最早提出人力资本外部性效应的经济学家，他运用该概念来解释跨国之间的收入差异。① Mankiw 等发现，在全部的要素投入中，人力资本的差异可以解释各国经济增长差异的 80% 以上。② 对于城市经济的发展差异，学者们发现了同样的证据。Rauch 利用美国大城市调查统计数据发现，城市居民平均受教育年限每提高 1 年，将有助于使当地全要素生产率提高大约 21.8%。③ 姚先国、张海峰也发现，在导致中国各地区经济增长差异的各要素中，地区人力资本的不同是解释这种差异存在的最主要要素之一。④ 刘智勇等研究了不同层次的人力资本对地区经济增长的不同影响。他们指出，在不同层次的人力资本中，高级人力资本对东中西部地区发展差距具有更强的解释力。⑤ 人才作为人力资本的重要载体，则是经济社

① LUCAS R E. On the Mechanics of Economic Development [J]. Journal of Monetary Economics，1988 (22).

② MANKIW G N，ROMER D，WEIL D N. A Contribution to the Empirics of Economic Growth [J]. Quarterly Journal of Economics，1992 (107).

③ RAUCH J. Productivity Gains from Geographic Concentration of Human Capital：Evidence from the Cities [J]. Journal of Urban Economics，1993 (34).

④ 姚先国，张海峰. 教育、人力资本与地区经济差异 [J]. 经济研究，2008 (5).

⑤ 刘智勇，李海峥，胡永远，李陈华. 人力资本结构高级化与经济增长——兼论东中西部地区差距的形成和缩小 [J]. 经济研究，2018 (3).

会发展的关键因素之一。世界经济论坛（World Economic Forum）的创始人施瓦布提出了世界经济的发展应从以资本为中心的“资本主义”（capitalism）向以人才、开拓和创新精神为中心的“人才主义”（talentism）转变的理念。①

对于中国而言，人才竞争的背后是各地经济发展的竞争，也是经济质量提升和产业结构转型升级的必然现象。首先，目前我国的经济发展方式开始出现由传统的以普通劳动力和资本大量投入，向以高素质人力资源集聚和创新驱动转变的趋势，高素质人力资源的重要性越来越受到各地政府的高度重视，进而纷纷出台政策致力于引进科技和产业领军人才，以有效增强本地创新驱动。其次，经济发展过程中出现的产业梯度转移，也推动了诸多产业由过去集中于少数一线城市开始向新一线城市甚至其他二、三线城市的逐步转移，这必然会带来人力资源的重新配置，主要表现为对以产业、职业和技术等级为人才标准的紧缺人才的争夺。产业和资本的转移是出现包括新一线城市在内的许多城市爆发人才争夺战的诱因之一。最后，随着人口结构的变化和地区功能定位的转变，一些地区在长期人才竞争中也认识到青年人才的重要性，加强了对青年人才的争夺，主要表现为以高校毕业生为主要目标人群、以学历作为划分标准的人才竞争。在以往的人才竞争中，领军人才和紧缺人才受到了较多的关注，青年人才则相对被忽视，而在当前形势下，对青年人才的竞争趋势愈演愈烈。② 在目标人才群体上，北京、上海、深圳等一线城市由于其较强的城市综合实力和人才吸引力，在人才竞争中主要瞄准在各领域的领军人才。而武汉、长沙、南京、西安、郑州等新一线城市或二线城市，一方面要避免自己的人才被一线城市吸引走，另一方面由于各城市间的竞争，又需要大量人才和人口的支撑，在稳固自身的同时还要做大做强，因此扩大人才目标群体就显得顺理成章。

---

① SCHWAB K. The Great Transformation：Shaping New Models［EB/OL］. http://www.weforum.org/content. 2014-06-30.

② 林宝. 各地都在争夺什么样的人才——人才争夺目标群体的趋势分析［J］. 人民论坛，2018（5）.

## 二、各地人才吸引政策与实施

各地区所处的经济发展阶段、区位与功能定位等要素决定了在人才竞争格局中处于不同的位置。各地根据自身的发展实际，瞄准的目标人才群体、制定的人才标准、提供的待遇标准等方面均存在一定的差异。为了吸引更多更优秀的人才到本地就业，各地出台了诸多优惠政策，主要集中在户籍政策、薪酬待遇、就业创业补贴、住房保障、职称评定等多个方面。

例如，东部地区有北京的“海聚工程”、天津的“千人计划”和“海河英才”行动计划。北京的海外人才聚集工程（简称“海聚工程”）在具体实施过程中，主要细分为战略科学家项目、短期项目和青年项目。其中，对入选“海聚工程”战略科学家的引进人才采取一事一议、特事特办的方式，市级财政给予引进人才一次性奖励，全职工作奖励 200 万元，短期工作奖励 100 万元。对于符合“海聚工程”短期项目和青年项目引进条件的人才，给予每人 50 万元的市政府奖励。另外，在短期项目中，根据引进人才的实际需要，可为其办理出入境、医疗、保险等手续，而且在合同期满后申请全职来京工作的，在签订聘用合同后，需由用人单位提出申请，报市海外学人工作联席会同意，再为其发放 50 万元的市政府奖励。天津在人才竞争中先后实施“千人计划”和“海河英才”行动计划。前者对海外高层次创新人才资助每人 100 万元、引进创业人才资助每人 300 万元。后者对于符合条件的人才采取“一人一策”方式给予科研和生活奖励资助，在科技创新、人才培养方面贡献突出的，可以其名义命名研发平台；签订 3 年及以上工作协议的，根据其在津工作时间，给予最高 1 000 万元科研经费资助和最高 200 万元奖励资助。每培养 1 名两院院士，给予用人单位 500 万元经费支持，给予院士本人 200 万元奖励资助及其他相关待遇。

中部地区有安徽的“皖江学者计划”和湖北的“百人计划”。安徽“皖江学者计划”指出，特聘教授和讲习教授的聘期为 5 年，聘期内特聘教授和讲习教授分别享受每人每年 10 万元和 5 万元的津贴，同时享受学校按照国家有关规定提供的工资、保险及福利待遇，学校提供工作室、实验室，配备助手，根据工作需要提供科研启动经费。湖北“百人计划”致力于在 5~10 年的时间里从海外引进 200 名紧缺的高层次创新创业型人才，在资金支持上，湖北省财政将对入选“百人计划”的海外高层次人才一次性给予每人 100 万元或 50 万元的补助，并对创业人员的部分研发项目和规模生产项目给予贷款贴息政策。

西部地区有贵州的高层次人才引进工程。对引进在贵州服务一定年限的两院院士，国家“千人计划”和“万人计划”入选者、长江学者、国家有突出贡献中青年专家、国家杰出专业技术人才、国家杰出青年科学基金获得者和国家级重点学科、重点实验室学术技术带头人，具有学历学位的博士，分别提供 100 万元、60 万元、15 万元的购房补贴（省内培养的具有学历学位的博士参照执行，已享受房改政策的除外），其所需资金，省属事业单位引进的按省财政出 60%、用人单位出 40%的比例执行，省级机关引进的由省财政全额承担，中央在黔单位、各市州、企业按各自开支渠道办理。对于采取柔性方式引进的高层次急需人才，分别按不少于 200 平方米、120 平方米、80 平方米的标准享受租房补贴，所需资金由用人单位自行解决。鼓励支持有条件的企业、事业单位自筹资金建设人才公寓和公租房，由同级财政按一定比例给予补助，住建、国土等部门在土地审批、规划设计和建设上给予政策优惠。

东北地区有黑龙江的“龙江科技英才”特殊支持计划。黑龙江省委常委会于 2017 年 8 月审议通过《“龙江科技英才”特殊支持计划实施办法》，并于同年 8 月 16 日由黑龙江省委办公厅、省政府办公厅正式发布实施。该计划每两年评选一次，每次评选 60 人，每名入选者可获得 50 万元财政资助。

应该说，这些政策在吸引人才方面确实取得了明显的效果。资料显示，2018 年一季度，新一线城市人才流入率（流入人数/流出人数）为 1.07，较 2016 年增长 3.2%。此外，2018 年一季度，从新一线城市高校毕业，之后留在当地工作的职场新人比例达 73.8%，较 2016 年增加近 20 个百分点。

## 三、人才竞争须高度重视人才环境改善

人力资源是经济发展中最易流动的要素，所谓“人往高处走，水往低处流”。改善用人环境、放宽落户条件、提高工资和住房补贴确实对吸引人才能够发挥一定作用，但是还应该清醒地认识到，吸引人才不能仅靠某些优惠政策就能一劳永逸。对于一些普通大学应届毕业生来说，他们更关注第一份工作能否在城市站稳脚跟，许多高技术、高学历人才则更追求职业成长，更在意企业的发展。事实上，随着人力资源素质的不断提高，劳动者的职业价值观正在发生重大的变化。各地区在努力争夺人才的过程中，不得不正视当代青年劳动者尤其是人力资本水平较高的大学生的职业价值观的转变问题。

当代大学生职业价值观呈现多元化，主流职业价值观大体可归纳为三种：市场型、稳定型与自我发展型。市场型职业价值观主要是指以适应市场需求为出发点，获得更多物质财富和精神满足的职业价值取向。稳定型职业价值观主要是指以追求工作稳定为主要出发点，希望在职业起步阶段就以相比于市场型就业门槛更为激烈的就业竞争来获取在之后职业生涯中职业稳定性的方式来回避市场竞争，是以“一步到位”的方式来避免常态化的劳动力市场竞争的一种职业价值取向。这两种类型的职业价值观在一定程度上都具有物质主义色彩，强调以拥有金钱和财物来追求快乐及彰显其社会地位。在资源相对匮乏的年代，人们或注重经济成就，以经济实力作为人生成功的标志，或羡慕“铁饭碗”，向往生活的确定性。追求物质财富和职业稳定性是两种不同的价值表现形式，共同反映了物质需求在个人职业选择中的主导作用。职业作为自我发展、个性展现和人生价值实现方面的因素则属于从属地位，表现为一定程度的物质主义倾向。

然而，随着中国社会经济的发展，人民的物质需求与保障得到了一定程度的

满足，中国特色社会主义进入新时代，我国社会主要矛盾已经转化为人民日益增长的美好生活需要和不平衡不充分的发展之间的矛盾。社会价值观从注重物质需求的物质主义向注重自我发展、精神需求的后物质主义转变。这种转变趋势反映在职业价值观中表现为自我发展型职业价值观的兴起。自我发展型职业价值观主要是指以满足能力发展与实现自我价值为主要出发点，相对于职业所带来的物质满足，更加注重精神价值的职业价值取向。该类型的职业价值观在大学生群体中体现得尤为明显。智联招聘对 2017 届 9 万多名应届大学生的调查发现，当被问及“什么是理想工作”时，有 55.9%的毕业生选择了“不断学习新东西、获得成长”，居于首位。其次是“待遇好”和“行业/公司发展有潜力”，比例分别为 52.2%和 34.9%。这是自历年大学生就业意愿调查以来，自我成长首次超过对待遇的关注，成为大学生求职时最看重的因素。在“新雇主经济”时代下，新生代员工眼里的好雇主不再简单等同于高收入好福利，谁能引领人才内心的价值取向和诉求，谁才是众望所归的好雇主。

当代大学生基本是在资源免于匮乏的环境中成长起来的，往往把物质需求的满足视为理所当然的基本生存条件，而更关注和追求更高层次的精神价值，反映在职业的选择上表现为相对于物质追求，更加注重职业带来的自我表达与自我价值的实现，职业选择将不仅仅和收入、社会责任等联系在一起，更是人的个性和特征的展现。

因此，在当前人才争夺战日趋激烈的时期，如何更好地打造以实现大学生自我价值为中心的用人环境，恐怕是各地政府急需认真对待的一件大事。引进人更要学会用好人，避免陷入重“引进”轻“使用”的陷阱，真正做到“人尽其才”，经济社会实现稳定发展才能获得持久的动力。人才与人才环境之间存在着相互选择、相互制约的关系。在人才引进之后，如何更长久地留住和更有效地使用人才，营造良好的用人环境才是当代人才竞争的重中之重。这就要求除了有吸引力的人才引进政策之外，还要辅之以健全的人才培养、使用、激励和保障政策，促进人才发展环境由“单一文化”走向“多元文化”，从经济发展、社会保障服务等“硬环境”走向经济社会环境满意度、法治环境满意度等“软环境”。要以优惠政策引才、以诚信政府留才。

## 四、多襄共举努力解决“新市民”住房难问题

改革开放以来，随着流动人口规模的不断扩大以及新型城镇化的逐步推进，在我国的经济社会活动中产生了一个新的群体——“新市民”。在构建和谐社会和全面实现小康社会的过程中，如何让这些“新市民”能够尽快地融入城市生活中，如何确保他们的各项权益得到切实的保障，尤其是居住权得到认真的落实，使他们能够“安居乐业”“住有所居”，是进一步做好民生工作的一项重要任务。

“新市民”包括两大类群体：一类是户籍为非本地的进城务工农村流动人口，另一类是户籍为非本地的城镇流动人口，而前者是“新市民”中的主体。大量的流动人口涌入城市，必然会对当地的各种公共设施形成庞大的需求。这其中，住房需求是最基本也是最迫切的民生需求之一。然而，从目前的情况来看，这些“新市民”的住房条件并不令人满意，“住房难、住房贵、住房差”问题十分突出。从居住方式来看，绝大多数“新市民”选择的是住在工棚或租住房屋。在居住面积方面，“新市民”的居住面积大多比较狭小。

导致“新市民”住房难的原因多种多样。其一，城乡和地区隔离的户籍制度导致大多数“新市民”丧失了城市住房权。在我国的城市中，特别是在大中城市中，户籍制度的限制仍未彻底消除。虽然近些年来大力推行城乡居民统一的“居住证制度”，但从实际效果上来看，农民、农民工以及城镇户口的非本地户籍流动人口的各项保障和福利待遇与城镇居民相比仍有较为明显的区别。在户籍制度放开的城市层级上，目前能够真正实现相对比较开放并能够自由落户的，多数停留在部分中小城市之中。其二，阻碍“新市民”在城市购房的另一个因素是收入。在大多数的城市，相对于普通民众的收入水平而言，偏高的房价使得房价收

入比（即平均家庭住房总价与年度平均居民家庭可支配收入的比值）不断攀升。依据国际惯例，房价收入比在3~6倍为合理区间。然而，在我国几乎所有的一、二线城市中，房价收入比都远超6倍的警戒线。相比高昂的房价，“新市民”的收入水平明显偏低。许多“新市民”除去必要的日常开支，基本上不具备购房的能力。此外，虽然近些年房价受到了一定的抑制，但房租却出现“跷跷板效应”，上涨势头明显。面对昂贵的房价和房租，“新市民”只能无奈地群租或者住在工棚。

应该说，为了解决“新市民”的住房难问题，无论是国家层面，还是各级地方政府，为此都作出了很大的努力。在新的经济社会发展阶段，必须创新政策，共襄盛举，积极探索，形成一套完整的政策制度体系，努力实现“新市民”阶层的住房梦。

首先，要坚持“租购并举、租赁为主”的住房保障建设思路。目前，在经济适用房、限价房、廉租房、共有产权住房等保障房建设过程中，都有专门针对非本地户籍流动人口的优惠措施。2016年5月，国务院办公厅颁布了《关于加快培育和发展住房租赁市场的若干意见》，要求准确把握住房的居住属性，建立购租并举的住房制度。2017年7月，住房城乡建设部会同国家发展改革委等八部门联合印发了《关于在人口净流入的大中城市加快发展住房租赁市场的通知》，提出住房建设要以满足“新市民”住房需求为基本出发点，重申了要坚持“租购并举”的住房制度。坚持以政府为主导，深入推进住房供给侧改革，为“新市民”提供基本住房保障。建议加快推进租赁住房建设，切实增加租赁住房的有效供应，大力发展住房租赁市场，加快培育保障房二级市场，降低保障房空置率，实现合理优化配置，对过剩的保障房实行“租售并举”。坚持以租赁为主，是从“新市民”的实际情况出发的一条可行之路。

其次，完善“新市民”的住房金融支持体系。一方面，加大对“新市民”个人住房贷款的支持。通过个人所得税减免、政府贴息支持、合理制定贷款模式，为“新市民”家庭的基本住房需求提供稳定、长期、低息的住房抵押贷款。

同时加大对租赁房建设的支持力度。对企业主导的租赁住房建设项目，在符合国家政策的前提下提供专项贷款支持，企业既可以给本单位“新市民”提供住房便利，也可以丰富市场供给。另一方面，扩大公积金的资金运作空间，提高公积金的使用效率。激励“新市民”自愿缴存公积金，政府和企业给予一定的资金补贴，同时可享受低利率的公积金贷款。试行租房贷款等小额度贷款制度，放宽住房公积金在租房等方面的使用范围。

最后，抑制房价与提高收入共举，增强“新市民”的住房消费能力。近些年来，针对持续攀升的住房价格，中央提出了“房子是用来住的，不是用来炒的”的基本原则，采取多种措施遏制房价的非理性上涨。与此同时，努力提高“新市民”的收入水平，这是增强他们住房消费能力的关键点。坚持工资上涨与企业效益提高同步、与经济社会发展水平同步，坚决打击恶意欠薪行为，保障工资能够及时、足额发放。此外，还需要尽快完善“新市民”住房保障体系，以确保“新市民”的家庭居住权，放宽保障房在年龄、户籍和可支配收入等方面的限制。建议中央政府和地方政府设立“新市民”住房保障补助金，为收入过低的“新市民”家庭提供购房和租房补助金，加快实施房产税，明确房产税可作为补助金的主要来源，并制定购买和租赁住房补贴制度，同时实行房地产租金管制，以抑制租金过快增长。只有如此，才能真正圆全体“新市民”的“住房梦”。

# 第十章

# 开发老年劳动力市场的必要性与路径研究①

在平均预期人口寿命增加和低生育率的双重作用下，中国快速进入老龄化社会，给我国劳动力市场和经济持续发展带来了诸多挑战。我国老年劳动力市场具有巨大的潜力，充分利用 51~64 岁年龄人口将会有效增加我国劳动力供给，实现二次人口红利。本章在分析当前我国老年劳动力市场潜力及充分借鉴国外经验的基础上，提出了推行延迟退休政策、鼓励老年人灵活就业、加强老年劳动力培训和完善社会服务体系等开发我国老年人劳动力市场的路径。

## 一、相关文献综述

人口老龄化是当前各国所共同面临的问题，是不可逆转的趋势。20 世纪 80 年代，美国西奈山医学院国际长寿中心主任、国际著名老年学家罗伯特·巴特勒提出“生产性老龄化”这一概念，认为社会普遍存在对老年人的年龄歧视，老年

① 原文发表在 2020 年第 2 期《中国劳动关系学院学报》，作者是李长安、蒋佘丽。

人实际上仍有生产率，仍然可以对社会经济发展做出贡献。① 彭希哲、胡湛认为，公共政策应该对老年人的社会角色重新定位，不应该仅仅把他们当作需要被照顾的对象，这样才能增强人们自立自强的意识，减少不良健康方式，降低社会运行成本，从而形成“积极应对老龄化”的良好环境。② 封婷指出，应该从劳动供给和劳动需求两方面利用老年劳动力资源，一方面增强老年劳动供给者的再就业意向和就业能力；另一方面通过法规和广泛宣传等方式增强企业对老年劳动力的需求，避免“年龄歧视”。③ 赵栖梧通过定量与定性相结合的方法，以低龄老年人作为研究对象，在对北京市低龄老年人力资源开发的必要性和现状进行分析的基础上，提出政府应完善法律法规，积极引导社会公众转变对低龄老年人再就业的观念，采取多种激励措施鼓励低龄老年人积极就业，自主创业，并对雇用低龄老年人的企业给予税收优惠、财政补贴。④ 刘越等认为，不仅要关注高学历老年人的再就业情况，更要关注大部分低龄、低学历老年人力资源的就业状况，将低龄、低学历老年人力资源开发与“去工业化”“再工业化”转型平衡发展结合起来，试图寻找一种适合大部分老年人力资源开发的路径。⑤ 综上所述，当前大多数文献只就人口老龄化问题进行局部分析，缺乏综合研究，因此本章基于此现状开展如下分析。

① BUTLER R N，GLEASON H P. Productive Aging：Enhancing Vitality in Later Life [J]. Journal of Gerontology，1986，41 (4)：556-556.

② 彭希哲，胡湛. 公共政策视角下的中国人口老龄化 [J]. 中国社会科学，2011 (3).

③ 封婷. 老年劳动力资源利用的国际经验 [J]. 人口与计划生育，2018 (11).

④ 赵栖梧，人口老龄化背景下北京市低龄老年人力资源开发研究，北京交通大学博士论文，2017 年。

⑤ 刘越，蔡成喜，高臣. 产业转型趋势下制造型企业老年人力资源开发途径研究 [J]. 中国人力资源开发，2014 (11).

## 二、开发老年劳动力市场的必要性

随着中国经济快速发展，在平均预期人口寿命增加和低生育率的双重作用下，中国快速进入了老龄化社会。据国家统计局的数据测算，1982 年，我国 0~14 岁年龄人口为 34 146 万人，占比达到 33.6%；65 岁以上老年人口为 4 991 万人，占比达到 4.9%。而到 2017 年，0~14 岁年龄人口减少为 23 348 万人，占比仅为 16.8%；而 65 岁以上老年人口增加为 15 831 万人，占比达到 11.4%。新增劳动年龄人口数量从 2004 年开始下降，直到 2017 年呈现负增长，并且趋势不断加大，到 2049 年劳动年龄负增长约 900 万人。且我国老年人口抚养比在不断增加，1982 年我国老年人口抚养比为 8%，即每 100 名劳动年龄人口要负担 8 名老人；而 2018 年，我国老年人口抚养比上升至 16.8%，每 100 名劳动年龄人口要负担 17 位老人，是 1982 年的两倍。劳动年龄人口数量的下降及老年抚养比的上升给家庭和社会带来了严重的负担，不仅会造成劳动供给不足，影响劳动供给效率，而且会加大政府财政压力，阻碍中国经济持续增长。

然而，与老龄化快速发展相对照的是，我国是世界上退休年龄最早的国家之一，平均退休年龄不到 55 岁，很多人甚至在 50 岁以后就过起了“跳广场舞”的老年生活。我国现行的退休年龄政策是从 20 世纪 50 年代颁布《中华人民共和国劳动保险条例》后实施的，当时我国的人均寿命不足 50 岁。随着我国经济社会的不断发展以及人均寿命的不断延长，退休年龄偏低的问题越来越突出。在日本，政府将从 2020 年 4 月之后将退休年龄提高到 70 岁，而德国、美国、法国、俄罗斯等国家的退休年龄也已经达到了 65 岁以上，甚至许多发展中国家的退休年龄也大多超过 60 岁。如今，我国人口平均预期寿命已经远远超过 60 岁，以往的退休政策已经不能充分反映人口结构、生理特点等因素，无法适应现代社会的发展。

快速老龄化加重了我国的社会保险负担。对职工养老保险来说，老龄化使参保缴费人数少、退休人数多，制度抚养比逐步走低，待遇刚性增长成为制约制度持续发展的最重要因素。随着我国人口结构的转变，老龄化趋势明显，养老金出现收不抵支的风险正在积聚。国家统计局数据显示，2017 年我国 GDP 为 827 121.7 亿元，社会保险支出为 57 145 亿元，而基本养老保险占社会保险支出的 70.7%，且 2001—2017 年社会保险支出平均增长速度达到 20.5%，给政府带来了财政压力，严重影响了公共财政的可持续性。此外，我国养老保险制度统筹层次低，大部分省、市、县实行分级统筹。而由于我国人口流动的特征，各省、市之间的人口结构比重差异大，经济发达的地区，如深圳，劳动年龄人口多，而老年人相对较少，因此养老金盈余多；而对于经济欠发达的地区，大量劳动力外流，只剩下小孩和老人，导致养老金收不抵支，社会保险负担沉重。且地区之间调剂力度小，未充分发挥统筹共济的功能。

人口红利减少则是老龄化社会的另一个直接后果之一。毫无疑问，人口红利是中国近几十年来经济持续快速增长的一个至关重要的原因，但国家统计局数据显示，我国 15~64 岁人口数量自 2013 年开始下降，2018 年 15~64 岁人口仅为 99 357 万人，比 2013 年减少了 1 225 万人。且我国老年抚养比也在呈现不断上升的趋势，加大了青年劳动力的成本与负担。但人口老龄化趋势的增加并不意味着人口红利机会窗口关闭，随着医疗卫生条件的改善及平均预期寿命的增加，以及老年人所具有的“高消费”“高储蓄”的特质，老年人可以继续发挥生产能力为社会创造价值，使老年人“老有所为”。

## 三、我国老年劳动力市场拥有巨大潜力

对老年人力资源的二次开发，可以转化成可持续发展的二次人口红利。在我国，老年人群体并非都是负担，而是一座蕴藏着巨大潜能的“金矿”。根据人社

部门的统计，我国现行的退休年龄平均还不到55周岁，退休年龄过早导致未能够充分挖掘老年劳动力市场的巨大潜力。据统计，我国自2011年起16~40岁的劳动年龄人口占比在不断缩小，而51~64岁的劳动年龄人口占比在不断增加。到2050年，51~64岁的劳动年龄人口占比将达到最高，接近30%。因此，充分利用51~64岁年龄人口将会极大增加我国劳动力供给，实现二次人口红利。由于目前我国男女退休年龄不一致，男性为60周岁，女工人50周岁，女干部55周岁，因此，延迟退休的主要对象为55~59岁女性劳动力以及60~64男性劳动力。第六次全国人口普查数据显示，我国60~64岁男性约为2 983万人，其中61岁男性人口为669万人，因此，延迟退休一年，将增加669万男性劳动力人口，依次类推，延迟退休将增加我国男性劳动力2 983万人。同样，我国55~59岁女性约为4 023万人，占劳动年龄人口的4.05%，其中56岁女性人口为876万人，因此，延迟退休一年，将增加女性劳动力876万人，依次类推，延迟退休将增加我国女性劳动力4 023万人，占劳动年龄人口的5.91%。

随着我国教育支出占GDP比重的不断增加，我国老年人力资源质量也在朝深度发展。据统计，2010年我国55~59岁人口中高中以上文化程度的占8.7%，60~64岁人口中高中以上文化程度的占3.0%。根据预测，2020年，我国55~59岁人口中高中以上文化程度的占比将达到23.3%，60~64岁人口中高中以上文化程度的占比将达到17.1%。老年人口文化程度的提高能够减缓劳动生产率下降的速度，促进人力资本的有效利用。老年劳动力与青年劳动力可以利用其各自的比较优势形成优势互补。青年劳动力体力充沛、精力旺盛，但他们缺乏工作经验。老年劳动力虽然在体力和脑力上都不及年轻人，但他们拥有丰富的知识储备，解决问题的能力也高于年轻人，尤其对于高学历老年人来说，由于知识与经验的长期积累，其劳动生产效率并不会随着身体机能的下降而下降。因此这种优势互补不仅能够提升工作效率，而且能够减少社会隔离，提升老年人的社会地位，增加他们的幸福感和满足感，实现人生自我价值。

## 四、国外老年劳动力市场开发的经验

人口老龄化已经成为当今世界共同面临的社会问题。1982 年，维也纳老龄问题世界大会界定 60 岁及以上老年人口占总人口比例超过 10%，意味着这个国家或地区进入老龄化。国际助老会发布的《2015 全球老龄事业观察指数》数据显示，全球 60 岁及以上人口约 9. 01 亿人，占世界人口的 12. 3%，据预测 2050 年该比例将达到 22%，届时 60 岁以上的人口数将超过 15 岁以下的人口数。人口老龄化迫在眉睫，各国也出台了一些相应的政策应对老龄化危机。

### （一）日本

1. 完善相关法律

为应对人口老龄化，日本出台了一系列的法律、法规及政策从立法的角度延长工作年限，保证老年就业合法性，如 1963 年《老人福利法》、1971 年《老年人就业稳定法》、1986 年《年金修改法》等，全方位保障了老年人在就业、福利等方面的公平公正。

2. 延迟退休年龄

2019 年 10 月，日本政府正式宣布，为了缓解日本劳动力不足，将退休年龄延迟至 70 岁。

3. 建立就业培训机构和就业中介

一方面加大对老年人就业培训的力度，提升就业能力；另一方面根据就业者的技能匹配合适的岗位。日本在全国各地建立了数百家公共职业安定所，向求职老人提供就业咨询，介绍与之相匹配的工作，提供多种就业机会。日本还设立了“银发人才中心”，联合社会团体和民间企业，向拥有短期临时就业偏好的老年人，提供与居民密切相关的短期工作机会。

4. 财政补贴

日本政府对参加再就业的老年人及积极雇用老年人的企业给予补贴，为参加再就业的老年人提供教育培训费用，并对自主创业的老年人发放创业补助金。对录用老年人的企业，除了发放“继续雇用补助金”以外，还额外提供贷款。

### （二）美国

1. 完善政策法规

1975 年美国颁布了《禁止歧视老人法》，明确禁止对 70 岁以下雇员强制退休，禁止年龄歧视，支持老年人参与教育培训活动。美国各地专门招收 60 岁以上老年人的寄宿教育机构超过 300 多所。一些公立大学专门开设“老年班”，对老年人进行生活常识和再就业知识的传授。许多社区也建立了“社区老年大学”，自行选择授课体系及授课教师，并定期举办针对不同年龄段老年人的讲座，满足了不同年龄层次老年人的需求。

2. 开展促进就业项目

美国还实施了 SCSEP（Senior Community Service Employment Program）项目及成年人胜任力国际评估项目，旨在帮助老年人提升专业技能，增加就业机会，并且对老年人的技能进行测算，根据其能力匹配相应的岗位。

3. 成立民间团体

美国民间团体发达，如美国退休人员协会（America Association of Retired Persons，AARP），该协会成立于 1985 年，是为老年人服务的非营利性组织，座右铭是“服务，而不是被服务”，旨在帮助美国老人实现独立、尊严和自主命运。

4. 实行弹性退休制度

美国根据出生日期不同设定了不同的退休年龄，例如，1937 年和 1937 年以前出生者，退休年龄是 65 岁；1943 年到 1954 年之间出生者，退休年龄是 66 岁；1960 年和 1960 年后出生的人，退休年龄是 67 岁。正常退休的人可以领取全额退休金，如延迟退休，在退休金的基础上发放奖金。

5. 重视老年人力资源学术研究

美国政府大力支持与引导大学机构、学术组织进行有关老年人力资源开发方面的研究，例如，美国老年学会便是一个专门研究老年就业、教育、福利保障的学术组织，其为政府提供政策建议。这项措施不仅为美国研究老年劳动力问题提供了学术指导，也为其他国家开发老年劳动力资源提供了参考。

## （三）德国

1. 延长退休年龄

随着人们寿命的不断延长，为了确保养老体系持续运转并避免因退休而陷入贫困，2030 年以后德国人的法定退休年龄可能会提高到 70 岁。根据现行法律规定，2030 年以前，德国的法定退休年龄会从 65 岁逐步增加至 69 岁。

2. 实施弹性退休政策

在规定法定退休年龄基础上，允许 55～65 岁的员工选择提前退休或者退休与工作相结合的方式，提前退休劳动者可以选择弹性工作方式直至法定退休年龄。

3. 鼓励企业开发老年人力资源

德国宝马公司最为典型，其不仅设计了符合老年人体结构的老年生产线，而且在工作安排上充分考虑了老年人的身体状况，实行工作分担制，允许多人分担一份工作。

4. 促进老年劳动力再就业

2005 年德国启动了“50 岁以上再就业计划”项目，2011 年该项目覆盖率达到德国劳动力市场的 95%，目前已经进行到第三个阶段，措施包括对长期失业劳动者提供就业援助、经济援助和心理援助，内容主要集中在提升老年劳动力的就业能力、关注老年劳动力的身心健康。

5. 企业内部实行代际工作分担制

老年劳动力大多处在技能培训或者职业顾问等岗位，在专业性要求高的岗位上采取一对一培训方式，由一名老年人直接培训一名年轻人，分工协作，使得企业内部的成功经验能够在代际间得以保留，保证企业发展的延续性。德国政府采取的一系列促进老年人就业的措施取得了显著的成果。据德国联邦统计局2017年9月20日发布的数据，近十年德国老年人就业比例持续增长：2006年，德国60~64岁的老年人就业比例约为30%，到2016年，该年龄段德国人就业比例升至56%；2016年，在达到和超过法定退休年龄（65~69岁）的德国人中，仍有约15%在工作，十年前这一比例为7%。不同性别的德国老年人就业比例也稍有区别：60~64岁的德国老年男性，就业比例为61%，女性为51%；65~69岁的德国老年男性中19%在工作，女性则为12%。

## 五、开发我国老年劳动力市场的主要路径

### （一）推行延迟退休政策势在必行

根据联合国《世界人口展望2019》，预计2045—2050年我国人均预期寿命将达到81.52岁，接近发达国家平均水平（83.43岁），因而建议把60~65岁作为判别老年人的标准，延迟退休年龄。延迟退休将会产生二次人口红利，一方面能够增加养老金储蓄水平，提高退休后老年生活的质量，在一定程度上缓解养老金供给不足问题；另一方面能够有效缓解劳动力供给下降所带来的不利影响。

第一，工业文明的进步使传统上对老年人敬仰和崇拜的观念逐渐弱化，“老年无用论”、老年人需要照顾等刻板印象阻碍了老年劳动力市场的发展，低估了老年人力资源特有的价值。因此，在价值观层面，首先要树立对老年人正确的认识，肯定其在劳动力市场中独特的优势，如技能娴熟、经验丰富等。充分发挥舆论媒体的引导作用，呼吁全社会对老年人能力的认可，改变老年歧视的社会文化，同时也让老年劳动者意识到自己的优势和潜力所在，为老年人延迟退休营造良好的社会环境。

第二，从国家法律层面约束，从立法的角度确保老年人延迟退休的必要性、合法性，避免“年龄歧视”。我国目前没有一部关于延迟退休法律效力层面的规范，而 1951 年的《中华人民共和国劳动保险条例》、1978 年国务院颁布的《关于工人退休退职的暂行办法》，缺乏权威性、统一性、严肃性，而且这些文件、条例等已经不符合当今经济社会发展的现状，急需更新，使老年人的再就业、教育、培训都有法可依，从法律上保障老年劳动力延迟退休的诉求。

第三，通过各种措施激励老年人延迟退休。一方面，上调养老金领取年龄。退休年龄与养老金领取年龄密切相关，我国现有的养老保险制度是缴纳 15 年且达到退休年龄即可以领取养老金，因此可以适当上调养老金领取年龄或缴纳年限，激励老年人延迟退休。另一方面，鼓励分阶段领取养老金。例如，对于提前退休的，只能领取 70%养老金；对于正常退休的，可以全额领取；对于延迟退休的，则可以在全额养老金基础上增加奖励金。

根据国家卫生健康委统计数据，2018 年中国的人均预期寿命达到 77.1 岁，其中男性预期寿命 74.9 岁，女性预期寿命 79.2 岁，女性平均预期寿命明显高于男性，但我国男性退休年龄却晚于女性。这在新中国成立之初具有一定的合理性，由于当时女性文化水平低于男性，女性承担更多的家庭责任，且产业结构以重工业为主，劳动强度大，提前退休是对女性的一种保护。但随着女性文化水平的提高及社会观念的转变，人们越来越能感受到这其中的不平等与不公正，这不仅会影响女性的职业发展和经济收入，而且会造成养老金替代率水平低，不利于政府收支平衡。因此，在制定延迟退休政策时，应遵循公平公正原则，适当延长女性退休年龄，使男女退休年龄逐步趋同，避免就业歧视。

当然，延迟退休不能采取“一刀切”的方式，应该根据不同老年人的身体状况和利益诉求制定一个退休年龄区间。例如，对于一些高危行业的劳动者，允许提前退休；对于身体状况低下、丧失劳动力的劳动者，允许提前退休；对于高学历老年人，可以在经过本人同意的情况下延迟退休。延迟退休政策应该在满足社会整体利益的基础上，遵循个人的意愿，争取得到广大群众的普遍支持，保持社会和谐稳定。

### （二）鼓励老年人灵活就业

“一刀切”的退休制度把仍有劳动能力的老年人拒之门外，极大地低估和浪费了这部分老年人丰富的人力资本和社会资本。因此，政府应该鼓励老年人灵活就业，既能够减轻国家的社保压力，又能够为老年人的财务安全提供更多经济保障，增强老年人的自信心和社会认同感。

第一，实行弹性工作制。弹性工作制包括弹性工作时间、远程办公、工作分担等。由于老年人的身体特性，不适宜承担劳动强度较大和精神高度紧张的工作，且老年人受到家庭的约束，自由度低，因此实行弹性工作制，既可以充分利用老年人长期积累的知识和技能，提升工作效率，又可以提升老年人的健康水平和幸福感。

第二，改善工作环境。根据老年人的身心特点配备老年人需要的基础设施或娱乐场所，如改善企业照明设施、开设棋牌室和花卉室、鼓励老年人组建太极拳团队等，减轻老年人的生活压力，增加其对工作的满意度。

第三，推动老年人积极参与志愿活动。志愿者身份既可以使他们保持社会交往，减少孤独感，又可以充分利用他们丰富的经验和强大的人际关系网络服务于社会，提升社会劳动效率。政府应在充分考虑老年群体内部异质性的基础上，为老年人参与多种活动提供平台，帮助他们积极参与社会活动，提升社会整体福祉。

### （三）加强老年劳动力培训

为积极应对人口老龄化，2019 年 11 月，中共中央、国务院印发《国家积极应对人口老龄化中长期规划》，提出多项措施，包括要改善人口老龄化背景下的劳动力有效供给，构建老有所学的终身学习体系，提高我国人力资源整体素质。

一方面，老年人所拥有的知识和技能，有些已经不适应时代的发展，无法满足企业的需求。而且，老年人无论在体力还是脑力方面都弱于年轻人，竞争压力大。第一，政府应该设立技能培训机构，专门负责培训计划的实施及管理，使老年人力资源管理更加系统、全面。目前我国人力资源管理大多关注高技能、高层次的精英老人，忽视了对低技能、低层次工人群体的培训，而这类群体大多是年轻时进城务工的人员，由于年龄增大不得不退出劳动力市场，返乡投入农业活动中去。因此，加大对这类群体的培训力度，不仅有利于现代农业的发展，还能够缩小城乡差距。第二，政府可以通过现金补贴、税收优惠等方式，呼吁社会团体参与到老年人技能培训队伍中来，鼓励高等教育机构开发有针对性的培训教程，成立“老年大学”，给予老年人充分的社会和经济关注。第三，发挥社区的基础性、普遍性作用，依托政府、非营利组织筹资拨款，在社区内成立“老年课堂”，根据不同年龄段有针对性地设计特色课程，满足不同年龄层次的老年人需求，提高老年劳动者的知识、文化和技术素质，提升老年人市场竞争力。

另一方面，即使老年人拥有丰富的经验和娴熟的技能，老年人力资源市场也存在信息不对称的情况，缺乏职业介绍机构，而且由于老年人对网络信息手段陌生，容易产生“数字鸿沟”，阻碍老年劳动力进入市场。因此，政府应该成立“老年发展中心”，为老年人提供工作相关信息，畅通就业渠道，支持老年人为社会继续发挥余热。

### （四）完善社会服务体系，推动更多老年劳动力释放出来

我国老年劳动力市场之所以未能得到更好的释放，除了观念上的束缚和社保制度不完善的制约外，社会服务体系不健全也是其中的主要原因之一。如教育服务体系的不完善，使得大量老年人不得不留在家里照顾孙辈，无法投入更多精力到劳动力市场当中去。以学前教育为例，根据教育部门的一项统计调查，目前我国的公办幼儿园大约只占到全部幼儿园总数的不足 40%。而且随着学前教育的不断发展，公办幼儿园在园幼儿所占比例不升反降，从 2010 年的 53% 下降到 2018 年的 43%，九年间下降了 10 个百分点。大量幼儿园缺乏必要的课后托管服务，

接送幼儿上下学就成了许多老年人必须完成的一项任务。除此以外，由于幼儿托管机构不足，还有相当数量的幼儿无法入园。按照规划，到 2020 年，我国学前三年毛入园率必须达到 85%。即便如此，也有 15%的适龄幼儿不能入园，这对这些幼儿家庭来说，也是一项繁重的抚养负担。因此，只有大力发展包括社会育儿服务在内的社会服务体系，才能将更多的老年劳动力释放出来，从而增加劳动力市场的有效供给。

此外，注重开发适合老年人的就业岗位，既可以增加老年人实现就业的可能性，又可以缓解社会服务人员短缺的窘境。如养老服务，根据中华护理学会的调查数据，截至 2017 年，我国每千人口护士数仅为 2.74 人，与发达国家如经济合作与发展组织成员每千人口 9 名护士的水平相比，存在着明显的差距，尤其在我国的广大农村地区，每千人口拥有的护士数只有 1.6 人，养老护理人员短缺问题突出。其他许多国家都采取多种措施积极鼓励低龄老年人参加针对高龄老年人的护理工作，这样不但使自己到了高龄时能够享受到同样的护理服务，也能够为广大低龄老年人创造更多的就业岗位。

# 第十一章

# 大力实施就业优先政策研究①

就业是最大的民生。如何在经济社会发展过程中实现更充分更高质量就业，是宏观调控必须牢牢把握的基本原则。提出并尽快做实就业优先政策，不断完善促进就业的政策体系，不仅是确保就业目标顺利实现的重要保证，也能够为推动全面建成小康社会，进而为实现下一个奋斗目标奠定坚实的基础。

## 一、从积极就业政策到就业优先政策

进入 21 世纪以来，我国开始高度重视经济发展与就业扩大的相互协调作用。2002 年，党的十六大第一次明确把社会就业比较充分作为全面建设小康社会的一个重要目标，这也标志着实现充分就业被正式纳入了国家发展战略的层面。而要实现这个目标，显然仅仅依靠过去的以保障为主的消极就业政策是难以取得成效的。同时，经济持续的高增长和地方政府在解决就业问题方面的积极探索，也为出台积极就业政策准备了物质条件和实践经验。在这种背景下，积极就业政策就被正式提出。2002 年 9 月，全国再就业工作会议召开，不久后出台了《关于

① 原文发表在 2020 年 2 月 28 日《光明日报》理论版，内容根据需要进行了更新。

进一步做好下岗失业人员再就业工作的通知》，提出了积极就业政策的基本框架。此后，在短短的一年时间里，有关部门相继出台了25个配套政策文件。此阶段积极就业政策包括五个方面的重点：一是以提高经济增长对就业吸纳能力为取向的宏观经济政策；二是以重点促进下岗失业人员再就业为取向的扶持政策；三是以实现劳动力与就业需求合理匹配为取向的劳动力市场政策；四是以减少失业为取向的宏观调控政策；五是以既能有效保障下岗失业人员基本生活，又能积极促进再就业为取向的社会保障政策。①

由于2002年确定的积极就业政策期限原定执行到2005年年底，为保持政策的连续性，解决好转轨时期历史遗留问题，并为建立市场就业机制奠定基础，国务院于2005年11月下发了《关于进一步加强就业再就业工作的通知》，根据新情况对原有政策做了“延续、扩展、调整、充实”。调整后的积极就业政策从2006年开始实施，期限仍暂定为三年。这些政策进一步扩大了扶持范围，增加了扶持内容，改进了操作办法，延长了执行期限。2008年2月，国务院发布了《关于做好促进就业工作的通知》，在对象、范围、内容、时效等方面作了调整和充实，并将工作重点从着力解决下岗失业人员的再就业问题，拓展到统筹做好城乡各类群体的就业工作。这个转变具有重大意义，标志着我国积极就业政策从最初的关注特定人群开始转为实行适合所有群体的就业“普惠制”政策。

从2008年年底开始，全球金融危机对我国的影响开始显现。中央提出了实施更加积极的就业政策。这个时期的就业政策有三个特点。一是通过“保增长”来达到“保就业”的目的。2008年下半年以来，国家出台了一系列扩大内需刺激经济发展的措施，在力保经济增长的同时，努力创造新的就业增长点，拉动就业岗位的增加。二是出台针对性政策，重点解决大学生和农民工就业。为了解决金融危机导致的就业难问题，中央还专门出台了针对性政策加以应对。这其中，大学生就业和农民工就业被摆到了就业工作的中心位置。三是加强对受金融危机

① 张小建．中国就业的改革发展［M］．北京：中国劳动社会保障出版社，2008.

冲击群体的社会保障建设。为应对金融危机的冲击，政府大力发展医疗保险、完善住房保障，以免除城乡居民在医疗、住房消费支出上的后顾之忧。在4万亿经济刺激计划中，政府专门安排一定资金投向就业和社会保障建设方面。

党的十八大后，我国经济发展进入新常态，实施了就业优先战略。党的十九大以来，就业被摆到更加重要的位置，而保就业也成为宏观调控的底线和红线。特别是近几年来，随着经济增长下行压力不断增大，供给侧结构性改革的不断深入，国外贸易保护主义抬头，给我国的发展环境带来了很大的不确定性，稳增长、稳就业的难度和不确定性同样有所提高。在这种情况下，就业优先政策的适时出台就显得格外必要。在2019年的政府工作报告中，“就业优先”首次被置于宏观政策层面，报告同时强调“必须把就业摆在更加突出位置”。就业优先政策的正式亮相，既是对就业优先战略的重新认识，也折射了对经济增长的全新理解。

近些年来，我国的就业工作取得了显著的成就。无论是从城镇新增就业总量来看，还是从城镇登记失业率和调查失业率指标来看，都提前和超额完成了年初的目标。但是客观地说，我国就业形势依然较为严峻，就业不充分、就业质量不高的矛盾比较突出。由于影响劳动力市场的不确定性因素增加，在供给压力并未减轻的情况下，劳动力市场的需求面临着较大的变数。特别是随着经济下行压力的增大，部分企业特别是实体经济经营困难，发生规模性失业的风险持续上升。

在劳动力供给方面，目前我国城镇劳动力的供给每年仍将超过1 500万人，其中包括大约800多万名大学毕业生，再加上大约700万名中等职业学校毕业生和初高中后不再继续升学的劳动力。此外，农村地区每年近千万的转移劳动力，再加上近百万的城镇转岗再就业劳动力，就业总供给规模依然十分庞大，供需矛盾比较突出。在就业质量方面，就业质量不高问题比较突出。虽然近些年我国的就业质量也有一定的提高，但就业质量不高依然是劳动就业领域一个突出的矛盾。这主要表现在劳动者平均工资水平不高、工资拖欠现象仍久治不绝、就业岗位不稳定、社会保障不健全、劳动时间过长等方面。部分劳动者获得感较低，实现体面就业任重道远。

## 二、就业优先政策的主要内容

构建实现就业优先战略目标的宏观政策体系，必须充分考虑到各项经济政策之间的相互协调和配合，以促进就业为衡量政策效果的主要评价指标。在宏观经济政策上，要选择有利于扩大就业的经济发展方式和产业格局，形成经济发展、产业结构调整与扩大就业良性互动的长效机制。

第一，在财政政策上，实行更加有利于就业扩大的财政保障政策。实行全面的减税政策，增强实体经济的活力和居民的消费能力。国外的经验证明，减税是有效刺激经济增长、扩大消费和投资的主要措施。至于部分人担心减税会影响国家的财政收入，并增加主权债务的风险，其实这只是一种误解。根据美国经济学家拉佛的理论，高税率由于压制了企业的生产积极性，未必会带来高的财政收入；反之，低税率由于能够激发企业和劳动者更高的生产热情，更可能带来更多的税收总额。

第二，在货币政策上，加大对扩大就业具有明显效应的产业的支持力度。在当前阶段，劳动密集型产业仍具有重大的战略意义，也是实体经济的主要组成部分，金融机构应千方百计地为其解决各种融资问题。对第三产业以及小微型企业、自主创业企业等，应采取更加积极主动的优惠扶持政策，激发他们的生产活力，支持符合条件的商业银行发行专项用于小型微型企业贷款的金融债券。扩大直接融资的渠道，允许符合条件的小微型企业上市融资正成为证券市场的一项重要任务。可以参照国外创业板股票的发行规则，小微型企业的相关上市公司即便是业绩亏损，甚至没有实际业务，只要是具备赢利前景，公司信息公开透明，就可以允许其上市融资。

第三，在产业政策上，要避免重化工业过度发展倾向，将鼓励第三产业发展的政策落在实处。重化工业固然是工业化和现代化过程中必不可少的环节，但过度发展重化工业不仅对经济发展质量不利，也不利于就业的进一步扩大。由于重化工业需要大量的资本投入，而且生产技术水平不高，往往会带来重复建设、资源浪费、环境污染等其他负面影响。要改变“唯 GDP 论”的错误思维，大力发展与民生密切相关的轻工业。加大对第三产业的投资力度，扭转近些年来第三产业投资在全社会固定资产投资中占比逐年下降的趋势。

第四，在收入政策上，大力提高劳动者收入水平，放弃低工资、低福利的生产方式。低工资、低福利制度也许会带来一些短期利益，但并不利于企业的长远发展。相反，经验证明，提高工人工资、改善职工福利待遇，才是稳定职工队伍、增强企业凝聚力的有效做法。政府除了通过法律手段，如提高最低工资标准、打击拖欠工资行为等措施外，还应该加大转移支付的力度，完善社会保障制度，努力提高劳动者的就业质量。

## 三、做实就业优先政策，夯实稳就业基础

2019 年 12 月，国务院印发了《关于进一步做好稳就业工作的意见》（以下简称《意见》）。《意见》指出，要坚持把稳就业摆在更加突出位置，强化底线思维，做实就业优先政策，健全有利于更充分更高质量就业的促进机制，坚持创造更多就业岗位和稳定现有就业岗位并重，突出重点、统筹推进、精准施策，全力防范化解规模性失业风险，全力确保就业形势总体稳定。

将就业优先政策提高到宏观调控政策的高度，意味着就业优先政策将与财政政策、货币政策一样，成为确保经济社会持续稳定发展的政策保障。在宏观经济理论中，充分就业与经济增长、物价稳定和国际贸易平衡一道，被列为宏观调控的四大目标，而充分就业就是首要目标。因此，将就业优先政策与财政政策、货币政策并列在一起，并强调其优先地位，符合宏观经济的基本理论。在就业优先

政策中突出“优先”地位，主要是体现政策目标的优先。也就是说，必须把是否稳定就业、扩大就业作为经济社会发展特别是衡量经济高质量发展的优先目标和重要指标。

与此同时，包括财政政策和货币政策在内的宏观政策必须对充分就业目标形成支持合力，尤其要避免掉入“无就业增长”的陷阱之中，即在经济社会发展的过程中，出现了就业却没有得到相应的同步增长的现象。从国际经验来看，许多发展中国家，其中也包括一些发达国家，在经济取得较快速度发展的同时，就业却没有获得同步的扩大。例如，美国在经历了20世纪90年代初的经济衰退之后，当美国经济开始复苏时，就业市场却没有相应恢复。还有目前的印度，虽然近几年印度的GDP一直以每年7%以上的速度增长，但失业率却在不断增加。2018年，印度就业市场增长几乎为零，其中10月失业率甚至上升至近年来最高点，特别是15~24岁的青年失业率高达20%，大学毕业生的就业状况持续恶化。究其原因，还在于发展方式的失衡，由于忽视劳动密集型产业的发展，以及不稳定就业人口过多，印度的经济发展并没有给劳动者创造更多的就业岗位。

不过，与财政政策和货币政策不同的是，就业优先政策很容易出现工作没有“抓手”的问题。而如果没有“抓手”，就业工作就会没有内容，政策落实就会出现空转。这主要是因为劳动力需求是经济社会发展的“引致需求”或“派生需求”，是市场主体在生产产品和服务的过程中派生出来的需求，也不是直接需求而是间接需求。换句话说，对劳动力需求的多少，取决于市场主体生产经营活动的状态。与同样是要素的货币不一样，一般来说，短期内劳动力的供给是难以调节的。这也正是实施就业优先政策的难点所在。

但是，这并不是说就业优先政策真的没有“抓手”可抓。事实上，如果能够通过有效手段，就业优先政策在稳就业方面依然大有可为。例如，通过加大培训力度，将转岗者和失业者集中起来进行技能培训，就能够调节劳动力的供给数量和质量。通过阶段性降低社保费率和发放稳岗补贴，能够影响企业对劳动力的需求。而落实创业担保贷款、创业孵化基地奖补、一次性创业补贴等扶持政策，则可以激发创新创业积极性，提高创业带动就业的效果。通过公益性岗位的创造，也能够为劳动者创造更多的就业机会。

具体来看，为了做实就业优先政策，2019 年出台的《意见》就稳就业工作提出了六个方面重点举措，主要包括支持企业稳定岗位、开发更多就业岗位、促进劳动者多渠道就业创业、大规模开展职业技能培训、做实就业创业服务、做好基本生活保障。此外，《意见》还强调，要加强稳就业工作组织保障，完善工作组织协调、资金投入保障、就业形势监测、突发事件处置、舆论宣传引导等五项机制，推动各地切实履行稳就业主体责任，汇聚稳就业强大合力。从这些具体举措来看，实际上都是做实就业优先政策的重要“抓手”。

毫无疑问，要落实这些政策，必须多部门联合、共同努力才能取得最佳效果。在财政政策方面，我国已连续多年实施了减税降费政策，为激发企业活力和稳定就业岗位发挥了积极的作用。其中针对现阶段企业社保费率较高的实际情况，在降低社保费率方面也采取了稳妥的措施加以落实。《意见》中提出，继续实施减税降费政策，将阶段性降低失业保险费率、工伤保险费率的政策实施期限延长至 2021 年 4 月 30 日。为激发企业用人需求和确保岗位稳定，《意见》还提出，需要加大对稳岗补贴和技能培训补贴的力度。据统计，2019 年前三季度，全国共有 75 万户企业享受到稳岗返还 275 亿元，惠及职工 3 993 万人，81 万人次领取技能提升补贴 12. 9 亿元。人力资源社会保障部制定的《职业技能提升行动方案（2019—2021 年）》提出的三年具体目标任务是：2019 年培训 1 500 万人次以上，到 2021 年要完成补贴性培训 5 000 万人次以上。

在货币政策方面，落实普惠金融定向降准政策，释放的资金重点支持民营企业和小微企业融资。重点解决中小企业的融资瓶颈问题，支持中小企业发展，增加就业。据央行统计，2019 年上半年，我国小微企业有贷款余额户数为 1 988. 31 万户，较年初增加 265. 08 万户。新发放的普惠型小微企业贷款平均利率为 6. 82%，较 2018 年全年平均利率下降 0. 58 个百分点。企业融资难问题的大大缓解，对于稳定企业生产经营和投资预期具有十分重要的意义。

可以看到，通过一系列的政策措施，做实就业优先政策已经取得了初步效果。在中央提出的“六稳”中，真正体现了通过稳金融、稳外贸、稳外资、稳投资、稳预期等实现“稳就业”这个首要目标的合力。换句话说，做实就业优先政策，就是让就业优先工作的开展和政策的落地有切实的“抓手”，这也是确保我国就业工作取得实效的重要原因和重要保证。

## 四、实现扩大就业与提高就业质量的路径

党的十九大报告中提出，要坚持就业优先战略和积极就业政策，实现更高质量和更充分就业。这就要求就业的“质”与“量”齐头并进。坚持扩大就业与提高就业质量并举，不仅是时代进步与发展的要求，更是我国当前经济转型升级的必要条件，顺应了人民日益增长的美好生活需要。

### （一）充分就业是做好就业工作的首要条件

充分就业不仅包括劳动机会的获得，更包括人力资源得到充分挖掘与利用，促进高校毕业生等青年群体、农民工群体等多渠道就业创业。近几年来，我国在就业数量扩张上总体稳定向前，但就劳动者个体来说，找工作容易，找好工作难，能在岗位上充分发挥自身价值的就业量远远低于不断上升的就业量。新旧动能转换背景下，劳动力供给与需求间难免发生错位，在对传统产业造成冲击的同时，也创造出来一批新兴产业就业机会，需要劳动力市场及时进行调节，来顺应时代发展。针对特定时期可能出现的矛盾，应继续坚持扩大就业政策，促进就业市场稳定，尽量避免不必要的波动。2016 年 12 月，人力资源社会保障部、财政部、国务院扶贫办专门出台了《切实做好就业扶贫工作的指导意见》，提出通过开发岗位、劳务协作、技能培训、就业服务、权益维护等措施，带动促进 1 000 万贫困人口脱贫的战略目标。2017 年 1 月，国务院通过的《“十三五”促进就业

规划》又明确提出“推进就业扶贫”的政策要求。可见，通过就业缓解贫困是整个扶贫战略的重要一环，也是贫困劳动者主动凭借自己劳动脱离贫困的主要途径。因此，扩大就业对我国扶贫工作亦具有相当重要的价值与意义。就业质量的提高是持续的过程。在低生产力水平阶段，就业质量的提升诉求主要在于正规就业、安全的环境、职业健康及其他基本权益方面；而生产力发展水平较高时，则更看重就业发展性、成就感和价值感，涉及价值实现、工作生活平衡等领域。对2017届应届大学生的调查发现，对自我成长的关注首次超过对待遇的关注，成为大学生求职时最看重的因素，这也反映出劳动者在新时代下对就业质量的新诉求。政府要着重打造实现劳动力自身价值的工作环境，会“引人”更会“用人”，实现人尽其才，才能为经济社会发展提供持久动力。

### （二）推动城乡和区域平衡发展，弥合劳动力市场鸿沟

继续推动城乡劳动力市场的平衡发展，创造公平的就业环境，缩小城乡劳动力的收入差距，实现城乡统筹共进。农村劳动力的转移就业提升了乡村居民的经济收入，进一步缩小了城乡居民收入差距，有利于新型城镇化的建设与发展。《“十三五”促进就业规划》中提到，要拓宽农村劳动力转移就业渠道，建立健全城乡劳动者平等就业制度，引导农村劳动力外出就业、就地就近就业，并促进农村贫困劳动力转移就业。但城乡“二元结构”对城乡发展影响颇深，在解决城乡生态环境共治、基础设施相通、公共服务共享以及生产要素顺畅流动等方面，政府还需进一步努力。对于进城就业的农民工，不仅要给予和营造公平公正的就业环境，更要共享社会保障福利，推进农民工市民化的实现，带动人才、知识技术、资金等双向流动，优化资源配置。针对区域劳动力市场不平衡的问题，从解决劳动力市场的就业极化现象入手，缓解劳动力过分集中于少数中心城市的趋势，按照全国主体功能区规划的要求，打造若干个新的“就业中心”。与此同时，加快产业梯度转移的步伐，带动劳动力由东部向中西部转移。经过多年增长之后，东部沿海地区的资源、能源、土地、劳动力等生产要素供给日益趋紧。与此

同时，中西部地区承接条件日益完备。由于生产要素和资源禀赋的差异，各地区之间存在产业梯度差。随着时间的推移及生命周期阶段的变化，生产活动逐渐从高梯度地区向低梯度地区转移。中低梯度地区通过接受扩散或寻找机会跳跃发展并反梯度推移求得发展。概括说来，中西部地区已具备生产要素成本低、资源能源丰富、投资环境明显改善等优势，积极承接东部沿海地区梯度转移的条件已成熟。产业梯度转移必然带动劳动力的大转移，流动人口的流动方向由此也发生了诸多变化。

### （三）消除性别歧视，实现劳动力市场性别平等

进一步建立和完善反就业歧视的法律法规体系，创造公平就业的制度性环境，是实现劳动力市场性别平等的最有效和根本之路，从而为女性群体提供更有力的保护措施，提供更为全面的就业性别歧视的纠纷解决机制，为劳动力市场的健康平衡提供法律保障。此外，要培养社会性别平等观念，适当分担女性生育成本，在政策上给予女性劳动者更多就业鼓励与关怀。当前，各行各业都经历着日新月异的进步与改变，劳动力市场生态也默默发生着不同于以往的变化，新经济的发展和新行业的兴起，让越来越多的女性可以摆脱家庭与生活的束缚与压力，更好地参与到电商等新兴工作领域中来。消除性别歧视是对我国人力资源的充分利用，有利于充分就业的实现，能够为社会带来更多的产出与价值，创造更多财富。女性劳动者也应抓住机会，不断提升工作技能，帮助社会树立正确的用人观。“二孩”政策实施后，女性生育成本再次增加，政府或社会组织可通过自身方式分担部分女性的生育成本，在政策上给予女性更多关怀与支持，从而进一步调节女性劳动者与用人单位之间的关系。

### （四）提高劳动力素质，填补技术进步的洼地

高等院校及时关注劳动力市场的发展动态与需求，尤其在经济结构转型期，密切关注未来发展趋势与方向，据此调整专业结构，在一定程度上解决毕业生所

学专业与市场需求的错位问题。随着技术进步，人工智能、机器人领域急需对口的高技能人才，我国也亟待形成自己的相关产业，来带动更多技术进步的就业需求。高科技需要高素质人才，政府在人才培养、科研奖励以及成果转化等方面，应给予更多优惠政策与支持措施，鼓励劳动者创新创业，激励劳动者的自我发展与成长，引导劳动力流向国家急需领域服务与贡献。这就需要大力提升劳动力素质，树立终身学习的观念，社会要完善终身学习体系与服务，帮助劳动者适应和追赶时代发展。除提升劳动力的专业技术能力外，就业能力与适应能力在现代与未来社会也相当重要，应给予着重培养。部分发达城市就业极化现象初显，技术进步在短期内不可避免地要给传统产业造成一定冲击，造成部分劳动力脱离岗位，暂时失业。这就需要劳动者能够拥有较强的综合素质，能及时寻求新的就业岗位或行业，迅速适应新环境。在当前经济发展的特殊时期，改革稳步推进，难免会有阵痛，政府要做好劳动者权益保护与培训工作，完善失业保险制度，建立完善人才培养和服务体系，做好就业市场的监测与预警，鼓励创业和再就业，引导劳动力有序流动。

### （五）缩小收入分配差距，在提高效率的同时实现公平

在初次分配中注重效率，提高劳动报酬在初次分配中所占比重，提高低收入者的收入，增加居民财产性收入。初次分配由市场决定，政府难以从中作出调节，而当前我国收入分配差距虽略有减小，但基尼系数仍超过警戒线，收入差距较大。近几年来，我国居民劳动报酬在初次分配中比重下降，而高收入群体中，财产性收入起到了相当大的作用。提升劳动报酬在初次分配中的比重，能较好地缩小收入差距，但财产性收入也是初次分配的重要来源，要进一步增加中等收入和低收入群体的财产性收入，更好地发挥该渠道的重要作用，同时提高低收入者的收入，划出最低收入底线。再分配中要更注重公平，建立完善财产税制，加大反腐力度，优化财政支出结构，多倾向民生领域，拓宽财产投资渠道。再分配中要充分发挥政府的调控作用，保护高收入群体中的合理收入，改革税收调节制

度，着重减少间接税比例，增加直接税占比，保证合理纳税。对于低收入群体来说，要进一步加大对困难群体的倾斜力度，引导其实现自力更生的脱贫与创造财富，提升就业能力，进一步落实精准扶贫政策。扩大社会保障覆盖面，为居民提供最基本的保障，增加医疗卫生等民生支出，创新宏观调控方式，盘活财政资金存量，优化财政收支结构，发挥效用最大化。

# 第十二章

# 改革开放以来我国四次创业浪潮的演进[①]

本章主要研究了改革开放以来我国创业活动的发展历程及其演变规律，揭示了历次创业浪潮形成的经过、产生的经济背景及其发展状况。本章在统计分析历年新增私营企业增长变化的基础上认为，迄今为止我国一共出现了四次创业浪潮。基于引发创业活动的“难民效应”与“企业家效应”理论，本章还发现，在前三次创业浪潮形成过程中，以“难民效应”发挥着主导作用，主要表现为创业者是以劳动力市场的失败者为主，普遍素质较低，创业行为大多属于被动型创业和生存型创业。而第四次创业浪潮呈现出由“难民效应”向“企业家效应”转变的趋势，创业者群体更加多样化，素质明显提高，机会型创业逐渐成为创业行为的主流。为了将第四次创业浪潮推向深入，必须正确处理好政府与市场的关系，不断提高创业扶持政策的实施效果和精准性，将提高创业质量作为推动“双创”活动的重要环节，继续强化创业创新的有效对接，加强培训，提高创业层次，努力改善创业环境，以推动创业浪潮持续发展。

① 原文发表在2018年第2期《北京工商大学学报（社会科学版）》，数据根据需要进行了更新。

## 一、大众创业万众创新提出的背景

党的十八大以来，鼓励大众创业、万众创新已成为我国经济新常态下积极就业政策的核心内容之一。创业不仅具有“一人带动多人就业”的就业倍增功效，还能够发挥推动经济增长、创造创新就业机会的作用。正是因为如此，世界上许多国家均把鼓励创业作为应对经济衰退、解决就业问题的重要途径。对中国而言，正面临着经济下行压力增大、转型就业问题突出的新挑战，稳增长、保就业任务艰巨。2015 年 6 月，国务院印发《关于大力推进大众创业万众创新若干政策措施的意见》提出了推进“双创”活动的总体思路、体制机制及具体的政策措施。因此，认真研究改革开放以来我国历次创业浪潮形成的规律及其趋势，对更好地做好创业就业工作，推动大众创业、万众创新局面的进一步形成和发展，具有重大的理论和现实意义。

自法国经济学家坎迪龙首次在 18 世纪中期提出创业家（entrepreneur）这个概念以来，创业活动与经济社会发展的关系就成为跨学科研究的热点问题之一。大多数研究发现，经济增长与创业之间存在着紧密的关系，但究竟是经济成长期创业活动多还是经济衰退期创业活动多，经济学家们存在着不同的看法。一部分经济学家认为，在经济成长期，经济环境为创业者提供的机会更多，创业企业赢利的可能性也更大，因而会吸引更多的人加入创业队伍当中去，这些创业者往往具有一定的企业家精神，素质较高，识别市场信息的能力较强。这种创业活动与经济增长之间的正相关效应也被图雷克等称为“企业家效应”（entrepreneurial effect）①，或者也可以叫作“熊彼特效应”（schumpeter effect）。奥德雷茨克等通

① THURIK，A R，CARREE M，VAN S A，AUDRETSCH D B. Does Self-employment Reduce Unemployment？[J]. Journal of Business Venturing，2008，23（6）：673-686.

过对欧盟国家的研究发现，具有较高经济增长率的国家往往创业活动也更为活跃。① 雪恩的研究在控制了利率、人口年龄等因素后，也证明了经济增长率与创业活动之间存在着显著的正相关关系。② 不过，另外一些经济学家却持不同的观点。他们认为，创业活动活跃的时期，往往是经济开始陷入衰退的阶段。其理由是：经济衰退导致失业率上升，寻找新的就业岗位将变得更为困难，因此劳动者可能更倾向于采取自我雇佣（self-employment）的创业方式争取就业。③ 这种创业活动与经济增长"逆周期"的观点也被称为创业的"难民效应"（refugee effect）。之所以被称为"难民效应"，是因为这些创业者都是劳动力市场中的弱者和失败者，是在就业竞争中被排挤出来的"难民"，是由于就业压力大、找不到合适工作而被迫创业的群体。赖德胜、李长安对中国的研究表明，创业活动与经济增长之间也存在着一定的"逆周期"现象，创业活跃期往往出现在经济增长放缓的阶段。④ 但也有学者指出，这种"难民效应"可能并不存在，因为经济困难时期创业的机会会变得更少，而且失业者大多是劳动力市场中的弱者，他们创业的能力不够，即使创业也很难成功。⑤

除了从宏观创业环境角度来探讨创业活动的规律外，近些年越来越多的学者开始注重用微观数据，从个人禀赋的角度来探究劳动者创业的动因。许多研究表明，人力资本水平的高低是影响创业活动"难民效应"和"企业家效应"的重要因素，也是决定劳动者选择"生存型创业"还是"机会型创业"的关键变量。

① AUDRETSCH D B，KEILBACH M C，LEHMANN E E. Entrepreneurship and Economic Growth［M］. New York：Oxford University Press. 2006.

② SHANE S. Explaining Variation in Rates of Entrepreneurship in the United States：1899-1988［J］. Journal of Management，1996，22（5）：747-7811.

③ VAN STEL A，SUDDLE K. The Impact of New Firm Formation on Regional Development in the Netherlands［J］. Small Business Economics，2008，30（1）：31-47.

④ 赖德胜，李长安. 以创业促进就业的效应分析及政策选择［J］. 经济学动态，2009（2）：83-87.

⑤ FIESS N M，FUGAZZA M，MALONEY W F. Informal Self-employment and Macroeconomic Fluctuations［J］. Journal of Development Economics，2010，91（2）：211-226.

梅耶等人研究了劳动者受教育程度与其创业意愿及创业成功率之间的相关性，发现创业企业家的个人受教育程度与其创业意愿之间存在着显著的正向关系。① 之所以受教育程度高的人创业意愿更高且更容易创业成功，主要的原因是他们具有更多的企业家精神，即更高的市场机会识别与风险能力，而且在创业融资的获得方面更具有优势。李长安、苏丽锋对中国各地区的研究表明，人力资本高的地区的人群具有更高的创业热情，但在创业带动就业方面优势并不明显。② 社会资本是影响创业活动的又一个重要因素。创业者的社会网络关系在创业初期能够帮助创业者获得更多的资金支持、市场信息等，而且有助于新企业的可持续发展。③ 随着互联网技术的快速发展，网络更容易激发创业的“企业家效应”，对促进创业者选择“机会型创业”也大有裨益。④

本章考察了改革开放以来我国创业活动的发展历程及其演变规律。以私营企业年增长速度作为衡量指标，总结归纳出 40 多年来我国出现的四次创业浪潮，揭示了历次创业浪潮形成的经过、产生的经济背景及其发展状况。本章认为，第一次创业浪潮发生在改革开放之初的 1982—1988 年，第二次发生在邓小平视察南方谈话以及党的十四大确立了社会主义市场经济体制改革目标之后的 1992—1996 年，第三次是在中国加入 WTO 后的 2002—2004 年，第四次则是在 2014 年开始爆发，迄今方兴未艾的“大众创业、万众创新”时期。同时，运用引发创业活动的“难民效应”和“企业家效应”理论，揭示了从前三次创业浪潮到第四次创业浪潮演变过程中从“难民效应”逐渐向“企业家效应”转变的主要表现。

① MEYER K E, ESTRIN S, BHAUMIK S G, PENG M W. Institutions, Resources, and Entry Strategies in Emerging Economies [J]. Strategy Management Journal, 2008. 30 (1): 61-80.

② 李长安，苏丽锋. 人力资本对创业活动的影响——基于 2003—2011 年数据的实证分析 [J]. 清华大学教育研究，2013 (2)：81-86.

③ RALUCA B M. Social Capital Framework and Its Influence on the Entrepreneurial Activity, Annals of the University of Oradea [J]. Economic Science Series, 2013, 22 (1): 581-589.

④ 史晋川，王维维. 互联网使用对创业行为的影响——基于微观数据的实证研究 [J]. 浙江大学学报，2017 (4)：159-175.

在此基础上，提出进一步推动“双创”活动的政策建议。

## 二、改革开放以来我国四次创业浪潮的演进

创业的含义具有广义和狭义之分。广义的创业行为既包含到市场监督管理部门登记注册成立企业的行为，也包含到市场监督管理部门登记注册成为个体工商户的行为。而狭义的创业则只包括了前者。本章采用的是狭义创业概念，这是因为个体工商户属于自雇行为，且考虑到个体工商户的就业带动效应远小于私营企业。对于创业浪潮的判别，本章是以连续三年（含）以上私营企业新登记注册数量增长率超过20%作为评判标准。根据上述界定，改革开放以来，我国一共经历了四次创业浪潮。

### （一）第一次创业浪潮（1982—1988年）

以1978年12月召开的党的十一届三中全会为标志，正式开启了我国改革开放的历史新时期。随着对个体私营经济的逐步解禁，个体户和私营企业开始出现在我国的经济社会生活中。1982年党的十二大提出，大力鼓励和支持个体经济的发展可以使其成为公有制经济必要和有益的补充。特别是在当年12月通过的《中华人民共和国宪法》中明确规定：在法律规定范围内的城乡劳动者个体经济，是社会主义公有制经济的补充。这就从宪法的高度确立了个体私营经济的法律地位和经济地位。1988年6月，国务院正式颁布了《中华人民共和国私营企业暂行条例》。随着身份上的肯定和法律上的明确，我国的第一次创业浪潮迅速形成。据统计，1982—1988年，我国创业活动进入高速发展阶段，个体私营经济每年新增加的就业人员超过了400万人。据1987年年底的一项初步统计，全国包括私营企业、带有私营性质的集体经济和合作经济组织等，总数已经达到了22.5万

余户，雇工总数超过了 360 万人。① 1989 年后，我国开始了为时三年的“治理整顿”时期，创业活动基本陷入了停滞状态。

### （二）第二次创业浪潮（1992—1996 年）

经过三年治理整顿，我国国民经济的增长出现了改革开放后的一次低谷。1992 年 10 月召开的党的十四大确立了经济体制改革的目标是建立社会主义市场经济体制，强调了继续实行改革开放政策的路线方针，此后国民经济出现了高速增长的态势。在此期间，全国掀起了一股“全民下海”的浪潮，直接推动了全民创业高潮的到来。根据工商部门的相关统计数据，1992 年，我国私营企业的新登记注册数量大幅增长了 29.6%，而在私营企业就业的人数则突破了 200 万人。特别是 1994 年，私营企业新登记注册的户数猛增了 81.5%，相应的在私营企业就业的人数增长了 74.0%。到 1996 年，私营企业就业人员的数量首次突破了 1 000 万人。如果说 20 世纪 80 年代的创业活动更多的是出现在个体工商户当中的话，那么 90 年代后以设立私营企业为主要特征的创业活动达到了一个新的高潮。由于私营企业带动就业的能力远高于个体工商户，这也是该时期创业带动就业人数大幅增长的重要原因。

### （三）第三次创业浪潮（2002—2004 年）

在 1998—2000 年三年国有企业脱困攻坚过程中，超过 2 000 万的国有企业职工出现了下岗失业问题。再加上受 1997 年开始的亚洲金融危机的冲击，我国的就业形势显得十分严峻。在这种情况下，如何拓宽就业渠道，缓解下岗失业压力，就成为就业政策的首选。2001 年我国正式加入 WTO，2002 年开始实施积极的就业政策，这为第三次创业浪潮的来临创造了良好的内外条件。该时期创业扶持政策的重点人群主要聚焦于下岗失业人员，主要内容包括加强就业创业培训、

① 简明. 1987 年私营企业的几个统计数字［J］. 经济问题，1988（10）：41-41.

为创业者提供小额担保贷款和税费减免、对雇用下岗失业人员的服务性企业给予一定的优惠政策等。在一系列鼓励支持政策的推动下，2002 年，我国私营企业户数出现了 20%的涨幅，2003 年达到 23.4%，2004 年为 21.5%。在此后的十年时间里，创业活动的活跃度出现了一定程度的下降，但依然保持在年均 10%以上的增速。

### （四）第四次创业浪潮（2014 年至今）

2008 年全球金融危机爆发后，虽然我国采取了多种刺激经济的措施，但经济增速逐渐减缓的态势已经形成，国民经济正在由过去的高速增长开始向中高速增长的新常态转变。在经济增速不断下降的压力下，就业问题也日渐凸显。目前，我国每年城镇新成长劳动力 1 500 万人左右，其中包括高校毕业生、中专技校毕业生、初高中毕业后不再升学而直接进入劳动力市场的学生，还有大量需要从农村转移出来的富余劳动力。总量压力仍然非常巨大，结构性矛盾更加突出。在经济增速减缓、结构优化升级加快的背景下，鼓励大众创业、万众创新就成为就业政策的必然选择。在政府大力推行简政放权和商事制度改革的同时，一大批鼓励和支持“双创”活动的政策纷纷出台，涉及注册登记以及财政、税收、金融等方方面面。自 2014 年起，我国平均每天新注册登记的企业都在 1 万家以上，数量上达到了历史新高。新增私营经济就业人员持续快速增长，成为解决就业的重要渠道，也标志着新一轮的创业浪潮已经来临。

改革开放以来我国四次创业浪潮中私营企业新登记注册数量增长率如图 12-1 所示。

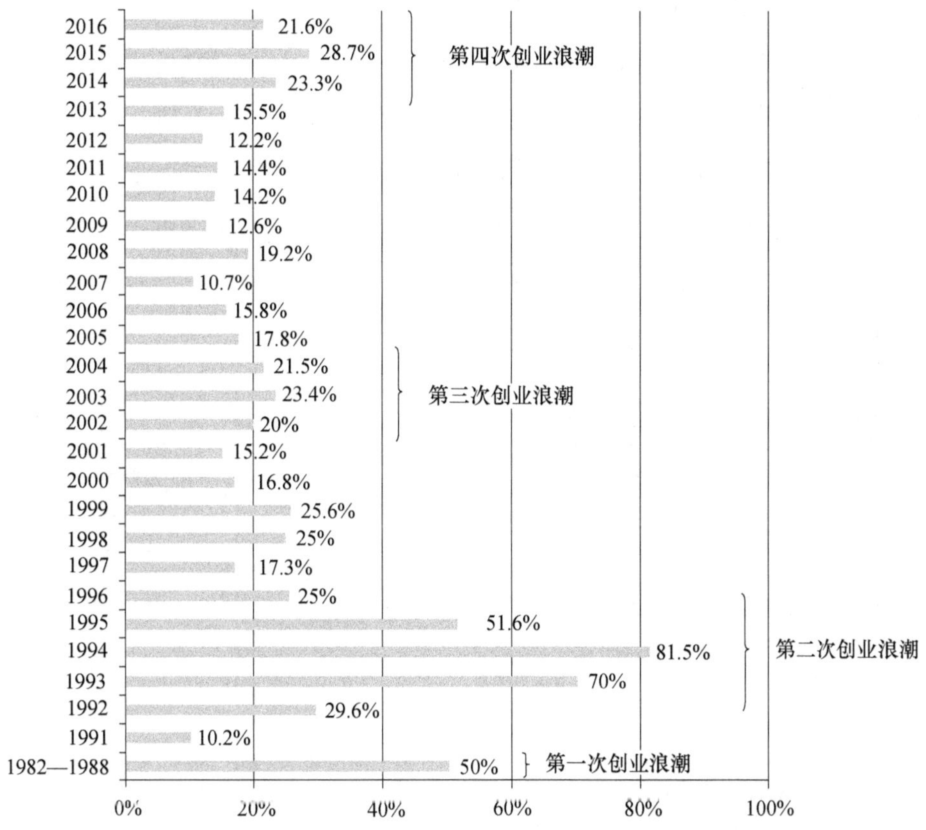


图 12-1　改革开放以来我国四次创业浪潮中私营企业新登记注册数量增长率

资料来源：根据历年《中国统计年鉴》《中国工商行政管理年鉴》相关数据整理绘制。

注：1982—1988 年数据为私营企业年平均增长率估计数，因为 1988 年我国才颁布了《中华人民共和国私营企业暂行条例》，其中提出政府应对私营企业进行依法登记管理。

## 三、四次创业浪潮的形成：从“难民效应”到“企业家效应”

每次创业浪潮的形成，都与当时的经济社会背景紧密相关，因而都呈现出不同的特点，持续的时间长短也不一样。虽然有的经济学家主张，创业行为的产生要么起因于经济处于下行阶段、就业压力增大而产生的“难民效应”，要么起因于经济处于上升阶段、创业机会增多而产生的“企业家效应”。但对于中国而言，每一次创业浪潮的形成和发展，实际上都是“难民效应”和“企业家效应”并存和共同作用的结果。不过，前三次创业浪潮更多的是以“难民效应”为主，而第四次创业浪潮则出现了从“难民效应”为主向“企业家效应”为主转变的趋势（见表 12-1）。

**表 12-1 历次创业浪潮的“难民效应”与“企业家效应”** （%）

| | 以经济增长率为衡量 | | | 以失业率为衡量 | | |
|---|---|---|---|---|---|---|
| | $G_i$ | $G_j$ | $G_i-G_j$ | $U_i$ | $U_j$ | $U_i-U_j$ |
| 第一次创业浪潮 | 6.9 | 11.5 | -4.6 | 4.7 | 2.2 | 2.5 |
| 第二次创业浪潮 | 5.7 | 12.8 | -7.1 | 2.7 | 3.1 | -0.4 |
| 第三次创业浪潮 | 7.5 | 9.5 | -2.0 | 3.3 | 4.2 | -0.9 |
| 第四次创业浪潮 | 8.6 | 7.0 | 1.6 | 4.2 | 4.1 | 0.1 |

资料来源：根据历年《中国统计年鉴》相关数据整理计算。

注：$G_i$ 表示本次浪潮出现前三年的年均 GDP 增速，$G_j$ 表示本次浪潮期间的年均 GDP 增速；$U_i$ 表示本次浪潮出现前三年的年均城镇登记失业率，$U_j$ 表示本次浪潮期间的年均城镇登记失业率。其中第四次创业浪潮的数据截至 2016 年。

按照“难民效应”假说，创业活动主要发生在经济增长速度下降、失业率较高或就业压力大的阶段，创业者则是以劳动力市场的失败者为主，他们素质较低，创业行为主要表现为被动型创业和生存型创业。与之相对照的是，按照“企业家效应”假说，创业活动应该主要发生在经济上升、失业率下降或就业压力不明显的阶段，创业者素质比较高，善于发现和利用市场机会，创业行为主要表现为主动创业和机会型创业。从此基本理论出发我们可以发现，中国历次创业浪潮的演进过程，正在出现从创业活动的“难民效应”为主向“企业家效应”为主转变的趋势。

下面我们来分析历次创业浪潮演进的特点。从经济增长状况的背景看，在第一次创业浪潮出现的前三年（1979—1981年），年均GDP增速要比创业高潮期间低4.6个百分点。特别是在1981年，由于刚刚实行改革开放政策不久，国民经济就遭受了通货膨胀的冲击，国家采取了紧缩性的调控政策，受此影响，当年的GDP增长率从上年的7.8%下跌到5.2%。与此同时，在就业形势方面，受大批知识青年返城的影响，显性失业问题开始暴露出来，就业形势一度十分严峻。在这种情况下，国家的就业政策出现了重大转变，以打破就业计划体制、鼓励自主择业为核心内容的政策陆续出台。可见，经济增速下降和就业市场上供需严重失衡所导致的双重“难民效应”，是助推第一次创业浪潮的重要原因。该时期的创业群体主要以返城知识青年为主，创业类型则主要表现为生存型创业。

第二次创业浪潮形成受到“难民效应”的影响也十分显著。在经济增长方面，与创业高潮期间的年均GDP增速相比，前三年（1989—1991年）的年平均GDP增速仅为5.7%，大幅低于创业高潮期间的年平均GDP增速7.1个百分点。在就业形势方面，虽然城镇登记失业率创业高潮前比创业高潮期间要略低，但在治理整顿期间国有企业效率低下，以及农村劳动生产率依然不高的情况下，无论是在城镇还是在农村，都存在着大量的隐性失业人口。在确立社会主义市场经济改革目标之后，大量城镇和农村富余人员脱离原有体制进入劳动力市场当中，对就业形成了较大的冲击，这些群体也成为当时创业浪潮中的主力。

第三次创业浪潮出现之前，受到1997年爆发的亚洲金融危机以及三年国有企业脱困改革的影响，国民经济增速再次出现较大幅度的降低。创业浪潮前三年（1999—2001年）的GDP年平均增速要比创业浪潮期间低2个百分点。此时期的城镇登记失业率虽然平均只有3.3%，但如果考虑到上千万尚未与企业解除劳动关系的下岗职工的话，就业的压力十分巨大。2002年起，我国开始实行“积极的就业政策”，包括为自主创业的劳动者提供小额担保贷款、税收优惠等，这些政策的实施为创业高潮的形成起到了极大的推动作用。由此可见，“难民效应”在第三次创业浪潮的形成中也起到了主要的推动作用。

与前三次创业浪潮似乎有所不同，第四次创业浪潮出现了由“难民效应”向“企业家效应”过渡的趋势。也就是说，第四次创业浪潮的形成，虽然有“难民效应”的作用，但“企业家效应”的推动也日益明显。从表面上看，第四次创业浪潮中的“难民效应”似乎并不明显。例如，创业高潮前三年（2011—2013年）的年平均 GDP 增速依然高达 8.6%，甚至要比创业高潮期间的年平均 GDP 增速还要高出 1.6 个百分点。其中的原因在于，2008 年年底我国政府推出了 4 万亿元经济刺激计划，短时期内在稳定经济增长和劳动力市场方面发挥了积极的作用。但随着时间的推移，“强刺激”带来的效应逐渐减弱，结构性矛盾开始日益突出。特别是由于经济增速出现了持续性的回落，供给侧结构性改革任务繁重，使得劳动力市场的就业形势持续高压，以大学生为代表的青年群体就业难问题突出。从这个角度讲，第四次创业浪潮形成的“难民效应”依然存在。

但值得注意的是，“企业家效应”在第四次创业浪潮的形成过程中正发挥着越来越重要的推动作用。首先，从创业群体来看，创业者正在逐渐脱离过去劳动力市场中低学历、低技能的弱势群体的特征，呈现出创业群体更广、创业者素质更高的特征。从创业者受教育程度来看，第四次创业浪潮中的创业者高学历群体的比重有所提高，而低学历者所占比重则有较为明显的下降。考虑到数据的可得性，我们不妨将第四次创业浪潮的起始年份 2014 年与第三次创业浪潮的起始年份 2002 年进行比较分析，如图 12-2 所示。可以发现，与第三次创业浪潮相比，第四次创业浪潮中创业者未上过学的比重从 2.1%下降到 0.4%，小学文化程度的比重从 16.3%下降到 9.2%。目前我国创业者受教育程度最集中的依然是初中文化程度和高中文化程度，不过初中文化程度创业者的比重也已经从 2002 年的占比 55.4%下降到 2014 年的 47.1%。概括来说，初中及初中以下文化程度创业者的比重一共下降了 17.1 个百分点。与此同时，高中文化程度的创业者从 22.4%提高到 27.8%，大学专科从 3%提高到 10.5%，大学本科从 0.8%提高到 4.7%，研究生及以上从 0.1%提高到 0.3%。由此可见，随着大学扩招和大学毕业生数量的迅速增加，我国创业者的受教育程度有了明显提高，拥有更高学历的劳动者越

来越多地加入创业队伍当中去。

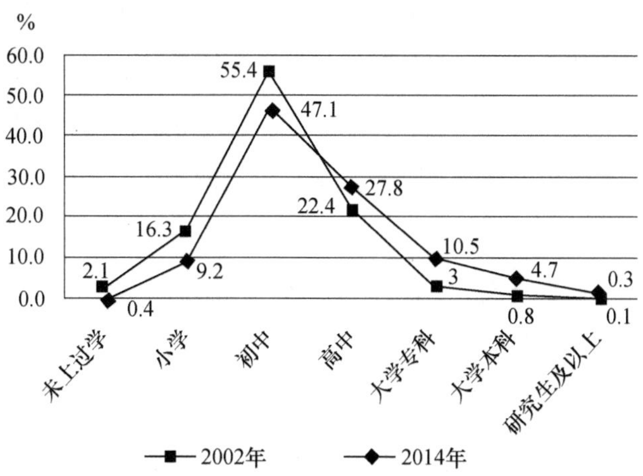


图 12-2 2002 年与 2014 年创业者受教育程度的比较

资料来源：根据 2003 年、2015 年《中国劳动统计年鉴》相关数据绘制。

其次，科技创新对创业的带动作用更加突出。开展“大众创业、万众创新”活动的本意，就在于推动创业与创新的相互促进。根据世界知识产权组织发布的全球专利报告，自 2011 年以来，中国专利申请数量就已经超过美国和日本，位居世界第一。随着我国科技实力和科技市场发育程度的不断提高，科技创新在促进创业方面正发挥着越来越大的作用。根据科技部门的相关统计数据，截至 2016 年年底，全国纳入科技部火炬中心统计范围的众创空间有 4 298 家，孵化器 3 255 家，科技企业加速器 400 余家，国家高新区 156 家，总就业人数接近 200 万人，数量和规模均跃居世界首位。① 互联网是创业创新结合最为紧密的领域之一，互联网的技术创新往往会引发创业模式的变革。特别是随着国家“互联网+”战略的实施，互联网对实体经济也产生了深刻的影响，线上与线下相结合的创业模式正成为主流。目前，我国互联网直接带动的创业就业人数大约为 300 万人，而间接带动的创业就业则超过 2 000 万人。

① 中国开启创业孵化新纪元，人民日报海外版，2017 年 6 月 20 日。

再次，机会型创业超过生存型创业成为创业的主流。创业活动一般可以分为生存型创业和机会型创业。前者是指创业者仅仅是为了生存而进行的创业活动，具有被动性、门槛低、技术含量较低等特点，是一种较低层次的创业行为；而后者则是创业者为了捕捉市场机会、获取更高的商业利润而进行的创业活动，具有主动性、门槛较高、技术含量较高等特点，是一种较高层次的创业行为。在创业浪潮的演变过程中，我国的生存型创业占全部创业活动的比例逐次降低，而机会型创业的比例则越来越高，“企业家效应”日渐显著。根据全球创业观察（GEM）的调查数据，2002 年，我国生存型创业与机会型创业的比例大约是 6∶4，到 2015 年，生存型创业与机会型创业的比例演变为 35.7∶64.3，机会型创业已经在创业活动中占据了近 2/3 的比重，如图 12-3 所示。

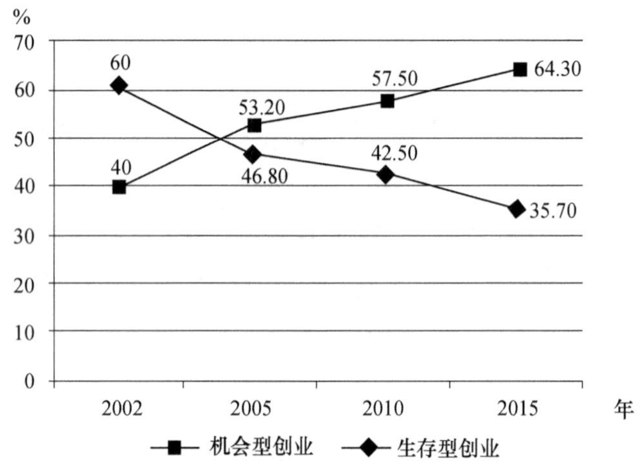


图 12-3　我国生存型创业与机会型创业的演变

资料来源：根据历年《全球创业观察报告》相关数据整理绘制。

最后，创业的“企业家效应”还体现在创业活动的地区扩散效应和产业选择的优化与升级。在第四次创业浪潮中，创业活跃地区从东部地区向中西部地区扩展。与此同时，中西部地区企业数量占全国企业总数的比重也有明显上升。虽然东部地区依然是新创企业的主要集中地，但西部地区的增长也十分明显。从区域看，2015 年全国新登记企业在东部有 256.5 万户，西部有 87.9 万户，中部有 77.9 万户，东北地区有 21.6 万户，如图 12-4 所示。具体分省份看，新登记企业增长较快的省份也主要集中在东部和西部。2015 年有 13 个地区新创企业的增速高于全国平均水平，其中东部有 6 个，西部有 6 个，中部有 1 个，排名前五位的省份分别是西藏、云南、山东、江苏、宁夏，新创企业的增速分别为 65.9%、53.3%、48.1%、40.6%和 38.6%。创业企业的快速增长，使得西部地区内资企业户数在全国的比重也有所提高。2013 年，东部地区内资企业户数占全国总数的比重接近一半，为 49%，与 2008 年相比下降了 4 个百分点；而西部地区内资企业户数占比则上升到 31%，比 2008 年增加了 4 个百分点；中部地区没有明显变化。

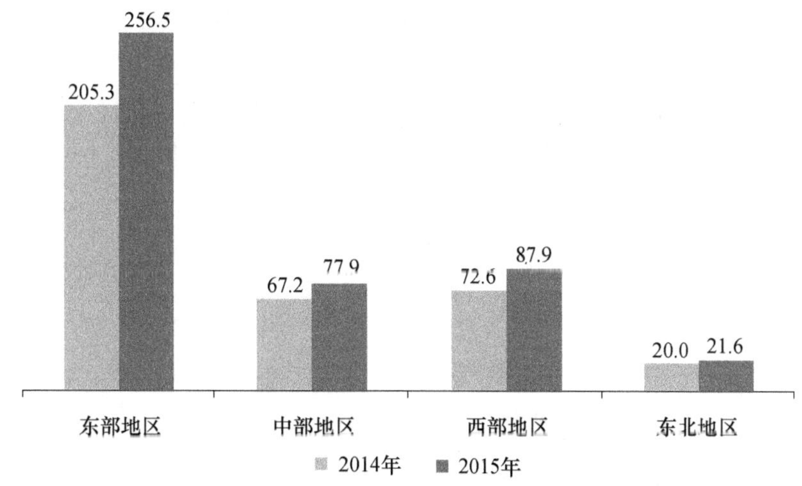


图 12-4 分区域创业企业增长数量（单位：万户）

资料来源：根据国家工商总局《2015 年全国市场主体发展情况年度汇总分析》相关数据绘制。

从行业来看，创业活动的行业结构更趋向于第三产业。2015 年，全国新登记企业在第一产业的数量为 21.5 万户，第二产业为 64.7 万户，而第三产业则达到 357.8 万户，如图 12-5 所示。其中，第三产业新登记企业数量比上年增长 24.5%，大大高于第二产业 6.3%的增速。截至 2015 年年底，第三产业实有企业数量为 1 635.7 万户，占全部企业总数的 74.8%。在创业人数占比方面，如果加上新增个体工商户的话，那么第三产业的创业人员已经占到全部创业人员总数的 80%以上。随着“互联网+”等新产业、新业态的快速发展，信息技术等现代服务业成为“双创”活动的新领域。2015 年，信息传输、软件和信息技术服务业新登记企业达到 24 万户，文化、体育和娱乐业、金融业新增企业的户数增长率均在 60%左右，而教育、卫生和社会工作领域新增企业的户数更是翻了一番。

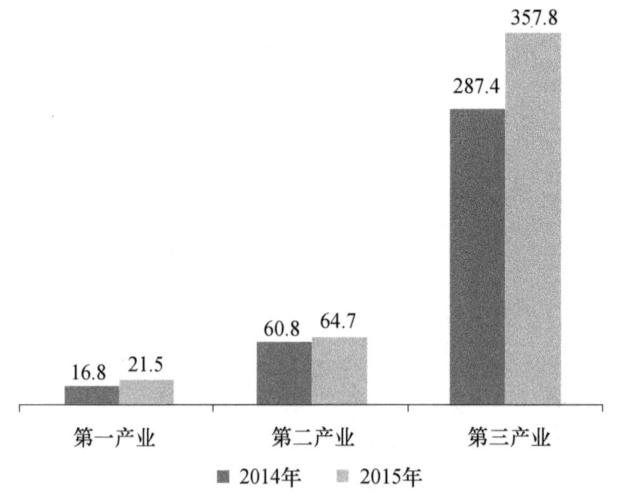


图 12-5　分产业的创业企业分布情况（单位：万户）

资料来源：根据国家工商总局《2015 年全国市场主体发展情况年度汇总分析》相关数据绘制。

## 四、进一步推动“双创”活动的政策建议

当前，第四次创业浪潮正在继续向前发展。但在发展的过程中，也出现了不少的问题和困难。这其中既有政府与市场的边界不清导致的制度环境不佳问题，

也有政策体系不完善、精准扶持不到位问题，还有创业质量不高、创业创新衔接不够等问题。因此，要进一步推动第四次创业浪潮向纵深发展，保持“双创”活动的可持续性，就必须在总结历次创业高潮形成和发展经验的基础上，努力做好以下几项工作。

### （一）正确处理好政府与市场的关系，为“双创”活动营造良好的制度环境

一般认为，市场范围越大、市场在资源配置中的决定性作用发挥得越充分，创业活动就会越活跃，劳动者参与“大众创业、万众创新”的积极性和主动性才能发挥出来。正是基于此，在第四次创业浪潮启动之前，政府就开始了大刀阔斧的以简政放权和减负提质为主要内容的商事制度改革，这为第四次创业浪潮的到来创造了契机。随着商事制度改革的不断深入，我国的创业制度环境有了很大的改善。根据全球创业观察（GEM）的评价，在我国第三次创业浪潮期间的2002年，以金融支持、政府政策、教育与培训等九个指标构成的创业环境评分中，我国大多数指标都在平均分以下，属于创业环境比较差的国家。经过持续努力，到2016年，除了学校创业教育、商业和法律基础服务这两项外，其他指标的创业环境评分均高于亚太地区的平均分，早期创业活动指数也比大多数创新驱动国家如美、英、德、日要更活跃。① 不过，在政府“放、管、服”改革方面，“放不开、管不好、服务不到位”问题依然十分突出，政府对市场的过多干预现象依然比较严重。在2018/2019年度的报告中，我国的创业环境有了进一步提高，综合评价得分为5.0分，在G20经济体中排名第6，处于靠前位置。其中有形基础设施、内部市场活力以及文化和社会规范是中国创业环境中具有优势的方面，而学校创业教育、研发转移以及商业和法律基础服务是中国创业环境中的相对短板。

① 清华大学发布《全球创业观察2015/2016中国报告》，人民日报海外版，2017年1月3日。

因此，进一步提高政府简政放权的“含金量”，切实降低创业门槛，减轻创业企业负担，减少政府对市场的干预，严守“法无禁止即可为”的行政管理原则，才能为创业者腾出更大的市场空间。加强社会保障、教育、医疗等公共服务体系建设，消除创业人员的后顾之忧。拓宽创业投融资渠道，营造大众创业的良好金融环境。创新各类“孵化器”“众创空间”的服务方式和服务内容，改善创业所需要的生态系统。消除市场垄断，尽快形成公平竞争的市场环境，是拓展创业空间、激发创业活力的重要内容。

### （二）不断提高创业扶持政策的实施效果和精准性

目前，我国创业扶持政策体系已经基本形成。从涵盖的人群看，包括失业人员、高校毕业生、农村转移劳动力、复员转业军人、留学归国人员以及部分在岗人员等。从出台政策层级看，从中央到省（自治区、直辖市）到各区县再到街道社区。从出台政策主体看，涵盖了政府部门、高校、社会团体（青、工、妇、残）等。从扶持政策的内容看，包括财政、金融、税收、场地、培训指导多个方面的内容。不过，对于这些政策的有效性究竟如何，却有不同的看法。由于创业扶持政策常常由各级政府职能部门分别制定，缺乏政策的介绍、梳理和汇编，加上信息沟通不畅，导致创业者普遍不会或不懂利用政策扶持优惠。不仅如此，各种各样的奖励补贴政策太多太滥，还容易被少数不法分子钻空子，利用政策漏洞骗补骗贷，抑或徇私舞弊，以权谋私。此外，创业者中不同的性别、学历、留学经历、政治面貌以及创业年限等，对创业扶持政策的需求存在着较大的差异，而现行的政策基本上是“一刀切”的，缺乏有效的针对性。鉴于创业支持政策涉及方方面面，因此需要进一步整合资源，各司其职，发挥各级部门如教委、科委、人社、市场监督、财政、高校以及中小企业服务中心等政府和社会相关部门的合力，构建统一的创业服务平台，为创业者提供信息、技术、培训、管理和市场等服务。其中，教委部门应把鼓励扶持青年创业作为高校学生就业的一项重要措施，列入年度高校毕业生就业工作计划；高校应拓展毕业生就业指导服务范围，推进落实青年创业工作；人社部门应充分利用自身优势，扩大政策和服务的覆盖面，调整创业扶持的重心，为创业者提供服务；财政部门要加大在创业上的资金投入；市场监督部门要进一步简化注册登记手续；中小企业服务中心等相关部门也应积极为创业者提供各类政策扶持和服务措施。

### （三）将提高创业质量作为推动“双创”活动的重要环节

创业质量是衡量创业活动是否有效率的一个重要指标，包含创业企业存活率和创业层次两个方面的内容。我们先来分析我国的创业企业存活率问题。创业活动并不以正式创办一家企业为终点，创业企业的未来发展才是创业活动是否有效的一个关键。当一家创业企业创立之后，往往会因为激烈的市场竞争、企业管理架构不稳定、融资困难、人才流失等多种原因，极容易陷入失败的困境。因此，提高创业质量，首要的就是要提高创业企业的存活率。从世界各国的经验来看，新创企业的存活率普遍都比较低，而且因为创业门槛较低，发达国家新创企业的存活率往往还比较高。从我国的情况来看，有关部门对 2000 年以来新创企业的数据分析表明，截至 2012 年年底，生存时间 5 年以下的新企业有 652.77 万户，占到全部企业总量的 49.4%。这就是说，在我国的全部企业中，有近一半的企业都是新近 5 年内设立的。而生存时间超过 10 年以上的有 234.52 万户，仅占全部企业总量的 17.7%。长寿企业不多是我国企业生存环境不佳的一个重要体现。2008 年，由于全球金融危机的影响，我国共注销、吊销企业数量 85.53 万户，企业粗死亡率（enterprise crude mortality rate，即注销、吊销企业数/实有企业数，当年全国实有内资企业数为 927.96 万户）为 9.2%，企业死亡率（mortality rate，即注销、吊销企业数/新注册企业，当年全国新注册内资企业 123.26 万户）为 69.4%。2012 年共注销、吊销企业 73.5 万户，企业粗死亡率为 5.6%，企业死亡率为 64.4%。到 2015 年，注销、吊销的企业数量为 78 万户，企业粗死亡率为 5.4%，由于新登记注册企业数量大幅度上升，企业死亡率也迅速下降到 18.5%。而 2019 年全国共注销、吊销市场主体数量达到 133.9 万户，为改革开放以来的最高值。虽然如此，按照新创企业3~7年才是发展瓶颈、死亡率最高阶段的经验，再考虑到目前经济运行情况并不乐观的现实，因此尽管近年新创企业数量出现了“井喷”，但不排除未来几年内有可能出现集中倒闭关张的可能性，这点尤其要引起管理层的高度重视。

### （四）强化创业创新的有效对接

创新和创业活动虽然有一定的关联度，但两者也有着不同的特点和规律。在“双创”活动中，创业与创新相互脱节的现象依然比较普遍。一方面，在我国全部的新创企业中，只有少数是基于中高技术的创业，绝大多数创业企业技术水平不高，缺乏自主创新能力；另一方面，大量创新成果未能实现市场化，创新成果没有通过创业活动转化为现实生产力。根据国家知识产权局的统计数据，目前我国高校有效专利实施率不到10%，即使是拥有技术专利的初创微型企业有效专利实施率也只有50%左右。因此，必须注重创业创新的互动和联结，提高创业企业的科技含量。落实高校、科研院所等事业单位专业技术人员在职创业、离岗创业的鼓励和支持政策，保障科技创业人员的各项权益。加快深化科技人才评价机制改革，改变片面追求论文论著数量的单一职称评定办法。加快建立政府财政科技投入、担保贴息、知识产权抵押、股权融资、风险投资等多层次的科技金融体系，引导更多的社会资本对科技创业的支持。

### （五）加强创业培训提高创业层次

创业层次不高的主要原因还在于创业者素质普遍不高，特别是大量的返乡创业农民工、下岗失业创业人员等。因此，加大创业培训力度、培养和提高创业素质就显得十分必要。应考虑将创业教育纳入义务教育体系之中，形成从小学到大学的创业教育链条，成为素质教育的重要内容。引导社会力量加入创业培训当中，提高创业培训的实效。建立有效的创业培训体系，在培训教材选用、培训导师的选拔聘用等方面摆脱传统学校教育培训的模式，确立以市场为导向的、以实战经验为基础的、以培养创业精神为内容的培训新模式。只有做好这些工作，创业活动的层次和质量才能得到真正的提升，第四次创业浪潮才能持续活跃，“稳增长、保就业”的目标才能顺利实现。

# 第十三章

# 构建中国特色的创业教育体系[①]

以创业带动就业是我国就业模式的一大创新，创业型人才的缺乏是导致我国目前失业率居高不下、大学生就业难的主要原因之一。因此，加强创业教育势在必行。构建我国的创业教育体系，应该从中国的国情出发，借鉴国外成功经验，重在建设包含所有教育阶段、覆盖全体劳动者、贯穿整个国民教育体系和完善社会支持体系的创业制度，具体包括创业人才教育的目标体系、课程体系和社会支持体系三大子系统。

## 一、创业教育提出的背景

### （一）以创业带动就业是就业模式的一大创新

实施扩大就业的发展战略，促进以创业带动就业，是我国就业优先战略的重要内容。关于解决就业问题，历年的中央经济工作会议都有所提及，但侧重点有所不同。例如，过去提到解决就业问题时，主要是与完善社会保障体系联系在一起。从经济学的角度来讲，过去我们更多的是实行“被动”的就业政策，强调的

① 原文被收入赖德胜、李长安、孟大虎、刘帆等著《2015 中国劳动力市场报告：经济新常态背景下的创业与就业》，北京师范大学出版社 2015 年版，内容做了相应修改。

是事后的保障和救助。实施扩大就业的发展战略，促进以创业带动就业，应该说是我国就业战略的一大创新之一，也标志着我国由被动的就业战略向主动的就业战略转变。

其实，中国就业战略的转变，也是与国际上特别是发达国家就业战略转变有着一定的关联。20 世纪 70 年代中期以来，欧盟各国长期遭受高失业困扰。为了解决日益严重的失业问题，欧盟各国从 20 世纪 90 年代末期开始，从片面地强调劳动者就业保护的“就业抑制”战略转向鼓励创业精神、激活劳动力市场和维护就业平等的“就业激励”战略，并取得了显著的成效。在 1997—2001 年短短的五年时间，欧盟的就业岗位总数增长超过 1 000 万人，失业人数减少超过 400 万人，劳动力参与人数增长约 500 万人。在金融危机爆发后，各国也都将鼓励创业作为解决就业问题的重要法宝之一。如美国的纽约市还专门出台了鼓励创业的优惠政策，在金融和信贷政策方面给予创业者一定的扶持和帮助。

### （二）大学生就业形势严峻

我国现阶段提出就业战略的转变，主要是由于传统的经济发展战略和就业战略在诸多方面出现了摩擦，以至于我国在保持国民经济快速发展的同时，就业问题却日益突出。在我国总体失业问题中，青年失业问题日渐突出，并开始成为失业的主要群体。青年劳动者精力充沛，大多受过较好的教育，创业冲动最为旺盛，但现在却成为失业大军的“主体”，不能不引起社会各界的高度关注。这也是我国提出促进创业带动就业的主要背景之一。大学生是青年就业人群的重要组成部分，但近些年来大学生就业形势严峻。从 1999 年开始，为给我国经济社会跨越式发展提供智力支持和人才储备，我国高等教育招生规模迅速扩大，2001 年全国高校毕业生只有 104 万人，2003 年第一批扩招本科生进入就业市场后毕业生成倍增长，逾 212 万人，2020 年的高校毕业生超过 847 万人。与此同时，毕业生的就业率并未得到有效提高。

### （三）开展创业教育是个体发展的客观需要

高校毕业生的就业率偏低除了人才供应大于人才需要的矛盾以外，也与大学生自身不适应工作岗位的要求有关。当“死读书”和“读死书”成为习惯，应试教育下高分低能的毕业生自然无法适应当今社会迅猛发展、竞争日趋激烈的情况，无法达到用人单位岗位的要求，更谈不到自主创业、以创业带动就业。

呼唤和提倡大学生创业，无论是大学生的主观需要，还是客观社会发展，都是非常迫切需要的。大学生创业在事实上已经成为一股不可阻挡的潮流，但大学生创业教育却相当薄弱，因此针对即将就业和创业的大学生大力开展创业教育势在必行。

### （四）创业教育给小企业发展带来的变化

小企业的发展不仅能促进社会经济的繁荣，而且对解决社会就业和再就业问题意义重大。科学技术成果应用于直接生产过程的时间不断缩短，很容易由一个或一组人连贯地完成整个研究开发过程，因而中小企业显示出较强的技术创新能力。有关统计资料显示，20 世纪的主要发明中 60% 以上是独立发明人或小企业的贡献。与大企业相比，小企业对技术创新所做的人均贡献率是大企业的 3 倍之多。小企业通过其拥有的智力资本，在直接推动经济发展的同时，又凭借其自身所拥有的灵活性、开发性、创新性、低成本性、高效性等优势优于有实力的大公司，激励或淘汰衰落的中、大企业，对经济发展起到间接的推动作用。实践经验表明，中小企业的发展不仅能够促进经济的发展，而且能给社会提供大量的就业机会。这种结论同样也得到了学者们研究结果的证实，例如，美国著名管理学家彼得·德鲁克在研究美国的经济和就业的关系时发现，创业型就业是美国经济发展的主要动力之一，是美国就业政策成功的核心。彼得·德鲁克分析并指出，美国在 1965—1984 年期间，就业人数从 7 100 万人增长到 1.03 亿人，增长率为 45%，而且“几乎所有的就业机会都是由中小企业创造的，并且几乎全部是由创业型和革新型企业创造的"①。由此可见，创业型就业是解决经济问题和就业问题的基本思路，高校加强创业教育，帮助学生转变就业观念，引导毕业生自主创业是拓宽就业途径的有效方式，具有十分重要的现实意义。

## 二、创业教育的沿革及其内涵

### （一）创业教育的历史回溯

创业教育最初作为一个教育改革和研究项目，全称为"提高青少年创业能力的教育联合革新项目"。这个项目是联合国教科文组织亚太地区办事处教育革新行为发展服务计划 1987—1991 年项目周期的活动之一。1995 年，联合国教科文组织在《关于高等教育的变革与发展的政策性文件》中指出，在"学位 = 工作"这个公式不再成立的时代，人们希望高等教育的毕业生不仅是求职者，而且也是成功的企业家和工作岗位的创造者。在这里，创业教育包括两个方面的内容，即"求职"和"创造新的就业岗位"。1998 年，联合国教科文组织提出了 21 世纪的青年除了接受传统意义上的学术（基础文化知识）教育和职业教育外，还应当拥有第三本"教育护照"，即创业教育。在此基础上，会议提出了"enterprise education"的概念，被译为"创业教育"，其核心是"事业心和开拓教育"。联合国教科文组织在《21 世纪的高等教育：展望与行动世界宣言》和《高等教育改革和发展的优先行动框架》中进一步指出：为方便毕业生就业，高等教育应主要培养创业技能与主动精神；毕业生将越来越不再仅仅是求职者，而首先将成为工作岗位的创造者，为此要使学生能独立思考和协同工作，能将传统或当地的知识和技能与先进的科学技术结合以产生创造力。

创业教育思想提出后，得到了联合国教科文组织、世界劳工组织、世界银行

① 彼得·德鲁克. 卓有成效的管理者［M］. 许是祥，译. 北京：机械工业出版社，2005.

和国际教育署的大力支持和积极倡导。此后，创业教育成为联合国教科文组织的一项教育革新课题。在国际教育组织倡导和支持下进行了广泛实验之后，国际对就业创业教育的认识更为明确。联合国教科文组织在《教育——财富蕴藏其中》的报告中指出，基础教育是必不可少的走向生活的通行证，它使享受这一教育的人能够选择自己将要从事的职业，参与建设集体的未来和继续学习；它提供一种适合于所有人的教育，既能使人们为今后的学习打下坚实的基础，也能使人们获得积极参加社会生活的基本能力。① 在基础教育阶段，实施就业创业教育的主要着眼点是培养全体受教育者的就业意识、创业精神和社会责任感，努力提供使受教育者终身受益的教育培训。唯有如此，教育才能真正承担起教人生活、教人做人的重任。

创业教育理念在西方发达国家首先形成，西方发达国家的教育中也较多地重视个体独立性、主动性、创造性培养，社会生活中的创业意识和实践也很突出。创业教育的概念也来源于西方，20 世纪 80 年代末传入中国，在理论、实践和政策等各个方面得到了快速发展。

### （二）创业教育的内涵

创业教育是一种全新的教育理念，旨在培养学生的创业意识、创业能力和创业人格，以满足知识经济时代对大学生创新精神、创新能力的需求，满足社会和经济结构调整时期人才规格变化的需要。

联合国教科文组织对创业教育是这样定义的：创业教育，从广义上来说是指培养具有开创性的个人，它对于拿薪水的人同样重要，因为用人机构或个人除了要求受雇者在事业上有所成就外，正在越来越重视受雇者的首创、冒险精神，创业和独立能力，以及技术、社交、管理技能。而在美国，创业教育也被称为“企业家教育”，其定义是：创业教育是指提供人们以概念和技能，辨别他人忽略的

① 联合国教科文组织．教育——财富蕴藏其中［M］．北京：教育科学出版社，1996.

机会，具备洞察力、自我评估能力和知识技能，在他人犹豫不决时果断行动的过程。它包括机会辨识、面对冒险时的资源调度以及进行商业冒险诸方面的教育。① 它既强调学生的商业教育，也强调受教育者个性品质的培养。

我国学者对创业教育有诸多不同的诠释，但在本质上却无多大差异。广义的创业教育是指以激发学生创业意识、培养并开发学生创业素质与能力为核心，以培养可能的未来企业主为最高目标的教育。其实施的领域包括正规教育与非正规教育。在正规教育领域内，它是一种渗透性教育，以现有的普通教育与职业技术教育为实施载体；在非正规教育领域内，它主要是一种独立实施的教育。创业教育面向所有在校学生和成人，教育目标多元，培养未来中小企业主是它的最高目标，但非根本目标。它最低目标是通过教育产出一大批具有良好创业素质的未来社会公民。狭义的创业教育是指创业培训，以培养自主创业、自谋职业的小老板为唯一目标，通过培训为受训者提供创业所需的知识、技能、技巧和资源，使其能开创自己的事业。其主要对象是有创业意向的在职和失业人员。

## 三、我国开展创业教育的现状及问题

### （一）我国创业教育的现状

我国作为联合国教科文组织“创业教育”课题的成员，早在 1991 年就开展了基础教育阶段实施就业创业教育的项目活动。随着高等教育大众化所带来的就业压力，创业教育作为素质教育的一个重要方面也逐渐得到了越来越多的重视。2002 年 4 月，教育部确定了清华大学、北京航空航天大学、中国人民大学、上海交通大学、南京经济学院、武汉大学、西安交通大学、西北工业大学、黑龙江大学 9 所大学为创业教育试点院校，开始了推行创业教育的实质性工作。目前创业

① 邵文革，等. 创业教育与创业型人才［J］. 教育与职业，2003（1）.

教育已取得了一定的成绩，主要有以下几个方面：一是创业教育进入课堂，且从零星走向系统化；二是有一批高等院校以开展大学生创业活动为龙头，建设大学生创业基地或创业园区，多视角地开展大学生创业教育；三是政府推动多形式创业教育；四是围绕“挑战杯”和“创业计划”大赛，开展大学生创业教育；五是创业教育融入就业指导课。

目前，面向社会各阶层的创业教育项目也层出不穷。其中，KAB（Know About Business）创业教育中国项目是国际劳工组织为培养大中学生的创业意识和创业能力而专门开发的课程体系。“创办和改善你的企业（SIYB）”中国项目由中国人力资源社会保障部和国际劳工组织共同实施，由英国国际发展部提供资金支持。中国青年创业国际计划则是共青团中央、中华全国青年联合会、中华全国工商业联合会共同倡导发起的青年创业教育项目。该项目参考总部在英国的青年创业国际计划扶助青年创业的模式，动员社会各界特别是工商界的力量为青年创业提供咨询以及资金、技术、网络支持，以帮助青年成功创业。

### （二）我国创业教育存在的问题

从 1991 年开始，我国高等院校就逐渐开始从就业教育、择业教育向创业教育转变。虽然创业教育在我国高校已开展了近 30 年，但我国高校的创业教育仍然处于初级阶段。具体来说，我国创业教育存在的问题主要包括以下几个方面。

一是基础不牢。如果究根溯源的话，我国的创业教育从启蒙阶段开始就显得十分薄弱。创业意识需要从小培养，在西方发达国家，创业教育往往从义务教育阶段就开始培养。例如，日本就是从小学开始实施就业和创业教育；英国政府从中学开始就开设商业课程，2005 年英国政府发起一项中学生做生意的计划，要求所有 12 岁至 18 岁的中学生必须参加为期两周的商业培训课程；法国也是从初中就开始加强创业教育。相比之下，我国的创业教育把重点放在即将面临就业的大学阶段，而义务教育阶段则明显不足，导致创业教育的基础薄弱。

二是热情不高。也正是由于起步比较迟、培养比较晚，大学生对自主创业缺乏热情，对就业问题表现出“等、靠、要”的依赖情绪。

三是成功率低。我们看到中国大学生创业的比例不到毕业生总数的1%，而在发达国家，大学生创业的比例一般占到20%~30%，并且我国大学生的创业成功率也比较低。

同时，创业教育的另一个源头职业技术教育也发展缓慢。由于社会对职业技术教育的认可程度不够高，职业技术学校的生源状况不佳，学生素质较低。再加上国家对于职业技术教育的投资仍远远低于普通教育，富有技能实践经验的教师数量不足，致使许多职业技术学校的毕业生质量不高，缺乏创业所必需的基本素质。

由此可以看出，我国大部分学校不仅缺乏对创业教育的理性认识，而且创业教育还没有融合到学校人才培养的整体体系之中，远没有提高到国家经济发展“驱动力”的高度。

### （三）影响创业教育的因素

由英国伦敦商学院、美国巴布森学院发起并组织的全球创业观察项目报告认为，从学校对个人创造性、自主性的鼓励，对市场经济理念和原则提供指导，对市场及创业予以关注，创业课程和项目的设置，教育中商务活动和商务管理水平的高低等学校对创业的支持性指标来看，我国学校的这五项参数得分都不高，对后备劳动力创业能力的培养明显不足。从高等教育的角度来审视和分析，当前影响创业教育的因素有以下几个方面。

1. 教育体系落后，师资素质有待提高

中国的创业教育还属于经济学领域，还没有成为一级学科，甚至都不是二级学科；各个高校虽然都有相当一部分人在做这方面的探索，但是还没有系统地纳入国家的教学安排中。创业学科除研究生层次的MBA外，并没有本科生层次的创业学科；创业课程除“创业基础”（如《大学生KAB创业基础》《创业学》）外，大多属于“职业规划”“就业指导”系列，没有形成独立的创业课程和系统的创业课程群。

创业教育主讲师资属于“学院派”师资，主要来自“负责学生就业”的行政口和“负责商业教育”的教学口。这些师资大多缺乏创业实战经验，甚至没有在企业的就业经历，还有部分老师因为行政工作关系，专业进修机会少，教学技能相对欠缺。为了加强创业教育的实践性，大多数高校聘请了一批企业家（或创业人士）担任客座教师，实践证明，尽管这种安排受到学生的普遍欢迎，却缺乏组织协调、制度保障和资金支持，加之外请的部分创业者或企业家缺乏教学经验，教学效果有待改善。

2. 教育经费投入不足

财政性教育经费投入不足最直接、最现实、最集中的表现是，高等院校在教育行政主管部门三令五申下，为了保证教学必需的基本条件建设，千方百计自筹资金以弥补财政投入缺口，用于实施创业教育的平台、项目、载体等硬件建设方面的经费捉襟见肘。不仅财政性投入和高校自筹经费对创业教育的支持十分有限，而且社会投入也因创业教育的回报存在长周期性和不确定性而积极性不高。

3. 应试教育负面影响

目前在中国教育体系中，小学、中学、大学的各个阶段仍摆脱不了“以考试论英雄”的桎梏。在应试教育条件下，从教育者来看，由于考核教师的标准是所教学生的升学率、成绩合格率或过级率，教师只好把这种方法转嫁到学生身上，以考试卷面成绩的好坏评定学生，教学中重视书本知识的传授，忽视学生素质和能力培养。从受教育者来看，为了应付各种各样的考试考级，没有足够的时间和精力去锻炼应用知识解决实际问题的能力，更不会注重运用知识去创新、创造和创业以及加强心理品质的修炼。在应试教育背景下，教与学都偏离了“正轨”，视素质教育为学校教学的背景板，而不是工作重心，创业所需要的智力因素和人格特征难以养成。

## 四、他山之石：国外的创业教育

从 1947 年迈克在哈佛大学开设第一门创业课程至今，创业教育在欧美等发达国家已有 70 多年的历史，在亚洲的一些国家和地区也有所发展，各自积累了一些成功的经验，通过对其特点进行分析，既可以看出创业教育在全球的发展脉络，又可以为我国创业教育发展提供借鉴。

### （一）美国

在美国，创业教育形成了大学出人（主要是 MBA 学生）、企业出项目、基金会出钱、研究中心提供指导的合作研究和咨询模式，在全国得到推广，并取得了显著成效。其创业教育体现出以下几个主要特点。

1. 创业课程覆盖面广

1974 年美国只有 75 所大学开设创业学课程，到 1985 年达 210 个，1991 年达 351 个，目前则有超过 1 100 所的大学有创业学课程，甚至许多中学也开设了创业学课程。

2. 形成了一个相当完备的渗透性创业教育体系

美国是较早在学校中进行创业教育的国家，从小学、初中、高中、大学乃至研究生，都普遍开设就业与创业教育课程。他们在基础教育中进行的就业创业教育主要以提高职业兴趣为目标，除了开设创业课程外，还按个人的兴趣自行学习某些职业技术技能。到了高中阶段，每人必修 10 个学分的职业教育课程。面对创业者日益年轻化的浪潮，美国从 1998 年 1 月开始实施“金融扫盲计划”，向中学生普及金融、投资、理财、营销、商务等方面的“超前教育”，积极培养“未来的经理人”。

3. 创业课程的教学有不同发展模式

希尔的研究显示，创业课程的发展有三种模式。一是创业计划书。许多创业的入门课程通常是教育学生认识一份创业计划书，而进阶课程都是以创业计划书为中心，所衍生出来环绕创业计划书的课程。二是企业生命周期。在这里的企业生命周期是指新创企业的生命周期，从创意阶段到创业计划书到筹集资金到公司成立、上市等。三是企业功能。在这里企业功能是指以创业为主所衍生的企业管理功能的课程教育。

4. 通过立法，动员全国力量加强就业、创业培训

美国以职业技术培训、税收政策优惠、创业资金支持和优惠培训等办法，培养创业者，发展小企业。近几十年来，美国颁布了数十个有关职业培训和职业教育的立法，重要的有《人力开发与培训法》（1962 年）、《职业教育法》（1963 年）、《平等就业法》（1973 年）、《青年就业与示范教育计划法》（1974 年）、《就业培训合作法》（1983 年）、《工人调整和再训练通知法》（1988 年）、《从学校到工作机会法》（1993 年）、《劳工保障法》（1993 年）等。通过这些法律结合政府拨款，调动州、地方政府、私人机构包括私人企业和社团的积极性，开展寻求职业和失业人员的多种形式的培训。

5. 高校创业计划竞赛已发展为成熟的创业教育手段

自 1983 年美国德州大学奥斯汀分校举办首届创业计划竞赛以来，美国已有麻省理工学院、斯坦福大学等十多所大学每年举办这一竞赛。由“创业计划”直接孵化出的企业中，有的在短短几年内就成长为年营业额数十亿美元的大公司。从某种意义上说，高校的商业计划竞赛已经成为知识经济时代美国经济的直接驱动力量之一。

### （二）英国

在英国，1987 年英国政府发起“高等教育创业”计划，该计划旨在培养大学生的可迁移性创业能力，要求将与工作相关的学习（work-related learning）纳

入课程之中，并鼓励学生为自己的学习负责。① 大学为此进行一系列的改革，包括教师培训、课程改革、雇主合作以及学生的直接参与等。此后，政府的创业教育政策从模糊逐渐走向明晰，先后制定了一系列大学生创业教育的政策，对高校的创业教育给予支持和引导。

### （三）法国

鼓励农村青年创业是法国创业政策的突出特点。法国通过发展农业教育，除了农业中学、农业职业中学和高等农业院校等正规教育机构以外，还创办了多种形式的农民技术培训班，对农民进行职业能力的培训和提高。并鼓励农民就地创业，1973 年法国政府曾规定，凡是具备条件的 25～35 岁的青年农民在落后地区创业，可获得调整农业结构社会行动基金会颁发的 2.5 万法郎的创业定居补助金，以及农业互助银行提供的各种低息创业贷款。法国也重视职业教育，除了学校职业教育、企业继续培训以外，还重视社会职业培训，通过全国职业培训协会、地方工商工会等专门机构，对个人拟要发展的职业进行针对性的培训。

### （四）韩国

韩国的大学流传着这样一种观念："大学是预备企业，大学生是预备企业家。"在各个大学的"风险创业同友会"里，到处是梦想着成为未来的比尔·盖茨的大学生们。一项来自日本的调查表明，71%的韩国青年希望自己创业，这个数字排在全球第一位。大学生们出于热情并以新颖的创意为武器，正在掀起一股创办风险企业的热潮，韩国大学创办的风险企业 76%是信息、通信、互联网、电子等领域的企业。这股大学生创业热潮是在韩国政府推动下形成的。在政府的各

① TIM W. Enterprise in Higher Education an Overview from the Department for Education and Employment [J]. Education &Training, 1995, 37 (9): 4-5.

种奖励措施中效果最直接的就是“创业支援中心”。目前，韩国政府已放弃了开发区优先的模式，转为支持大学生创业，把高素质人才和风险资金、风险企业紧密地结合起来。

### （五）印度

印度在1966年曾经提出过“自我就业教育”的概念，鼓励学生毕业后自谋出路，使他们“不仅是求职者，还应是工作机会的创造者”。印度科技部于1982年成立了“国家科技创业人才开发委员会”，并实施了长期的科技创业人才开发计划。其中有旨在提高在校大学生创业意识的科技创业经营活动，这项活动为大学生提供与各类企业家、银行家以及技术研究开发机构的专家接触与交流的机会。1998年印度第一家从事创业投资的公司成立，之后创业投资业发展迅速。

## 五、中国特色的创业教育体系

### （一）创业教育体系的基本框架

构建我国的创业教育体系，必须从我国的实际情况出发，广泛借鉴国外成功经验，具体包括创业人才教育的目标体系、课程体系和社会支持体系三大子系统，具体内容表现在以下几个方面。

从创业教育的层级来看，应该包括从幼儿园至研究生教育的各个阶段。其核心是从小培养创业意识。

从创业教育的类型来看，不仅应该包括普通高等教育，还应该包括各类职业教育、成人教育，以及针对下岗失业人员的再就业培训、农民工就业培训等。其核心是使创业教育贯穿整个国民教育培训体系。

从创业教育的实施对象来看，应该包括大中小学生、失业下岗职工、失业人员、农民工等。其核心是培养和提高公众的创业能力。

从创业教育的支持系统来看，应该包括社会创业环境、国家财政金融支持、企业赞助、风险投资等。其核心是为公众提供良好的创业平台。

总体来说，我国创业教育体系的基本框架可以用图 13-1 来表示。

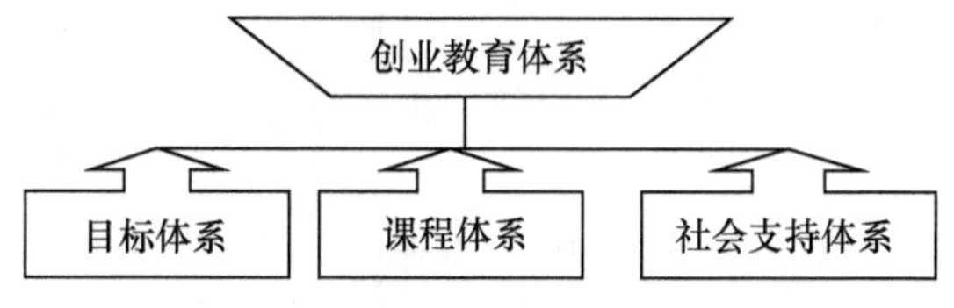


图 13-1 中国创业教育体系的基本框架

图 13-2 显示的则是我国创业教育体系的基本内容。

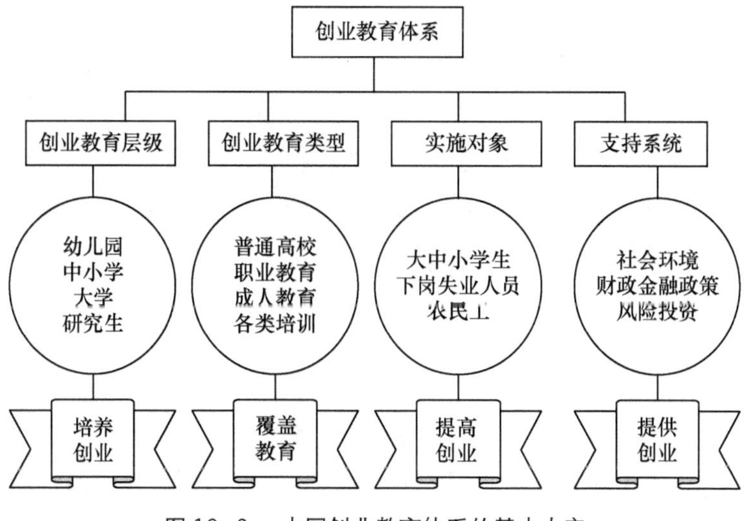


图 13-2 中国创业教育体系的基本内容

## （二）创业教育目标体系

中国创业教育的培养目标和要求，是创业教育课程设置及其评价的基本依据，是创业教育选择教育内容、明确教育方法、实施教育举措的出发点和归宿。

设计创业教育目标的实质是确定这种教育理念和教育实践的基本价值取向。

我国在创业教育基本价值取向上大致有两种选择，即功利性创业教育目标和非功利性创业教育目标，这两种教育目标的存在都是合理的（见表 13-1）。

表 13-1　　创业教育目标模式

| | 功利性创业教育目标 | 非功利性创业教育目标 |
|---|---|---|
| 教育对象 | 教育对象针对即将走向社会的大学毕业生或少数有创业兴趣的大学生 | 针对所有的在校大学生 |
| 教育目标 | 使大学毕业生具有一定的创业能力，造就少数学生企业家 | 培养在校大学生具有创业意识、创业个性心理品质和创业能力，以适应社会的变革 |
| 教育内容 | 主要根据当前社会的现状，为大学毕业生提供急需的职业性或专业性技能、技巧，开展创业实践 | 揭示创业的一般规律，传授实施创业的基本原理与方法，进行模拟创业演练 |
| 教育功能 | 缓解高等教育大众化带来的社会就业压力，实现教育为现实社会服务的功能 | 为未来人才设定“创业遗传代码”，通过培养潜在创业者或创业企业家发挥教育的经济功能 |

依据布鲁姆的教育目标分类学理论，我们将创业教育的培养目标分为认知目标、情感目标和操作技能目标三个层级。在认知目标方面，要求学生了解并掌握创业基本知识，如创业知识的名词术语、基本概念、基本原则，专业知识的图表数据，有关创业的政策法规，经营管理知识，创业实践中的典型案例、经验教训以及体会等，能够通过求异思维、多向思维，提出独到见解，创造性地学习。在情感目标方面，培养学生对创业教育课程的浓厚兴趣，认真完成创业知识课程的作业，能够独立思考；积极参加创业实习和实践，并表现出较强的自我意识和社会意识；自觉追求创业意识、创业知识和创业能力的完善；根据自己的创业意向，科学、合理地规划自己的未来。在操作技能目标方面，要求学生从理论与实践的结合上，解释有关创业知识，综合运用规划、决策、生产、管理、评价、反馈等知识独立完成创业设计；灵活运用创业知识，突破常规思维，发现独特的新结构、新模式、新创造、新经验，创造性地解决创业实践中的实际问题；在创业实践中对独立开展工作具有信心，在困难和问题面前表现出较强的敢为性、坚韧性、克制性、适应性；善于与他人交往、合作。

从创业素质教育理念出发，我们可以构建高校创业教育目标体系的基本框架，如图 13-3 所示。

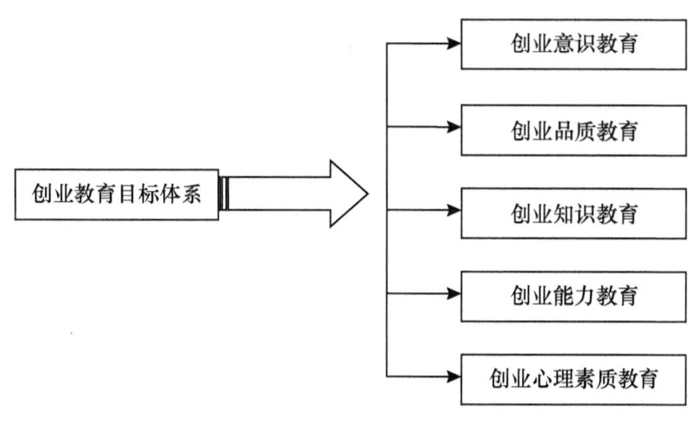


图 13-3 创业教育目标体系

## （三）创业教育课程体系

传统的 MBA 教育呈现一种金字塔形态，学生必须修完基础的课程如营销、组织行为、会计、财务后，才可以选修其他课程或法律课程，最后的必修课程为企业战略，课程设置都是围绕着战略管理开设的，要求学生站在公司管理高层的角度去考虑问题和理解相互独立课程间的相互关系，期望由战略管理这门课程使学生能将其他课程的内容综合起来。传统的管理课程设计方法有它的优点，但对创业教育而言，它最大的缺点是传授的知识是支零破碎的，课程与课程之间没有交集，这与创业家的需求相反，于是人们提出了圆形的课程设计方法，将其应用在创业课程的设计上，创业课程设计方法如图 13-4 所示。

创业教育首先从圆形的最外面开始，让学生了解商业活动如何与战略联盟、资源网络、校友、老师发生联系。第二层次才是课程，课程之间是可以交叉的，没有明显的边界，课程的安排主要围绕着商业计划书进行。创业专业的教学计划包括核心课程，如新创企业财务管理、商业、创业导入、小企业管理、新创企业成长管理，以及建立在核心课程基础上的家族企业管理、技术开发、创业与电子

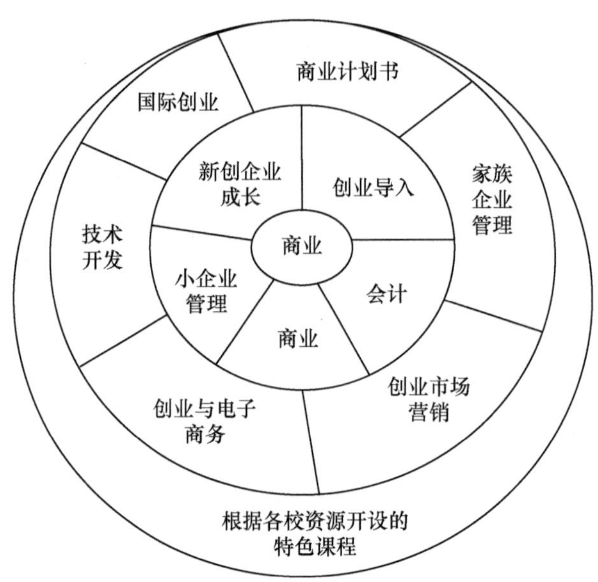


图 13-4 创业课程设计方法

商务、商业计划书、国际创业、创业市场营销。第三层次是与创业者个人兴趣和学校不同的培养模式有关的课程。

我国高校应当结合自身学科和专业特点设计创业教育的课程体系，既要考虑和突出专业知识和技能，又要兼顾创业类知识、技能的学习和实践，每一项创业教育计划都必须投入极大精力，要把第一门课程创建成有强烈吸引力的、成功的创业学启蒙课程（通常这门课程应当是《新企业创立》或《创业管理》）。这门课程主要关注创业者、商机和资源三个方面，并通过一个创业计划使它们有机结合达到整体优化课程体系的目的。创业教育课程设置的主要类型见表 13-2。

**表 13-2　　创业教育课程设置的主要类型**

| 序号 | 课程设置类型 | 主要学习内容 |
| --- | --- | --- |
| 1 | 创业意识类 | 创意激发、创造性开发、信息搜索、商业机会判断力、机会评估等 |
| 2 | 创业知识类 | 创新战略、组织设计、供应链管理、市场营销、风险投资、资本市场、电子商务、税务制度、知识产权、合同与交易、国际贸易、市场竞争结构等 |

续表

| 序号 | 课程设置类型 | 主要学习内容 |
| --- | --- | --- |
| 3 | 创业能力素质类 | 将创意发展成创业流程、新公司开办、信息搜索与处理、团队组织、应变能力、管理沟通、产品开发、市场营销等 |
| 4 | 创业实务操作类 | 商业机会选择、制定商业计划书、资本筹集、创业竞赛、组织创业团队、创业企业的建立、创业经验的积累、危机管理等 |

### （四）创业教育的社会支持系统

针对大学生创业中的实际困难，我们认为，一方面有关部门要不断完善扶持大学生创业的相关政策，减少他们创业中的障碍；另一方面要加大高校创业教育的力度，培养大学生的创业能力。

1. 创业环境

由美国巴布森学院和伦敦商学院联合主笔的“全球创业观察”，将创业环境分为9个方面，分别是金融支持、政府政策、政府项目、教育和培训、研究开发转移、商业环境和专业基础设施、国内市场开放程度、有形基础设施的可得性、文化及社会规范。根据其发布的《2018/2019中国报告》，中国创业环境的综合评价得分为5.0分，在G20经济体中排名第6，处于靠前位置。报告认为，有形基础设施、内部市场活力以及文化和社会规范是中国创业环境中具有优势的方面，而学校创业教育、研发开发转移以及商业环境和专业基础设施是中国创业环境中的相对短板。值得注意的是，中国的商业环境和专业基础设施得分是G20经济体中最低的。因此，在完善创业环境方面，首先要破除阻碍创业的各种障碍，营造良好的创业氛围。这里面特别关键的一点，就是要完善创业企业的融资体系，畅通它们的融资渠道。同时，不断完善法律法规体系，为支持和鼓励创业提供公平公正的法制保障。

2. 扶持政策

近些年来，我国出台了一系列相关优惠政策，涉及财政、金融、税收、人才等多个方面，给了大学生巨大的创业勇气。不过，这些政策对大学生创业虽然有促进作用，但仅靠国家给的优惠政策是没办法让企业生存的，提高自身的竞争能力、找准市场定位和开辟销售渠道才是生存的不二法则。因此，对大学生创业不应过于强调政策优惠。

3. 创业投资

针对创业企业普遍缺乏资金的情况，应鼓励投资公司加大对创业型企业的投资力度。从定义上来说，创业投资也叫风险投资，是以权益资本的方式存在的一种私募股权投资形式，其投资运作方式是投资公司投资于创业企业或高成长型企业，占有被投资公司的股份，并在恰当的时候增值套现。近些年来，全球风险投资的规模越来越大。据统计，2018 年全球创投市场累计发生投资案例 1.7 万起，投资总金额约 2 966 亿美元，较 2017 年同比增长 34%，全球创投风投市场投融资活动持续活跃。而中国创投行业整体呈现稳步向上发展态势，截至 2019 年 5 月底，已备案创业投资基金 7 055 只，基金规模 1.01 万亿元，中国创投基金规模已超过美国。可以看到，资本与技术的高效结合，将推动中国供给侧改革的深化和经济结构的转型升级，在此过程中，中国的创投行业将显示出前所未有的增长潜力。

# 第十四章

# 劳动教育推动实现更充分更高质量就业研究①

2020 年 3 月，《中共中央　国务院关于全面加强新时代大中小学劳动教育的意见》正式印发，对我国大中小学各学段的劳动教育提出了新的标准和要求。劳动教育不仅能促进个人和社会的全面发展，更可使我国当前就业领域不充分不高质的状况实现改观，这都源于劳动教育与实现更充分更高质量就业之间存在的深刻的内在机理。

## 一、劳动教育对实现更充分更高质量就业的作用机制

### （一）相关概念辨析

劳动教育是一种教育活动，不仅涉及人们日常生活中的劳动，还包括生产活动中的劳动以及服务性质的劳动，不仅旨在有关劳动的知识技能的传播，更是对于劳动的观点、习惯和情感的培养。② 刘向兵指出，劳动教育应成为中国高等教

① 原文发表在 2020 年第 5 期《中国劳动关系学院学报》，作者为李长安、杨智姣。

② 《教师百科辞典》编委会．教师百科辞典［M］．北京：社会科学文献出版社，1987.

育的主要特色之一，必须与劳模精神、工匠精神等相结合。① 胡玉玲认为，实现劳动者体力和脑力的全面发展，是开展劳动教育的基本特征，正确的劳动价值观的树立是其追求。② 由此可知，劳动教育的含义涵盖广泛，其核心是对于劳动价值观的树立、劳动情感态度的端正和劳动伦理品德的培育与培养，更倾向于精神层面的发展，若仅仅以劳动知识和能力来衡量，则过于狭隘。这也就意味着，劳动教育的方式不再是简单的说教与知识输入，更应该在具体的劳动实践中进行深刻的体会与领悟，从而获取真知。

凯恩斯最早提出了“充分就业”的概念，它是指在某一工资水平之下，所有有工作意愿的人，都有机会工作，得以就业。但充分就业的前提是要有工作意愿，因此，这并不排斥部分人游离于就业状况之外，但此时的失业均为结构性、摩擦性和周期性失业，是一种合理存在的暂时性失业。就业质量反映的是劳动条件的好坏程度，涉及劳动者与生产资料相结合以及从事社会劳动的过程。③ 劳动条件涉及多个维度，主要是指劳动关系是否和谐、就业环境是否公平、就业结构是否合理等④，就业者的工作效率、与职位的匹配程度、薪酬激励等也包括在内⑤。因此，充分就业侧重在“量”上的增加，高质量就业偏重在“质”上的改善。无论“质”还是“量”，对我国当前来说，都存在着欠缺和不足，需要双管齐下加以改进。

### （二）文献综述

在劳动教育与就业的研究中，部分学者涉及或提到了两者之间的关系。赵方

① 刘向兵．新时代高校劳动教育的新内涵与新要求——基于习近平关于劳动的重要论述的探析［J］．中国高教研究，2018（11）：17-21.

② 胡玉玲．以云端劳动教育助力高校毕业生就业［N］．工人日报，2020，5（25）：07.

③ 刘燕斌．试论推动实现更高质量的就业［J］．中国就业，2014（06）：10-11.

④ 信长星．努力推动实现更高质量的就业［J］．中国人口科学，2012（06）：2-5.

⑤ BONNET F，FIGUEIREDO J B，STANDING G. A Family of Decent Work Indexes［J］. International Labor Review，2010，142（2）：213-238.

研究认为，当前我国大学生就业较为困难的一个重要原因是大学生的劳动意识较为薄弱，而这又与大学的劳动教育密切相关。① 张拥军等通过对湖北省部分高校大学生的劳动教育的实证分析，发现部分学生的劳动认知过于肤浅，劳动选择功利化，但高校、家庭和自我劳动教育对大学生劳动认知具有显著的积极影响。② 而劳动意识和劳动认知决定了参与就业的主动性和客观性。

此外，职业院校和普通高中的劳动教育也存在不足。王汉江、姜伯成提到，在职业院校中，劳动教育更倾向于生产技能的培训，从而使得劳动精神和劳动情感的培养边缘化，劳动教育的深层次价值未得到重视，继而影响就业。③ 夏心军研究发现，在普通高中二元劳动观、初中毕业后的分流机制、高中生学业压力、现代家庭态度等都导致劳动教育出现了很大问题。④ 这些都给就业的顺利过渡带来了不利影响。

有学者从《中共中央　国务院关于全面加强新时代大中小学劳动教育的意见》出发，如任志锋从文件中提出的劳动教育“以体力劳动为主”这一要求入手，认为这一要求精准切中了当前体力劳动在学校、家庭和社会中淡化、弱化和异化的突出问题，导致不珍惜劳动成果、不想劳动、不会劳动现象的出现。⑤ 而这又直接导致不珍惜工作成果、不想就业、不会就业的严重后果。

部分研究也将目光投向国外的劳动教育与就业。谷贤林从美国的劳动教育入手，提到美国的劳动教育中的一类就是基于就业的劳动教育，这类教育由职业的了解、探索和选择三个阶段组成，以便部分高中生毕业后能直接参加工作。⑥ 孙

① 赵方. 当代大学生劳动意识的培养 [J]. 中国成人教育，2010（22）：66-67.

② 张拥军，李剑，徐润成. 新时代大学生劳动教育现状及认知影响因素研究——基于湖北省部分高校大学生的实证分析 [J]. 思想教育研究，2020（06）：151-155.

③ 王汉江，姜伯成. 新时期职业院校加强劳动教育的价值意蕴与实践路径 [J]. 教育与职业，2020（13）：26-32.

④ 夏心军. 普通高中的劳动教育：挑战与应对 [J]. 河北师范大学学报（教育科学版），2020，22（03）：46-52.

⑤ 任志锋. 以体力劳动为主加强劳动教育 [J]. 思想理论教育，2020（08）：61-66.

⑥ 谷贤林. 美国学校如何开展劳动教育 [J]. 人民教育，2018（21）：77-80.

进、陈囡通过对德国相关情况进行分析，发现德国无论是在劳动教育的指导上还是内容上，都将就业考虑其中，其中不乏课程设置应满足实际需求、注重职前技能培养、指导学生进行职业选择等领域。① Bayborodova 等在对俄罗斯儿童劳动教育的研究中提到，劳动教育能够引导儿童自我决断力的形成，帮助他们进行职业生涯的基本规划。②

综上所述，劳动教育主要通过对学生劳动意识和劳动精神的培养来影响就业，进而影响就业的充分性和高质性。无论大学还是职业院校、普通高中等各学段层次，我国的劳动教育均存在不足，边缘化、功利化严重，忽视体力劳动。反观国外，就业是劳动教育一直考虑的内涵所在，但又不仅限于此。在强调基本劳动技能的同时，他们更着重强调劳动情感与职业选择，倾向于培养学生在就业中的主动性与自决力。但不难发现，在取得以上研究成果的同时，当前研究尚有可提升之处。首先，专门针对劳动教育与就业关系的针对性研究不足，很多研究虽然涉及就业，但仅是研究内容之一，不具有针对性，因而不够深刻全面；其次，关于劳动教育对就业影响的机理分析不足，有些研究虽然指出两者关系，但终究未曾深入分析内在影响机理；最后，当前我国强调更充分更高质量的就业，对就业提出了新期望新要求，但目前劳动教育的研究尚未捕捉到这一新变化，存在一定的时滞性。因此，本章将主要从以上三个方面入手，从劳动教育对更充分更高质量就业的影响机理出发，展开深入全面的分析，为推动就业建言献策。

### （三）作用机制

1. 劳动教育通过劳动理念、劳动习惯促进更充分就业

理念先于行动，习惯维系行动。正确的劳动理念是就业者迈出就业第一步的

① 孙进，陈囡．德国中小学的劳动教育课程：目标·内容·考评［J］．比较教育研究，2020，42（07）：73-81.

② BAYBORODOVA L V，SEREBRENNIKOV L N，SUSTRETOVA K D. Content and Means of Labor Education of Russian Schoolchildren［J］．技術教育学の探求，2016，14：99-107.

关键，也起到导向作用；而积极的劳动习惯决定了迈入就业之后的稳定与长足发展，是就业状态的维稳与保持。劳动理念的树立和劳动习惯的养成，都离不开劳动教育，甚至来自劳动教育。

教育作为一种实践活动，意在促进人的身心发展，它不仅是对人的心智的教化与培育，更是一种思维的传授，通过最具有客观性和最具有公正性的意识思维，纠正人的自身意识形态偏差，从而回归到正轨，逐渐走向成熟与健全，实现更具综合素质的自我。因而，在劳动教育领域，通过劳动的知识传授、思维浸染以及在具体实践中的感官认知，助力学生形成更正确更向上的劳动理念，培养更积极更健康的劳动习惯，形成更优秀更健全的劳动品格。这不仅是劳动教育的要义，更是劳动教育的目的和结果。只有明白有了劳动才有了人和社会的生存与发展、劳动是人和社会进步的基础，才能挖掘自身潜能，拥有美好生活，从而抓住就业机会，迈出就业的第一步，减少自愿性失业，促进更充分就业。

2. 劳动教育通过价值态度、劳动道德推动更高质量就业

劳动教育能够通过对劳动的认知和感化，于知识的传授中、思想的传输中和实践的体悟中，帮助人们树立正确的劳动价值观和公平公正的劳动道德，而这正是劳动所带来的物质产出之外的精神财富，让每个劳动者终身受用。

马克思主义认为，劳动是道德起源的首要前提。劳动不仅创造了“人”这一道德主体，更在分工与协作的过程中促进道德走向成熟，是一切道德的根源。在劳动的过程中，劳动者不仅逐渐明晰劳动这一社会责任与义务的统一，更通过劳动中的契约关系、等价交换、多劳多得以及少劳少得等，重塑契约精神，忠于合作，增进公平正义的道德观。劳动教育作为一种教育实践，更会通过教育的独有方式充分有效地发挥劳动的道德作用，让受教育者在最短的时间内最有效地实现价值观、道德观的重塑，帮助人们形成尊重劳动、尊重劳动者以及更为宏观和宽泛的价值态度以及道德观念，帮助消除就业歧视，实现公平就业，推动更高质量就业。

## 二、劳动教育不足对实现更充分更高质量就业的冲击

当前我国就业形势较为严峻，一方面就业的充分性亟待改善，另一方面就业的质量亟待提升，这也是我国一直高度关注的领域。由以上作用机制可知，劳动教育可通过自身传导机制为我国实现更充分更高质量就业添加助力，同时，劳动教育不足也会带来很大的冲击。就目前来说，我国仍处于后者，而且对就业的冲击较大。

### （一）劳动教育不足的主要表现

有关调查研究表明，美国小学生每天有 72 分钟的劳动时间，韩国的小学生是 42 分钟，而中国的小学生远远低于前两者，只有 12 分钟。这一简单的数据就很明显地体现了我国劳动教育的不足。除了劳动时间过短，我国劳动教育还有以下几个问题。

1. 劳动教育表面化

在各个教育阶段尤其是小学教育阶段，劳动教育表面化的问题更为突出，主要表现为拘泥于书本、难以走到户外，只是从书本上学劳动、认劳动、知劳动，缺少对劳动最基本的感官认知，难以切身体会到劳动赋予人身心的感受。这种仅限于课堂内的劳动教育，不利于学生对于劳动第一概念的形成，严重脱离实际，在身心发育的一开始就出现了偏差，更难以形成全面正确的劳动观念和习惯，甚至造成对劳动的误解，而将劳动教育的核心要义置于脑后。这主要是由于小学阶段学生较小，较为活跃，很多学校出于学生安全的考虑，尽可能少地组织户外实践，或者只在校园内象征性地开展一些手工、制作等劳动活动，离流汗出力的劳动体验相差甚远。

2. 劳动教育边缘化

到了初中和高中阶段，升学压力加大，学校和家庭都自然而然地将学业置于首位，需要花费体力和精力的劳动教育更被边缘化。有些学校的劳动课形同虚设，被其他考试课程占据的情况屡见不鲜；有些学校将劳动课作为学生课外的休息活动时间，没有实质性的劳动教育安排，直接划归为户外自由活动；还有些学校直接将劳动教育作为惩戒措施，不仅削弱了学生的劳动热情，更加剧了学生对劳动的排斥，“劳动最光荣”的光荣感荡然无存。中学阶段是人的思想价值观念形成的关键时期，劳动教育的边缘化很可能带来劳动价值观的偏移甚至缺失。

3. 劳动教育盲目化

在大学阶段，劳动实践的机会增多，学校组织的劳动教育活动较为丰富，但缺少一定的系统性和目的性。大学毕业后大部分学生将直接步入劳动力市场，实现就业，因而有些高职院校的劳动教育直接对接就业行业，借助合作企业和实践基地，更加侧重劳动技能的提升，却往往忽略了学生在劳动精神方面的培养；有些大学的劳动教育较为杂乱，理论知识、社会实践等活动众多，但认真梳理却发现真正有用的并不多，缺少目的性和系统性，也未进行科学合理的规划，对学生毕业后的求职也意义不大。这种盲目化的劳动教育更多的是对学生时间和精力的浪费，弊大于利。

### （二）对充分就业的冲击

劳动教育形成的劳动理念反映了就业者对劳动的看法和态度，因而也直接作用于就业者的就业选择。部分青少年或青年对劳动缺少最基础的概念，更缺乏最基本的感知，因而并没有正确树立好“劳动是个人和社会生存发展的原生动力”这一理念，也不知劳动是每个社会公民的基本义务。于个人来说，劳动不仅可以谋生，更对个人的身心全面健康有着不可忽视的重要作用；于社会来说，劳动提供了社会运转的基本生产资料，更是推动社会实现富裕、奔向幸福的源泉。由于现在物质条件的改善，父辈为年轻一代提供了较为充裕的生活条件，导致部分青年对劳动、对就业更为排斥甚至鄙视，贪图享乐、不思进取、溺于安逸，不仅对自己的人生缺少长远规划，更对自己的生存缺乏后顾之忧，逃避就业，埋头“啃老”。

有些人虽然实现就业，但就业不稳定，无法正视就业的辛劳过程，或无法实现个人对就业的过高期望与实际情况的匹配，导致“自愿性失业”状况的大量发生，这也是尚未形成积极的劳动习惯所导致的。自愿性失业最早由庇古提出，主要是指有就业意愿、有劳动能力、有就业机会的一部分人仍处于失业状态，而其中很大原因在于对当前的就业机会不满意，难以实现期望与实际的匹配。其中不乏对自身和劳动缺乏全面客观认识的人，一方面无法客观地评价自己的能力与水平，另一方面难以直视就业的付出与辛劳。而这种认知的错位，很可能会一直存在，从而使得暂时性失业延长为长期性失业，最终导致更为严峻的问题。无论是完全逃避就业，还是自愿性失业，都导致了就业的不充分和就业机会的浪费，加剧了劳动力市场的矛盾和冲突。

### （三）对更高质量就业的冲击

劳动教育中培养的公平公正不仅仅限于招聘者对于求职者的平等对待，也体现在求职者对就业岗位的平等看待。纵观当前劳动力市场，就业歧视问题仍然严重，性别歧视、户籍歧视等是长期以来都要致力解决的问题。这主要是受到用人单位的影响，与招聘单位及招聘人员的观念有着密不可分的关系。招聘人员也是劳动者，这说明其劳动精神和价值观并未深入贯彻到招聘实践中，从而造成了不尊重其他劳动者、歧视部分就业者的怪圈，使得社会就业风气出现偏差，更影响了就业质量的提升，忽视了就业者的素质和技能在就业中的真正作用。

同时，部分就业者也对就业岗位存在着一定歧视。劳动一直以来都分为体力劳动和脑力劳动。由于我国教育体制的设置，部分学生在初中、高中毕业后就进入职业院校，继而流入社会，所从事的职业主要为体力劳动，而其他攻读大学甚至拥有更高学历的学生，在毕业后多为脑力劳动者，这就在无形中形成了一种潜在的误解与偏差，认为体力劳动劣于脑力劳动，脑力劳动拥有更为优越的地位，这种歧视在青年择业、就业甚至在工作过程中，都带来了很多摩擦和冲突，也影响了劳动关系的和谐。“工作没有高低贵贱之分”，这是我国一直以来弘扬的基本理念，但这种公平公正、互相尊重的精神仍难以深入实际，精神上的偏激对我国就业质量造成了很大的磨损。因而，就业的高质量发展离不开劳动教育对道德价值的重塑，于内影响就业个体，于外营造就业环境，任重而道远。

## 三、国外劳动教育对实现更充分更高质量就业的启示

国外特别是发达国家劳动教育由来已久，各具特色，发展相对成熟。较为明确的劳动教育目标，外加完整连贯的劳动课程设置，使得不同国家在生活教育、生计教育和生存教育上有着不同的侧重，但也都很好地培育了背后的劳动观念和精神，并实现了一代又一代的传承。这些都潜在地促进了各国的就业朝着更好的方向发展，给我国带来诸多启示。

### （一）将职业理念贯穿劳动教育始终

职业理念启蒙于劳动意识，在许多国家，劳动教育从一开始就与职业的认识、接触和选择有着密切的联系，因而劳动意识发展的同时，职业理念也随之而来，并会随着教育阶段的不断变化而逐步深入。就美国的劳动教育来说，“生计教育”是其中的典型代表，其目的就在于帮助中学毕业生甚至是中途退学的学生，能够拥有基本的技能得以谋生，但这项教育却面向所有学生，而非仅限于该群体。“生计教育”从小学一年级开始，到中学十二年级，其中一到六年级为第一阶段，注重职业的了解与认识，培养初步的兴趣；七到九年级为第二阶段，处于职业摸索阶段，在对职业进行更加全面深入的熟悉后，选择部分职业进行实习、操作，增加了解；十到十二年级为最后阶段，进行职业选择，在前期了解的

基础上，选择一种进行实训，为直接工作、升学或专业学院培训的分流提供与之相伴的基本技能。虽然这种模式如今有所改变，但“为就业做准备”这一理念得以传承，不仅对于中学毕业生直接迈入劳动力市场提供指导，更延伸到学生对自身职业生涯的合理规划，意义重大。

### （二）注重劳动教育的精神意义和价值

劳动所带来的价值观和精神意义也是国外劳动教育一直以来的追求，但这种在后期会深刻影响就业的精神价值，却不仅仅限于关于就业的劳动教育，渗透在劳动教育的方方面面，小到生活教育里的点滴启蒙，大到生存教育里的精神提升，是一种潜移默化的养成。因而，劳动教育应具有层次性，在不同层次间培育不同的价值。与美国相比，德国的劳动教育更看重学生的综合素质，中小学阶段会立足生活，课程设计内容也较为广泛，家政、社会、经济、职业等领域均有涉猎，意在从点滴的日常劳动中感悟劳动的意义，培养公民意识，形成步入社会的基本素养。芬兰则注重生存技能的提升，侧重生存本领的掌握和学习，在小学开设技术和纺织课程，中学会学习机械制作，“轻手工课”和“重手工课”自由选择，并结合其他学科在做中学，将劳动精神贯穿到方方面面。

### （三）以法律形式引领劳动教育走向

与传统的倡导、鼓励相比，劳动教育立法具有更高的威严，并能够对劳动教育的目标、意义、标准进行更为细致的指导。日本对劳动教育在法律上非常重视，不仅关乎教育的目标，更涉及教科书的撰写。在 2006 年日本《教育基本法》的修订中，就提到了劳动态度的培养。日本的《学校教育法》则分别从不同学段对劳动教育目标提出了不同的要求，涉及基本职业技能的掌握等。《学习指导要领》作为教材编撰在法律上的依据，从幼儿园阶段起，就明确要求学习有关雇佣合同、劳动权利等理论知识，让劳动的尊严、意义、权利与义务深入内心，从小就树立良好的职业观和就业观。此外，德国也将劳动教育列入法律条文，明确规定了不同年龄段的家务清单，以法律方式督促孩子承担家务，否则父母可提出申诉。法律为劳动教育提供了强大而有力的支撑。

## 四、加强劳动教育推动实现更充分更高质量就业

劳动教育作为一种教育实践，必然需要与人的身心发展规律形成有机协调，才能发挥出教育的高效作用。综合考虑不同学段人的身心发展状况，结合国外发展经验和国内发展实际，提出以下意见和建议。

### （一）小学阶段注重劳动与就业观念和习惯的培养

小学处于学生各方面刚刚开始起步的阶段，对于劳动、就业尚未形成比较清晰的概念，学生也更倾向于感官的认知。因此，该阶段的劳动教育应从概念塑造与简单的劳动活动做起，重点是让学生拥有劳动与就业的观念，明白什么是劳动、为什么劳动、怎么劳动，并同步穿插职业的一些分类与认知，形成初步的理解。对于书本与教材，可在日常劳动知识的基础上，增加对职业了解认知的篇幅，让就业知识不滞后于劳动。在户外实践中，学校重在加强对外合作实践基地的拓展与联络，创建安全良好的实践环境，同时也要提升劳动教育师资的专业性，能够在实践活动中保证好学生的人身安全，而非因噎废食，就此放弃实践，从而丧失了增强学生劳动体验、启蒙学生劳动与就业意识的机会。同时，在教学过程中，也要将劳动教育渗透到家庭、学校的方方面面，激发学生劳动兴趣，焕发劳动热情，培养劳动习惯，让学生认识到劳动与就业的光荣与快乐，乐于劳动，勤于劳动，消除懒惰，力争用自己的双手创造美好生活。这将有效解决不充分就业中的埋头“啃老”、逃避就业、自愿性失业以及就业不稳定问题，促进就业朝着充分就业的方向发展。

### （二）中学阶段帮助树立良好的劳动与就业价值观

中学阶段是人的人生观和价值观形成的关键时期，劳动教育应倾向于基本劳动技能的培训以及劳动与就业价值观的塑造。理论上要加强对劳动与工作的哲学认知、不同行业与工作的基础知识储备，能够深入了解个人和社会甚至人类历史发展的缘由与脉络，充分理解和掌握劳动的伟大以及人类艰苦奋斗的历史进程，树立身处社会和身为公民的责任感与使命感。同时，对于劳动力市场中的雇佣关系、契约精神、权利义务以及相关法律法规等进行基本的科普，增强学生对就业的认知。此外，可组织开设较为实用的家政课、手工课、木工课等，聘请校外的相关技术人员对学生进行讲解与指导，提升学生的动手能力、协作能力和合作精神，注重不同行业、不同岗位的工作内容体验，让学生在劳动实践中培养职业偏好，掌握一定的谋生技能，形成对不同行业与职业的理解与尊重。劳动的过程也利于公平公正价值理念的形成，使得受教者能尊重劳动、尊重劳动者，这在以后的求职工作中，不仅受益于雇佣方对于应聘者的歧视消减、平等对待，更受益于自身对于不同职业的客观公平认知，把握就业机会，营造公平公正的就业环境，促进劳动关系和谐，推动高质量就业的迈进。

### （三）大学阶段努力挖掘创新创业潜力与自主性

大学阶段的劳动教育应具有更高的要求，不仅要继续保持爱劳动的热情，更要学会怎么劳动、如何劳动，尤其是在当前信息技术和智能技术飞速发展的时代，如何在劳动中更好地实现自我价值，创造性地劳动，创新性地劳动，是大学劳动教育的重中之重。因此，大学生创新意识的培养、创造能力的提升和创业素质的挖掘，是该阶段劳动教育的重要内容。一方面，高职院校要充分利用自身优势，与校外合作企业进行更为深入的合作，共建长期的劳动实践基地，为劳动教育的校外实践提供专业而又科学的活动场所，同时也要注重学生劳动与就业观念的树立与纠正，充分发挥劳动模范的带头作用，培养学生吃苦耐劳、踏实肯干的工匠精神，鼓励其在平凡的岗位做出不平凡的成绩，潜心好学，不断提升自身的就业技能。另一方面，普通高校要在劳动就业中注入职业规划与指导，培养学生正确的就业观和求职观，脚踏实地，切勿好高骛远，同时引导学生适应时代发展潮流，对于不断涌现的新技术、新知识有较强的适应能力，鼓励学生尝试不同行业和岗位的实践与劳动来加强求职评判，鼓励学生创新创业，实现“双导师”制，通过校外导师进行劳动与创业指导。高校要制定有目的、有规划、系统性的劳动教育标准，并对劳动教育成果进行公正的评判和验收，以督促劳动教育的开展，为我国更充分更高质量就业贡献力量。

# 后记

中国特色社会主义进入了新时代。新时代有很多的新特征、新挑战和新问题，需要学者们深入思考和研究。就中国的就业问题而言，尽管失业率一直保持了较低的水平，但结构性失业和摩擦性失业问题始终存在，而就业质量不高的问题尤为突出，劳动力市场的不充分不平衡的矛盾将长期存在。本书从全方位的视角，探讨了宏观经济与就业、就业与创业等方面的问题，既研究了就业总量问题，也揭示了就业结构矛盾；既分析了特殊群体如大学生、农民工群体的就业问题，也对外部冲击如中美贸易摩擦、新冠肺炎疫情对我国就业的冲击进行了探讨。特别需要提出的是，本书中的部分研究成果得到了各级政府的高度重视，对制定我国的劳动就业政策发挥了积极的参考作用。

本书是笔者最近一些年来，主要是近五年来在劳动经济学方面的研究成果合集，其中还选录了部分笔者承担相关部委和兄弟院校委托课题的研究成果。在研究过程中，要特别感谢中央党校（国家行政学院）社会和生态文明教研部赖德胜副主任长期的指导和关心。在多年的学习和交流中，激发了我很多的研究灵感。感谢人力资源社会保障部就业司张莹司长、尹建堃副司长，中国社会科学院人口与劳动经济研究所张车伟所长，中国劳动关系学院刘向兵院长、燕晓飞教授，中国劳动科学研究院莫荣副院长，浙江大学李实教授，中国人民大学劳动人事学院杨伟国教授和曾湘泉教授，首都经济贸易大学劳动经济学院冯喜良院长，中国社会科学院大学经济学院高文书教授，北京师范大学经济与工商管理学院孙志军教授、蔡宏波教授，《北京师范大学学报（社会科学版）》孟大虎编审，《民族研究》编辑部马骍编审，青岛大学政治与公共管理学院孙百才院长，《北京工商大学学报（社会科学版）》王轶编审，《中国劳动》战梦霞副主编，《中国劳动关系学院学报》杨晓智主编，《中国高校社会科学》汪立峰编辑，对外经济贸易大学教育与开放经济研究中心苏丽锋研究员、陈建伟副研究员，中国人事科学研究院人力资源市场研究室田永坡研究员，北京工会干部学院高春雷博士等。我的博士生和硕士生徐宁、杨智姣、龚琳、刘齐、蒋余丽、张黎等，也对本书的部分章节写作做出了贡献。在这里还要特别感谢中国劳动社会保障出版社高尚编辑，他为本书的出版付出了辛勤的劳动。

李长安

2021 年 5 月于北京